oler Tageszeitung **Berlin und Paris wollen Grenzkontrollen wieder einfü**
land: **Zaun soll Strom illegaler Einwanderer stoppen** 12.12.2012 – Badische Z
ben 12.12.2007 – TAZ **EU-Masterplan gegen illegale Einwanderung** 04.12.2013 – D
steuropa: **Die Invasion der Not** 2.12.2012 – Berliner Kurier **Italiens Küstenwach**
teste 28.4.2013 – Die Presse **AP streicht Ausdruck „illegaler Einwanderer"**
grant wave 31.4.2013 – The Washington Post **43 illegale Migranten in Tansania in Ll**
hiffe gegen Migranten aus Afrika 24.05.2006 – Neue Zürcher Zeitung **Polizei stellt**
rliner Zeitung **Saudi-Arabien: Blinder Passagier soll aus Flugzeug gestü**
r **Welle der Empörung konnte Abschiebung von Mariama sto**
n Strassburger Richter 20.4.2013 – Blick **Texas: Nationalgarde soll illegal**
hieren durch Basel «**Suchen keine Konfrontation**» 20.6.2012 – Blick **Asyl**
05.2011 – ORF.at **Peru – Venezuela: 90.000 illegale Einwanderer werden**
can **Immigrants Seems Unlikely** 02.04.2013 – The New York Times **China cracks do**
artieren 30.07.2014 – Die Presse **EU: Illegale Einwanderung stoppen** 14.06.2002 – swissinfo
mpft illegale **Migration** 26.02.2013 – Preussische Allgemeine Zeitung **NHS is magnet for ir**
ty deal 30.07.2014 – The Star **Illegal Migration to EU fell in 2012** 18.04.2013 – The Wall Street
teilen, sondern verhindern 19.06.2007 – APA **Grenzschutz: Spionagenetz**
um in der Wüste endet 11.12.2013 – Die Welt **Police Arrest 79 Migrants Lef**
n 26.05.2010 – Spiegel **Illegale Einwanderung: EU kommt Griechenland zu**
ion of cargo information **Namibia Studies Mechanis**

hren 20.4.2012 – Die Welt 8 illegal migrants killed in conflict in Indonesia 05.
ung Maltas Angst vor den Einwanderern 17.07.2006 – DW USA erschweren
ustralien: Härteres Vorgehen gegen illegale Einwanderer und N
rettet über 200 Flüchtlinge 15.12.2012 – Die Welt Illegale Einwanderer: Grie
dia Drei Millionen illegale Migranten in Russland 22.03.2013 – Staseve Switz
KW erstickt 27.06.2012 – Kleine Zeitung Griechenland zieht Graben gegen illega
sieben Schleuser 29.4.2013 – Tagblatt Online Polizei nimmt Schlepper im Tessin
ein 06.01.2014 – Stimme Russlands Needing Skilled Workers, a Booming Germany
pen 26.4.2013 – WAZ »Es wird immer illegale Einwanderer geben« 23.06.2008 – DW
inwanderer abwehren 22.7.2014 – Deutschland Today Hunderte burmesischer Boat
suchende sollen DNA-Test machen 17.04.2013 – 20 Minuten Europäische Union
04.2013 – Latina Press Lukaschenko droht EU mit illegalen Migranten 16.10.2012 – 20 M
illegal immigrants in Beijing 16.03.2012 – Re:locate-Magazine 35 Tote im Mittelmee
migrants 04.03.2013 – The Sun EU nennt Klagen über illegale Einwanderung
Migration 14.01.2013 – Die Presse Falsche Papiere und viel Hoffnung im Gepäc
h 30.000 Boatpeople dieser Tage im Jemen angekommen 29.04.2013 – UNHCR
drift at Sea 8.04.2013 – Jakarta Globe US-Einwanderungsreform: Zehntausende
ournal Suspected illegal immigrants arrested in Cowbit 26.04.2013 – Spalding Guardian
Hilfe 25.10.2010 – Europe.eu Saudi-Arabien: Riad errichtet eine Mauer an Gren
ms to Control Border Movement 26.04.2013 – AllAfrica Eleanor Clift: Call Th

Drones deployed by Australia to track illegal migrants 12.4.2013 – Hiru News
e von Studenten 03.05.2013 – RP Online Die Höllenfahrt nach Lampedusa 02.07.2014 – Die
enschmuggel Feb. 2000 – Migration-Info.de Die EU interessiert sich für die Schweiz
d will Grenzzaun zur Türkei 01.01.2011 – Die Zeit Libya Coastguard Rescues 8
Offers Illegal Nigerian Migrants $6,500 Each To Relocate 20.04.2009 – Nair
ranten 04.08.2011 – Die Welt Illegale Migration: Auf der Suche nach dem Parad
14 – 20 Minuten Das Elend der Orangenpflücker in Italien 15.02.2013 – Euronews EU-Kom
Immigrants 18.07.2014 – New York Times 285 Illegale Einwanderer auf Kanaren aufg
ationalgardisten gegen illegale Einwanderer 22.07.2014 – SRF Hunderte bur
ertrinken 26.01.2009 – Spiegel Bundesregierung nennt Todeszahlen an EU-Au
eg der irregulären Zuwanderung 13.12.2011 – BPB Sklavenschiff versinkt im
ch-Stimmung gegen Migranten in Griechenland 27.08.2012 – Die Welt Italiens
ei Tagen 21.07.2014 – Wiener Zeitung "Undocumented workers" are still "illegal imn
auscht" 26.04.2013 – onvista.de Bundespolizei stellt illegale Einwanderer und n
Volksfreund.de Ansturm von Tschetschenen über deutsch-polnische Grenz
immigrant jailed for drug operation role 18.04.2013 – Belfast Telegraph Polizei griff
ikaner fordern Pässe für Illegale 11.04.2013 – Spiegel Bund will Meldepflicht
h immigrieren 36.000 Chinesen illegal in EU 16.04.2013 – Kleine Zeitung Judge to
emen 22.04.2013 – Radio Utopie US justices refuse Alabama's appeal on law vs. ha
documented, Illegal Aliens is 'Offensive' 29.04.2013 – Newsbusters Flucht in den T

llegal migration into EU drops 20.4.2013 – Gulf times Strassburg verurteilt Schw
3000 Demonstranten für die Rechte der Flüchtlinge 02.04.2013 – Die Zeit Do
er Einwanderungspolitik 25.07.2012 – Tagesanzeiger Europa schottet sich ab – Zwe
Migrants 15.04.2013 – The Tripoli Post Malta rescues 84 boat migrants in dinghy 19.04.2013
Deutlich mehr illegale Einwanderer entdeckt 13.7.2014 – Ad-Hoc-News Group
ies 13.5.2010 – Focus Türkei: 105 illegale Einwanderer festgenommen 22.09.2012 – Süd
ission will illegale Einwanderung eindämmen 30.11.2005 – news.ch Proteste g
gegriffen 28.05.2006 – news.ch Nur noch halb so viele illegale Grenzübertritte
nesischer Boatpeople ertrinken 26.01.2009 – Spiegel Do Illegal Immigrants A
ußengrenze 2012 mindestens 180 Tote 10.02.2013 – ARD-Tagesschau Massiver Anstie
oten Meer. Rund 200 Sklaven sterben 10.07.2011 – Kybeline Kollision mit Patro
üstenwache rettet über 200 Flüchtlinge 15.12.2012 – Die Welt Over 600 illegal I
igrants" to most Americans 24.04.2013 – Washington Times Cameron: »Wir finden eu
nmt deren afghanischen Schleuser in Altenberg fest 23.04.2013 – DN Online Illeg
.04.2013 – Berliner Morgenpost Brazilian state of Acre in illegal immigration alert 11.04.2
acht Flüchtlinge in Taxis auf 25.04.2013 – 25.4.2013 UK 'bringing immigration
ir Flugpassagiere ausdehnen 23.04.2013 – Neue Zürcher Zeitung Wieder mehr illegale E
anet Napolitano: You have to deport illegal immigrants 24.04.2013 – The Examiner
rboring of illegal immigrants 30.04.2013 – GMA News Brasilien will Illegale aus
od: Flüchtlinge starben an der griechischen EU-Außengrenze 04.04.20

wegen Ausschaffung eines Drogendealers 16.04.2013 – Tagesanzeiger Frontex soll
gal Immigrants Depress Wages, Job Opportunities? 12.04.2013 – The Real Time Economic
hafte Erfolge von Frontex 19.04.2013 – TAZ Illegale Einwanderer revoltieren
Illegale Einwanderer in Thailand aufgegriffen 08.07.2014 – Euronews Italiens
egal aliens from Sri Lanka, Nepal, Bangladesh nabbed entering U
11 migrants die after boat capsizes off Morocco 30.04.2013 – News24 Rassism
Abschiebung von Migranten 01.08.2014 – St. Galler Tagblatt Hunderte illegale Migr
Europa 18.04.2013 – Tagesanzeiger Frankreich und Deutschland wollen schärfer
ly Hurt the U.S. Economy? 12.12.2013 – New York Times Italien will illegale Einwa
r illegalen Einwanderung in EU 16.11.2011 – Kronen Zeitung Illegal immigrants dr
enboot: Flüchtlingsboot sinkt vor Malaysia 15.07.2014 – N-TV Mikl-Leitner
ngya migrants held in Thai raids 11.01.2011 – Reuters Großdemo in Washingt
nd schicken euch heim« 29.07.2014 – Kurier Nicolas Sarkozy can't blame illeg
Einwanderer: Ohne Papiere - aber immer mit Fahrschein 08.03.2005 – Spiege
ws Die Zahl der illegalen Einwanderer ist gestiegen 30.01.2013 – Die Welt 283 ill
er control' 28.02.2013 – Financial Times Obama drängt auf schnelle Einwanderungs
nderer in Deutschland 30.01.2013 – Focus Weniger illegale Einwanderung:
olte innerhalb der Arbeiterpartei zum Thema illegale Einwande
stoppen 15.1.2012 – DW Kuba und Mexiko gegen illegale Einwanderung 21.1
Immigration plan would add drones, already under scrutiny to

Christoph Miler
Nowhere Men

Illegale Migranten im
Strom der Globalisierung

°luftschacht

| 11 | VORWORT |
| 330 | APPENDIX |

Daheim

	17	Am Ölfeld
AJAR	21	Ausgangssperre
	23	Hundegebell
	33	Gewebe
DEVI	38	Hühner braten
	40	Ultimatum
	49	Caroneiro
JOÃO	60	PCC
	64	Kokain
	69	Goldschürfer
SISSOKO	73	Wieder zurück
	77	Flimmerndes Paradies
	85	Luftschlösser
BIDEMI	87	Steine werfen
	95	Madame Hope
	103	Rosen statt Kugeln
GULISA	106	Im Neonlicht
	116	Stromausfall

Am Weg

125 Schwimmen
132 Peitschenhiebe
137 Am Rad

141 Im Zimmer
143 Ohrfeigen
152 Einkaufen

155 Ausrollen
157 Beichten
164 Camouflage

171 Autogare
175 Durch die Wüste
178 Boatpeople

187 Fliegen
188 Ugo
194 Straßenstrich

203 Visumantrag
207 Roadtrip
214 Schleichweg

Neuland

225 Empfangszentrum
231 Pizzadienst
233 Eheschließung

241 Lügenmärchen
243 Putzen
253 Lähmung

257 Pick-Up
259 Dealen
265 Ausschaffungshaft

277 Lampedusa
283 Orangenernte
286 Küchenhilfe

293 Anhörung
296 Nothilfe
303 Amtsodyssee

307 Auf Stellensuche
311 Nach Frankreich
316 Psychiatrie

In Europa leben mehr als drei Millionen irreguläre Migranten. Tausende kommen jedes Jahr hinzu. Unser Wissen über sie beschränkt sich meist auf tragische Nachrichtenmeldungen und simple politische Botschaften. Das vorliegende Buch will die Wirklichkeit dieser Menschen begreifbarer machen — indem es ihre Geschichten erzählt und in einen größeren Zusammenhang bringt.

Zunächst treffen hier eine Handvoll Erzählungen aufeinander, die auf den Erlebnissen irregulärer Migranten basieren. Unzählige von diesen »Illegalen« haben mir dazu, über eineinhalb Jahre hinweg, Erlebnisse aus ihrem Leben geschildert. Ich habe ihre Geschichten dokumentiert und als Grundgerüst für mein Buch verwendet, indem ich sie verdichtet, collagiert und mit Recherche- und Erfahrungsmaterial angereichert habe. Das Ergebnis sind sechs Erzählungen, die nicht als verbindliche Lebensläufe, sondern als literarische Protokolle und archetypische Skizzen irregulärer Migration zu lesen sind.

Die vorliegenden Seiten wollen aber noch mehr — sie wollen nach den weitläufigen Ursachen irregulärer Migration forschen: Auf der Suche nach ihren politischen, ökonomischen und kulturellen Kontexten werden die Geschichten illegaler Einwanderer deshalb mit jenen globalen Ereignispartikeln konfrontiert, die sie direkt und indirekt berühren. Denn es lässt sich nicht mehr abstreiten: Die unscheinbarsten Geschehnisse vor unserer Haustüre beeinflussen nun auch die Leben all jener Menschen, die einst so unendlich weit entfernt schienen.

Christoph Miler

Daheim

Daheim – Verortung

	AJAR	DEVI	JOÃO
Daheim	Am Ölfeld [Irak] Ausgangssperre [Irak] Hundegebell [Irak]	Gewebe [Indien] Hühner braten [Indien] Ultimatum [Indien]	Caroneiro [Brasilien] PCC [Brasilien] Kokain [Brasilien]

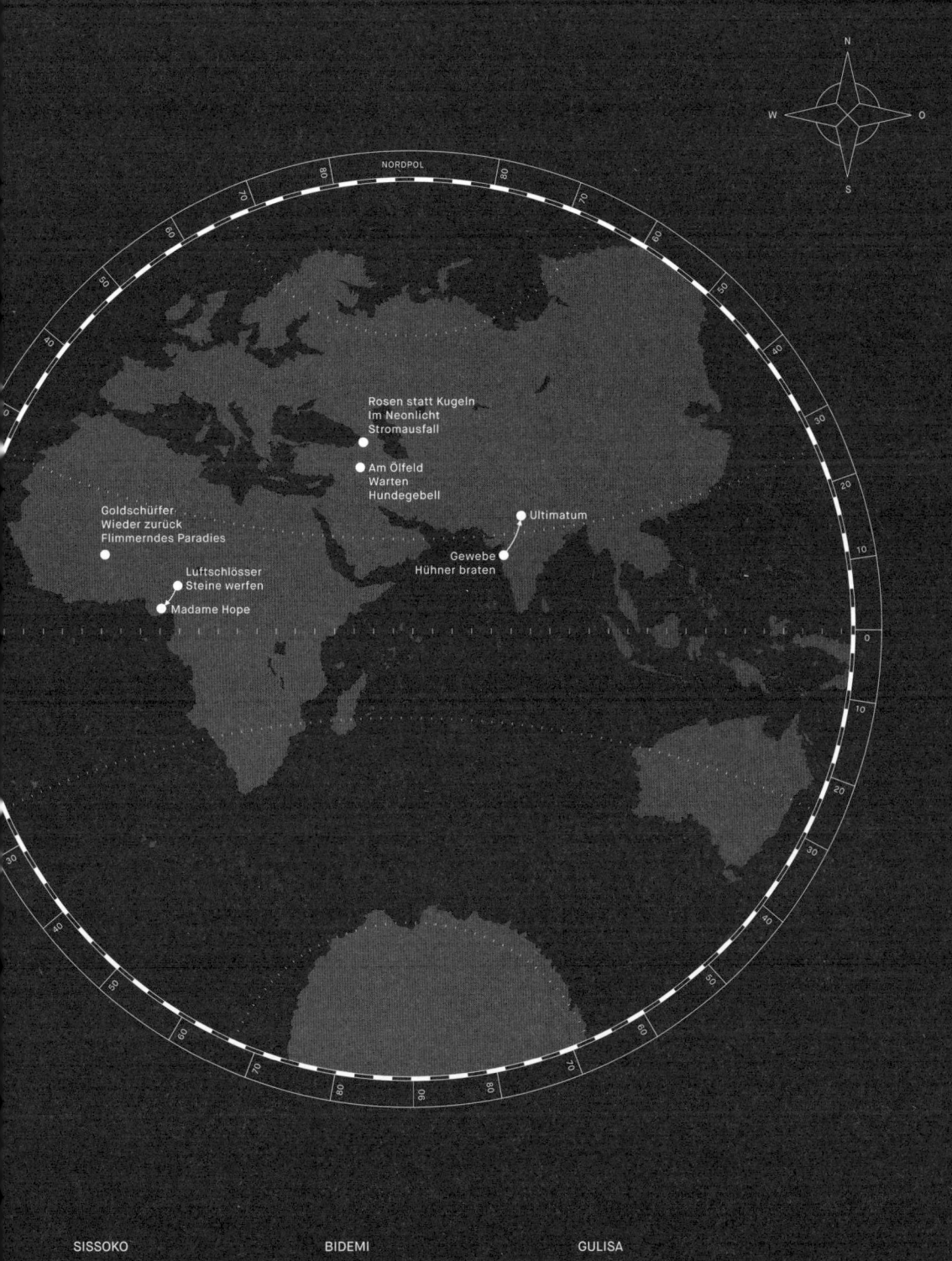

Ajar

AM ÖLFELD

Zuerst will ich sagen, dass ich Kurde bin. Erst danach sage ich, dass ich aus Kirkuk komme, einer Stadt im Norden des Iraks. Dort gibt es viel Erdöl. Oder genauer: Erdöl ist so ziemlich das Einzige, das es in Kirkuk gibt. In Unmengen. Die Ölfelder und Raffinerien sind von überall aus zu sehen. Ihr Bohren, Pumpen und Hämmern ist andauernd zu hören, ihr Gebrumme immer zu spüren. Tag und Nacht. Wer seinen Fuß vor die Tür setzt, kommt an ihnen nicht vorbei. Aber nicht nur draußen, sondern auch im eigenen Haus findest du das Öl wieder. Denn sein schwerer Geruch durchdringt die ganze Region, bis in die letzte Ecke und den hintersten Schrank. Er erinnert dich immer und überall daran, dass du in Kirkuk bist. Dieses schwarz-schmierige Gold überzieht die ganze Stadt. Wie eine zweite Haut. Und dabei wird es von allen geliebt. Das ist aber keine Überraschung. Denn während wir den Geruch des Öls als Erstes und Letztes an jedem Tag einatmen, wissen wir genau, dass diese schwarze, dickflüssige Soße Kirkuk am Leben erhält – sie gibt so vielen Menschen Arbeit, dass ein Kirkuk ohne Öl unvorstellbar wäre.

    Ich glaube, jeder Zweite, den ich in Kirkuk kenne, hat mit der Ölförderung zu tun. Auch ich habe für die Ölindustrie gearbeitet – auf einem der vielen Ölfelder der North Oil

Company außerhalb der Stadtgrenze. Dort war ich Bohrarbeiter, habe Bohrgestänge aufgebaut und repariert. Gemeinsam mit anderen habe ich die Kopfpumpen und Bohrkonstruktionen zusammengeschraubt, damit Öl gefördert werden kann. Ein Bohrloch fertigzustellen dauert 15, manchmal 20 Tage, je nachdem, wie tief man gehen muss. Man hat Schichtbetrieb, sodass rund um die Uhr gearbeitet werden kann. Das Wetter spielt keine Rolle, auch die Temperaturen sind egal. Der Wind kann dir den Sand vom Boden so fest entgegenschleudern, wie er will, und deine Haut kann noch so sehr mit Ruß überzogen sein. Alles egal. Hauptsache, es kann so schnell wie möglich Öl gewonnen werden. Wenn die Pumpen dann angedockt sind und das Öl erst einmal fließt, gibt es aber manchmal trotzdem Probleme: das Getriebe versagt, Achsen brechen, der Spindelstock klemmt, alles Mögliche kann kaputt gehen. Ich habe dann mit meinen Kollegen dafür gesorgt, dass die Dinge repariert werden und wieder einsatzfähig sind. Oft hat man dabei große Schwierigkeiten. Wenn das Öl aus dem Untergrund aufsteigt, ist es heiß. Es dampft von überall her und man sieht die eigenen Hände kaum vor den Augen. Die Schrauben bekommt man nur schwer auf, weil sie von den öligen Dämpfen so schmierig sind, und oft verbiegen sich die Rohrteile unter der Druckeinwirkung so stark, dass sie kaum voneinander zu lösen sind. Manchmal schießen Schrauben aus den Gewindeöffnungen. Finger werden unter den schweren Teilen der Bohrkonstruktion zerquetscht. Man muss vorsichtig sein. Aber immerhin wird man gut bezahlt, deshalb lohnt es sich. Und manchmal bekommt man auch noch einen Bonus, wenn man Glück hat: Manchmal muss man zu Beginn seiner Frühschicht auf den Pumpturm klettern, um die Pumpschläuche zu kontrollieren. Wenn man sich dabei ein wenig Zeit lässt, kann man den Sonnenaufgang beobachten, 20 Meter über allen anderen dabei zusehen, wie der Tag mit Licht erfüllt wird, die Sonne langsam über Kurdistan aufgeht und die Luft angenehm warm wird.

Drei Jahre lang habe ich das insgesamt gemacht. Mit 16 habe ich begonnen. Ich fand den Job gut und ich mochte den

ABHÄNGIGKEIT VOM ÖL – Der deutsche Verkehr hängt zu 97% am Öl; weltweit sind über 90% des Transportwesens vom Öl abhängig. Allerdings sind die Ölressourcen der Welt endlich und neigen sich in absehbarer Zeit dem Ende zu. 08/11–COLORSMAG/NR81 •

ABB-Roboter beim Autobau in einer Ford-Fabrik in Indien. In Zukunft will Ford die Produktionskosten durch den Einsatz von weiteren Robotern um bis zu 30% senken. Die Bauzeit für einen Ford Fiesta soll dadurch von 22 auf 16 Mannstunden reduziert werden. Seit der Erfindung des Automobils wurden bis zum Jahr 2013 insgesamt 2,6 Milliarden Autos produziert, bis zum Jahr 2053, also in den nächsten 40 Jahren, sollen nochmals 4 Milliarden weitere Automobile dazukommen. 22/03/01–ABB/ZEHNMRD •

AUTOMOBILE, MARKTPROGNOSE – Heute zählen wir eine Milliarde Autos weltweit. Eine Marktexplosion in China und Indien garantiert weitere Zuwächse während China die USA als grössten Automarkt überholen wird. Chinas Automesse gehört zu den grössten weltweit. 22/04/14–NZZ • ÖLPREISE SCHIESSEN DURCH DECKE – Die Eskalation der Krise in Libyen treibt die Rohstoffpreise weiter nach oben. Die Versorgung ist noch nicht gefährdet, aber die Ängste wachsen. 22/02/11–HB •

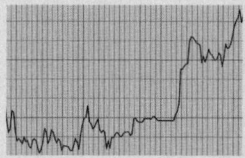 

Ölpreisentwicklung 1900–2011 / Saudi-Arabiens früherer König Abdullah verdiente eine Milliarde Dollar pro Tag mit dem Ölgeschäft. Sein Eigenkapital: 21 Milliarden US$. Das Land verfügt über 20% der globalen Ölvorkommen. 28/08/08–FOCUS •

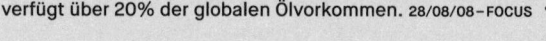

Industriehafen Sheerness, England; Der Hafen ist ist 1,5 Millionen Quadratkilometer gross und gilt als grösster Umschlagplatz für ausländische Automobilimporte nach England. 28/08/08–GOOGLE/WIKIPEDIA •

aufdringlichen Geruch des Öls. Und ich fand auch meinen Chef soweit ganz in Ordnung, auch wenn er ein Araber war. Von denen gibt es viele in Kirkuk. Oft kommt es zu Problemen zwischen ihnen und den Kurden. Denn viele der Araber genießen Privilegien, die völlig ungerechtfertigt sind. Diese Sonderrechte der Araber haben eine lange Geschichte, waren aber nicht immer Teil der Stadt ... denn früher, als Kirkuk noch fest in kurdischer Hand war, gab es so gut wie keine Araber. Die Kurden hatten große Macht in der Region. Aber als Saddam Hussein an die Macht kam, hat sich viel verändert. Er hatte immer Angst davor, dass sich die Kurden in Kirkuk selbstständig machen und einen unabhängigen Staat ausrufen könnten. Dann hätten sie die alleinige Macht über das Öl gehabt. So hätte Hussein viel Geld verloren. Deshalb hat er jahrelang dafür gesorgt, dass die kurdische Gemeinde Kirkuks geschwächt wird, indem er viele Kurden in eine andere Region deportierte und durch Araber ersetzte. Meine Familie und ich haben in all den Jahren Glück gehabt, wir konnten in Kirkuk bleiben. Dafür haben wir aber mit angesehen, welche Privilegien die Araber hatten. Von den vielen Dingen, die sie bekamen, konnten die Kurden in der Stadt nur träumen. Billigere Mieten, höhere Löhne, bessere Ärzte.

Mich hat diese Ungerechtigkeit ziemlich aufgeregt. Ich habe deshalb mit dem Gedanken gespielt, der PUK [Patriotische Union Kurdistans] oder den Peschmerga [militärischer Arm der PUK] beizutreten. Diese Leute kämpfen für einen kurdischen Staat. Ich hatte großen Respekt vor ihnen und bewunderte ihren Einsatz für Kurdistan. Und irgendwann, als ich der Ungerechtigkeit nicht weiter zusehen konnte, trat ich dann schließlich der PUK bei. Aber während meiner Zeit dort konnte ich leider nicht viel für Kurdistan tun, weil mit dem irakischen Militär nicht zu spaßen war. Folter, Familie umsiedeln, Verwandte töten. Diese Leute verloren sich nicht nur in leeren Drohungen. Das wussten alle. Das Militär ist gegen die PUK-Mitglieder immer hart vorgegangen. Viele von ihnen wurden erhängt, erschossen oder erschlagen. Trotzdem bin ich Mitglied geblieben, auch wenn ich all das, was auf meine

Mitgliedschaft hingedeutet hätte, gut verstecken musste und mit niemandem über meine Einstellung reden durfte – man wusste ja nie, wer zu Saddams Spitzeln gehörte und wer nicht.

AUSGANGSSPERRE

Von dem Moment an, in dem die Amerikaner in den Irak kamen, hat sich alles verändert. Es muss im März des Jahres 2003 gewesen sein. Ich bin vom Ölfeld nach Hause gekommen, da standen schon Panzer des irakischen Militärs vor der Stadt. Am Weg durch die engen Gassen zu meinem Haus bin ich einer Patrouille begegnet. Ich wollte an ihnen vorbei, aber sie versperrten mir den Weg. Zuerst dachte ich, dass ich vielleicht Opfer einer Laune des Militärpostens war – bei den irakischen Soldaten weiß man nie, oft nehmen sie dich auch nur aus reinem, unbegründeten Misstrauen fest. Sie haben mir dann aber mitgeteilt, dass von morgen an Ausgangssperre herrsche und ich, genauso wie alle anderen Bewohner Kirkuks, mein Haus nicht mehr verlassen dürfe. Ich fragte, warum. Sie sagten nur: Wegen den Amerikanern. Darauf antwortete ich, dass sie kein Recht dazu hätten. Ich wollte mich beschweren. Aber sie gaben mir zu verstehen, dass ich ruhig meinen Fuß vor die Tür setzen könne; dann müsse ich allerdings damit rechnen, erschossen zu werden – entweder von ihnen oder von den US-Kampfpiloten. Es sei meine Entscheidung. Also blieb ich von da an zu Hause.

Die Tage daheim waren lang. Länger als die am Ölfeld. Man hatte ja nichts zu tun. Nur Angst hatten alle. Vor allem, weil man nicht wusste, was genau passiert. Man bekam ja keine Informationen. In der ersten Woche des Krieges konnte ich wenigstens noch fernsehen, um mich zu informieren. So hörte ich, dass die Amerikaner mit Fallschirmen im Norden des Iraks gelandet waren. Tausend Mann angeblich. Ich wusste nicht, ob das gute oder schlechte Nachrichten waren. Nach einer Woche gab es dann plötzlich kein Bild mehr. Das war noch schlimmer, als über die Fernsehbilder zu grübeln, die man sehen konnte. Man tappte im Dunkeln; wie wenn man in der Nacht aufsteht und auf die Toilette will. Das Einzige, was man wusste, war, dass man seine Wohnung nicht verlassen durfte. Wer das trotzdem tat, wurde gefangen und gefoltert. Und wer daheim blieb und auch nur irgendwie auffiel, dem drohte das gleiche Schicksal. Von einem meiner Nachbarn, Abdul, dachten sie … was weiß ich, was sie dachten. Er musste ins Gefängnis. Dort haben sie ihn mit Kabeln geschlagen und ihm die Schuhe in den offenen Mund gesteckt. Nach zehn Tagen haben sie ihn einfach wieder gehen lassen – wahrscheinlich, weil sie nichts erfahren haben.

Das irakische Militär war Anfang April überall in der ganzen Stadt verteilt. Man hat immer wieder die amerikanischen Jets am Himmel gesehen und Schüsse gehört; einmal sehr fern, einmal sehr nah. Hin und wieder sah man dunkelgraue Rauchschwaden am Horizont entlanggleiten. Manchmal gab es starke Erschütterungen, und die Wände begannen zu zittern. Meine Wohnung habe ich vielleicht zweimal für länger als eine halbe Stunde verlassen.

Ich war weiterhin, so wie alle anderen Bewohner, von jeglichen Nachrichten abgeschnitten. Deshalb machten wir uns einen eigenen Reim auf all das, was wir sahen, dachten und von anderen hörten. Gerüchte begannen die Runde zu machen. Manche sagten, dass die in Kirkuk verbliebenen Kurden und Turkmenen ihre versteckten Waffen aus den Kellern holen wollten, um alte Rechnungen mit der Baath-Partei von Saddam Hussein zu begleichen. Ich wusste davon nichts. Aber ich dachte mir, dass jetzt vielleicht die Zeit für Kurdistan gekommen sein könnte. Wenn es Kämpfe gegeben hätte, wäre ich auch auf die Straße gegangen und hätte für Kurdistan gekämpft. Das hätte ein riesiges Blutbad gegeben. Denn ich wusste, dass es bestimmt noch hunderttausend bewaffnete Anhänger von Hussein in der Stadt gab. Davor hatten alle Angst, aber vielleicht wäre es notwendig gewesen, um endlich zu bekommen, was uns seit langem zusteht.

Nur zwei Wochen nach Beginn der Ausgangssperre breitete sich ein anderes Gerücht aus. Die Leute sagten, dass die amerikanischen Soldaten Bagdad genommen hätten und als nächstes Kirkuk auf ihrer Liste stünde. Sie meinten, dass die irakische Armee in Bagdad besiegt sei und amerikanische Panzer auf dem zentralen Firdosplatz stehen würden. Die Leute in Bagdad tanzten angeblich auf den Straßen und hießen die amerikanischen Soldaten willkommen. Einer meiner Nachbarn umarmte mich und erzählte mir, dass ein Soldat die dortige Saddam-Statue zuerst mit einer amerikanischen und dann mit der irakischen Flagge zugedeckt habe, um sie gleich anschließend mit einem amerikanischen Panzer niederzureißen. Wenn Saddam noch an der Macht gewesen wäre, dann wäre so etwas absolut unmöglich gewesen; man wäre sofort festgenommen, gefoltert und umgebracht worden. Uns war klar, das Ende des Krieges war nah. Das Ende von Husseins Diktatur. Endlich neu anfangen und ein richtiges Leben führen.

HUNDEGEBELL

Bis zu diesem Tag habe ich die Soldaten der irakischen Armee vor meinem Fenster regelmäßig patrouillieren gesehen. Sie gingen auf und ab, manchmal suchten sie sich in den Nischen zwischen den Häusern Schutz vor der Sonne und ab und an hörte man einen General nervös Befehle herumschreien. Wie gesagt, keine Ahnung, was die vor meinem Fenster genau machten. Keine Ahnung, wie weit die Amerikaner wirklich waren. Ich kann mich noch erinnern, der Soldat, den ich immer wieder vor meinem Haus sah, hatte einen Hund. Der hat immer wild gebellt, wenn man Schüsse hörte. Das ging fast zwei Wochen so. Dann, an dem einen Tag, hat er zuerst gar nicht mehr aufgehört. Wau, wau, wau, ohne Unterbrechung. Ich bin fast verrückt geworden. Aber irgendwann war er dann weg. Genauso wie der Soldat. Niemand kam mehr. Die Straße war wie leer gefegt. Ein paar Leute sagten, dass die irakische Armee aus der Stadt geflüchtet sei. Angeblich nach Tikrit, der Heimatstadt Saddam Husseins. Komisch, dachte ich mir, so ganz ohne Gefechte. Aber bitte. Also warteten wir auf die Amerikaner.

Die Amerikaner kamen aber nicht. Stattdessen sind nur wenige Minuten, nachdem die Straßen leer geworden waren,

 Der US-Politiker Rumsfeld sichert dem Irak im Jahr 1983 politische und militärische Unterstützung im Krieg gegen das Mullah-Regime des Irans zu, um die regionalen Ölquellen nicht in die Hände islamistischer, amerikafeindlicher Allianzen fallen zu lassen. 19/12/03–SPIEGEL •

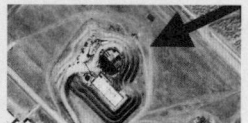

BUSH WILL WAFFEN FINDEN – »Terror-Komplotte und die Weiterverbreitung von Massenvernichtungswaffen sind eine ernste Gefahr. Wir müssen unsere Feinde jagen und stellen, bevor sie zuschlagen können. Früher oder später werden wir im Irak Massenvernichtungswaffen finden.« 04/05/03–SPIEGEL • +++ US-Regierung stockt Zahl der Waffeninspektoren im Irak auf 1500 auf, Fahndung nach Massenvernichtungswaffen aber weiterhin erfolglos. 04/05/03–SPIEGEL • BÖRSE – Der drohende Irak-Krieg hat Aktienkurse weltweit in die Tiefe getrieben. Die wichtigsten Börsenindizes lagen gegen Abend geschlossen im Minus. Die Ausnahme bilden die Papiere von Rüstungsunternehmen. 25/02/03–STERN •

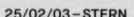

United Airlines Flug 175 schlaegt im Südturm des World Trade Centers ein. 3000 Menschen sterben, der Anschlag wird von insgesamt 10 Flugzeugentführern verübt, die zur islamistischen Terrororganisation al-Qaida gehören. 11/09/01–WIKIPEDIA •

US-ARBEITSLOSGKEIT – Die US-Jugendarbeitslosigkeit hat sich seit 2000 fast verdoppelt die Zahl der Langzeitarbeitslosen mehr als versechsfacht. 10/11/13–PRESSE • **US-ARMY CAREERS** – General qualifcations for soldier-applicants: U.S. citizen or permanent resident alien, 17–35 years old, healthy and in good physical condition, in good moral standing & High school or equivalent Education. Active Duty Enlistment Bonus: to 40,000$. Army Reserve: 20,000$ 05/04/12–GOARMY •

Die Naval Postgraduate School entwickelt im Auftrag der US Army das Computerspiel America's Army zur Propaganda und Rekrutierung. Die US-Armee hofft, so junge Menschen anzuwerben, die der modernen Kriegsführung gewachsen sind, die nötige Reaktionsschnelligkeit, vernetztes Denken und Technikaffinität mitbringen. Die erfolgreichsten Spieler werden per Mail von Angestellten der Armee angeschrieben. 26/09/12–NZZ • Ein ranghohes Mitglied der Regierung Bush gibt Folter im Gefangenenlager Guantanamo zu: Die angewendeten Praktiken seien zwar im Einzelnen erlaubt, in der aggressiven und andauernden Anwendung jedoch Zwang und Körperverletzung. 27/03/13–WIKIPEDIA •

REKORDVERSCHULDUNG DER USA – Die rasant wachsende Staatsverschuldung der USA hat das Rekordhoch von 16 Billionen Dollar erreicht. Die Rating-Agentur Standard & Poor's setzte deshalb die Kreditwürdigkeit der USA herab. Ein Mitgrund: Der Irakkrieg kostet Amerika alle drei Monate 50 Milliarden US-Dollar. 05/09/12–SPIEGEL • **US-GENERAL ABRAMS** – »Für einen jungen Menschen ist es sehr gesund, bei McDonald's zu arbeiten. Wenn der Burger nicht ordentlich aussieht, fliegt der Typ raus. Dieses System ist eine Maschinerie aus Effizienz und Kalkulierbarkeit. Unsere Armee sollte dem nacheifern.« 1985–WALLRAFF •

Länder mit McDonald's-Filialen in Schwarz. Das Wort McDonaldisierung steht bezeichnend für den Trend moderner Gesellschaften, weltweit immer mehr Bereiche und Prozesse zu vereinheitlichen und zu standardisieren mit dem Ziel, Profite zu optimieren. 10/05/13–ENZYKLO •

Patriot Golf Day Kickoff: Surrounded by American flags, former President George W. Bush took a hearty cut on the first tee at Dallas National Golf Club. 01/09/11 – GRANT MILLER

kurdische Peschmergakämpfer mit Kalaschnikovs in Taxis und Toyota-Pick-Up-Trucks in die Stadt eingefahren. Sie jubelten, hupten und schrien, Kirkuk gehöre jetzt wieder den Kurden, sie hätten die irakische Armee besiegt. Wir dachten, dass sie Kirkuk befreit hatten. Man wusste nicht genau, ob tatsächlich sie es gewesen waren, aber die Amerikaner konnten es ja wohl kaum gewesen sein. Aber mir war das auch egal. Die Menschen strömten auf die Straßen und feierten die Kämpfer. Frei ist frei. Ich war auch dabei. Ich dachte, dass Kirkuk von jetzt an den Kurden gehören würde. Wir schrien ihnen Dankesrufe, »lang lebe Kurdistan« und »Gott ist groß« entgegen. Sie fuhren auf ihren Jeeps durch die Stadt und ließen sich feiern. Die schweren Zeiten unter Hussein schienen vorbei zu sein, das dachten alle, das spürte man. Ich holte meine PUK-Flagge heraus, die ich die letzten Monate vor den Soldaten und Spitzeln Husseins unter meiner Matratze versteckt hatte und hängte sie über meine Eingangstür.

Dann veränderte sich der Tag. Die Kämpfer stiegen von ihren Wagen und gingen in die Häuser der Menschen. Sie wollten sehen, was sich dort finden lässt. Und anscheinend hat ihnen gefallen, was sie dort gefunden haben. Deshalb begannen die Peschmerga, die Dinge mitzunehmen. Sie nahmen Kühlschränke, Schuhe, Fernseher, einfach alles, was sie irgendwie tragen konnten. Mich störte das nicht, denn sie gingen zuerst in die arabischen Viertel. Ich fand das in Ordnung, geschah denen recht. Vielleicht eine halbe Stunde später plünderten dann aber nicht mehr nur die Peschmerga, sondern auch die Bewohner der Stadt. Alle rochen ihre Chance und wollten was für sich herausschlagen. Ich war auch dabei. Sie hatten mich angesteckt. Ich fand, es stand mir zu. Wir hatten so lange gelitten, wir wurden unterdrückt und vertrieben, unser Eigentum wurde uns genommen. Jetzt holten wir uns zurück, was uns gehörte. Was waren schon die paar Sachen gegen all die Jahre. Wir gingen in die Häuser der Araber und nahmen die Dinge, die uns gehörten. Vor den größeren Häusern und Villen der Oberschicht konnte man sogar Menschenschlangen beobachten, weil alle ihren Teil abholen wollten.

DAHEIM — AJAR

Mit der Zeit gingen immer mehr Menschen auf die Straße. Und umso mehr Menschen aufeinandertrafen, desto aggressiver wurden sie. Die Araber wehrten sich und die Peschmerga plünderten nicht mehr nur, sondern versuchten jetzt auch, die Stadt unter ihre Kontrolle zu bringen. Gegen alle, die sich ihnen widersetzten, gingen sie brutal vor. Es gab Schlägereien und wieder waren Schüsse zu hören. Drei Stunden nach der Befreiung Kirkuks herrschte dann totale Anarchie. Die Fronten hatten sich vermischt. Alle rannten durch die Stadt und hatten irgendwelche Dinge auf den Schultern, flüchteten, schlugen, schossen oder versteckten sich in den engen Gassen. Die Leute bedienten sich in dem Chaos jetzt nicht mehr nur bei den Arabern, sondern überall. In den Wohnungen, Supermärkten, Tankstellen. Nichts war mehr sicher davor, gestohlen und mitgenommen zu werden. Zur gleichen Zeit rasten die Peschmergas auf ihren Pick-Ups durch die Straßen, schossen wild in die Luft und schrien, dass die Stadt jetzt ihnen gehören würde und von nun an alle das zu tun hätten, was sie sagten, und zwar sofort.

Ich war gerade im Zentrum der Stadt und machte mir Sorgen, ich fühlte mich unsicher. Auf offener Straße war es zu gefährlich. Deshalb beschloss ich, mich durch die wildgewordenen Menschenmassen zurück zu meinem Haus zu kämpfen.

Dann, vielleicht zehn Minuten nachdem ich heimgekommen war, standen sie plötzlich im Haus. Obwohl ich die Türen verriegelt und die Fenster geschlossen hatte. Noch nicht einmal richtig durchgeatmet hatte ich. Sie waren zu dritt, hatten Kalaschnikovs und richteten sie auf mich. »Aus dem Weg« schrien sie. »Wir holen uns, was uns zusteht«. Ich sagte, dass die Sachen mir gehörten und ich außerdem Kurde und PUK-Mitglied sei, fast so wie sie. Die Fahne über der Tür sollte als Beweis gelten. Es war ihnen egal. Sie schrien, dass sie das nicht interessiere, wurden wütend, traten mir gegen die Beine, ich fiel. Während ich am Boden lag, schossen sie um sich. Sie zerstörten die halbe Einrichtung. Dann packten zwei von ihnen den Fernseher und den Videorekorder und gingen hinaus. Der Dritte hielt mir das Gewehr an den Kopf. Er schrie, dass sie wiederkommen würden, um den Rest zu holen und falls ich dann noch da sei, würden sie mit mir das gleiche machen wie mit meiner Einrichtung.

Wer hätte gedacht, dass einem die eigenen Leute so in den Rücken fallen, dass sie einem so etwas antun? Ich musste mir etwas überlegen. Aber was? Vor der Tür herrschte absolutes Chaos. Im Haus konnte ich nicht bleiben, sie würden wiederkommen. Auf der Straße war es genauso gefährlich. Ich hatte keine Ahnung, wann und ob die Amerikaner überhaupt auftauchen würden. Vielleicht behielten die Peschmerga die Stadt in ihrer Hand. Man wusste es nicht.

Was ich aber wusste, war, dass es ihnen egal war, ob man auf ihrer Seite stand. Das Einzige, was zählte, war, ob man in Kirkuk wohnte oder eben nicht. In den Bewohnern Kirkuks sahen sie ihre Feinde, die das Privileg hatten, bis zu dem Tag der Befreiung in ihrer Heimatstadt bleiben zu dürfen. Egal, ob Araber oder Kurde. Die vertriebenen Peschmerga waren so wütend auf die Leute aus Kirkuk, sie hatten so einen Hass, weil ihnen alles genommen worden war und wir noch alles hatten – dachten sie zumindest. Jetzt war für sie die Zeit der Abrechnung gekommen. Mir gingen tausend Gedanken durch den Kopf. Ich dachte, wenn diese Peschmerga von nun an wirklich in Kirkuk die Macht haben, dann wird es furchtbar. Die Lage würde nicht besser werden, im Gegenteil. Manche sagten auch, dass die Peschmerga mit den Amerikanern unter einer Decke steckten. Vielleicht wollten sie sich nach dem Krieg das Öl und Kirkuk sichern, sich die Stadt brutal zurückholen, aus der ihre Eltern und Großeltern einst vertrieben wurden. So stellte ich mir die Freiheit nach Hussein nicht vor.

Weil ich im Haus auf keinen Fall bleiben konnte, musste ich raus. Ich hatte das Gefühl, dass ganz Kirkuk auf der Straße war. Ich schob mich durch die nervösen Menschen und ihre mitgeschleppten, gestohlenen Dinge, um auf die andere Seite der Straße zu gelangen. Es war laut, viele schrien oder weinten, vor Angst oder Freude, keine Ahnung. Ich kämpfte mich zu meinem Auto durch, stieg ein und fuhr los. Mitgenommen hatte ich nichts bis auf die paar hundert Dollar, die ich noch

DIE GRENZEN DES WACHSTUMS (1972): – Wird es im Jahr 2000 genug Rohstoffe für alle Menschen bei einem erträglichen Lebensstandard geben? Das hängt davon ab, ob Verbrauchernationen ihren Rohstoffverbrauch weiter steigern oder dazu anreizen, den sozialen und wirtschaftlichen Bedarf an unersetzlichen Stoffen zu verringern, statt ihn ständig zu vergrößern. Aber wir tendieren eindeutig dazu, Wachstumsgrenzen zu überschreiten und einen Zusammenbruch – als Ergebnis erschöpfter Rohstoffressourcen – zu evozieren. 1972–CLUB OF ROME • Shell, the world's second biggest oil and gas company, saw £8bn wiped from its market value yesterday after it stunned the industry and the financial markets by cutting its estimate of proven reserves by a fifth. The disclosure of the company sent shares tumbling by 8% and also hit its rival BP, but BP said it had no plans to follow Shell. 10/01/04–INDEPENDENT •

KYOTO-PROTOKOLL FÜR OPEC SO NICHT TRAGBAR – Die Mitgliedstaaten der Organisation erdölexportierender Länder verfügen über 75% der weltweiten Erdölreserven. Sie befürchten von der Einführung verbindlicher Zielwerte für den Ausstoß von CO_2 Verluste von 40 Mrd. $/Jahr. Auch die USA und Kanada sind dem Protokoll nie beigetreten. 04/08/01–FAZ • After its meeting the G8 agreed that one key of greater global economic prosperity involves finding long-term solutions for affordable access to cleaner and safer energy, while discovering ways to manage climate change. 25/02/03–UNI OLDENBRG •

Champions-League beim G8-Gipfel: Eigentlich sollten sie beim G8-Gipfel die Welt retten, doch auch Regierungschefs brauchen einmal eine Auszeit. Merkel, Cameron und Co stahlen sich aus dem Konferenzraum in Camp David, um Fussball zu gucken. 20/05/12–GUARDIAN •

daheim hatte. Wohin ich wollte, wusste ich nicht. Nur raus aus der Stadt, weg von diesen brutalen Typen und den wild gewordenen Einwohnern.

Dann kam ich auf die Landstraße. Kirkuk wurde in meinem Rückspiegel immer kleiner. Ich fuhr, so schnell ich konnte. Ohne Ziel, komplett planlos. In den Süden konnte ich nicht, weil dort vielleicht noch gekämpft wurde. Und im Norden, da waren die Peschmerga stationiert, zu denen wollte ich auf keinen Fall. Wenn ich denen erklärt hätte, dass ich aus Kirkuk bin, hätten sie mich wohl für einen Araber gehalten. Sie hätten mich gejagt. Sie hätten mich eingesperrt und umgebracht. Diese Leute waren zu allem fähig. Ich war verwirrt, weil es ihnen egal war, dass ich bei der PUK war. Die Menschen in Kirkuk waren für sie eine Hürde, die aus dem Weg geräumt werden musste. Und wahrscheinlich wollten sie vor allem das Öl kontrollieren. Immer das Öl. Und ich wusste, dass das zu großen Schwierigkeiten führen würde. Es wäre ja nicht das erste Mal für uns. Krieg, Terror, Gewalt. Der Irak und Kirkuk hatten keine guten Zeiten vor sich. Das war klar. Und ein Kurdistan würde es mit den Amerikanern wohl auch nie geben. Ich war traurig. In meiner Stadt konnte ich genauso wenig bleiben, wie ich vor oder zurück konnte.

In dem Moment, in dem das ganze Land den Bach hinunter ging, habe ich etwas verstanden. Ich sah keine Möglichkeit für mich, in diesem Chaos weiter zu bestehen. Es hatte einfach keinen Sinn. Kirkuk, Bagdad, Basra brannten, der ganze Irak, die Amerikaner waren da und diese Tyrannen von Peschmerga steckten mit ihnen unter einer Decke – vielleicht für die nächsten Tage, Monate oder auch Jahre, wer wusste das schon. Deshalb fuhr ich weiter. Ich umfuhr die größeren Städte des Nordiraks und versuchte, über kleine Landstraßen und Feldwege in die Türkei zu gelangen. Panzer, Rauchschwaden und Kampfflugzeuge sah ich nur in der Ferne auf- und wieder abtauchen. Das Einzige, was ich antraf, war jene an diesem Tag so traurig wirkende Landschaft Kurdistans.

Devi

GEWEBE

In Mumbai war ich Näherin. Begonnen habe ich mit 14 Jahren. Ich habe für ein Textilunternehmen am Stadtrand gearbeitet. Aufregend war die Arbeit nur zu Beginn. Kein Wunder, denn dort sitzt man den ganzen Tag vor der Nähmaschine und führt immer wieder die gleichen Bewegungen aus: Stoffschnitt nehmen, Stoffschnitt zusammennähen, den nächsten Stoffschnitt nehmen, mit dem nächsten Stoffschnitt zusammennähen, und so weiter. Stoffschnitt für Stoffschnitt, Kleidungsstück für Kleidungsstück. Das geht den ganzen Tag so. So hatte man am Ende immer viele Sachen, die gut aussahen. Und man wusste, dass es andere kaufen und tragen würden. Entweder ein Shirt, eine Hose, eine Decke oder sonst etwas. Je nachdem, was gerade zu tun war. Das gab mir ein gutes Gefühl. Und ungefähr jedes halbe Jahr kamen neue Aufträge. Das bot Abwechslung. Außerdem war ich auch nicht alleine. Ich konnte mich hin und wieder mit meinen Nachbarinnen unterhalten, trotz der strengen Aufseher. Wir saßen ja im selben Boot, Seite an Seite, und nähten den ganzen Tag, von Sonnenauf- bis Sonnenuntergang. Und manchmal noch länger.

    Wir waren ungefähr 2000 in der Fabrik. Wenn man sich vorstellt, dass 2000 Frauen zwölf Stunden lang Kleider nähen, dann sind das am Ende eines Tages viele T-Shirts und Hosen.

Der schwedische Modehersteller H&M hat trotz höherer Rohstoffkosten im ersten Quartal seinen Gewinn um 5% gesteigert. Er betrug in den drei Monaten von Dezember bis Februar 306 Millionen Euro. 29/03/12–20MIN/ALEXANDER LEPESHKIN

KLEID 19,90

TEXTILINDUSTRIE – »Bangladesch« sagt der Industrieveteran Zia Ahad, »ist der billigste Ort unter der Sonne, wenn es um das Machen von Kleidern geht.« Fabrikarbeiter-Innen verdienen 0,63€ pro Tag. Hauptexportgut sind mit 75% Textilien, die hauptsächlich im Auftrag ausländischer Firmen produziert werden 01/05/12– GLOBPOST · **FABRIKBRÄNDE TEXTILFABRIKEN / URSACHEN** – Dhaka, Bangladesh .... 109 Tote / schlechte Fluchtwege Karatschi, Pakistan .... 289 Tote / keine Feuerlöscher, keine Notausgänge Lahore, Pakistan .... 24 Tote / keine Feuerlöscher, keine Notausgänge

25/08/14–WIKIPEDIA ·

Zahlreiche Rettungskräfte bergen eingeschlossene Textilarbeiter unter den Trümmern des eingestürzten Rana Plaza Building, Bangladesch. Das achtstöckige Gebäude beherbergte lokale Kleiderläden und Textilfabriken von großteils europäischen und amerikanischen Unternehmen. Es kollabierte mittwochs und tötete mehr als 100 Menschen. 24/04/13–BIRAJ ·

Man kann die Arbeit dort richtig hören. Das werde ich nie vergessen. Beim Nähen entstehen nämlich immer diese typischen Geräusche. Tuk, tuk, tuk. Das kommt zustande, wenn sich die Nadel der Maschine auf- und abbewegt. Beim Herablassen schlägt sie durch den Stoff, muss ihren ganzen Schwung bremsen und von neuem beschleunigen. Und dann gibt es dieses Tuk. Man muss sich das vorstellen: 2000 Frauen nähen, 2000 Nähmaschinen tuken. Das hört man schon weit vor dem großen Nähraum. Und umso näher man kommt, desto lauter wird es. In unserem Raum war es fast unerträglich laut. Tuk, tuk, tuk. Das war der Rhythmus der Fabrik. Zu jeder Tageszeit. Tuk, tuk, tuk. Manchmal, am Abend, wenn ich schon müde war, bildete ich mir ein, eine Melodie aus all diesen Nähmaschinen herauszuhören. Das wäre etwas – das Orchester der Nähmaschinen, die ihre Komposition vortragen! Aber manchmal klang es weniger wie eine Melodie, sondern mehr wie ein Maschinengewehr, wenn viele Nadeln gleichzeitig hinabsausten und durch den Stoff drangen. Tuk, tuk, tuk. Oft hörte ich dieses Geräusch auch noch, wenn ich schon daheim war, so eindringlich war es. Es verfolgte einen. Man wurde es gar nicht mehr los. Tuk, tuk, tuk. Das war der Klang unserer Maschinen, das war der Klang unserer Arbeit. An sechs Tagen in der Woche, zwölf Stunden am Tag.

Diese Arbeit hat mich eigentlich bis dahin mein ganzes Leben lang begleitet. Auch wenn sich bei mir im Laufe der Zeit einiges verändert hat – ich habe einen Mann gefunden, bin umgezogen, wir haben Kinder bekommen – das Nähen war immer da. Immer dieselbe Halle, dieselben Geräusche, derselbe Platz, derselbe Geruch. Ja, besonders der Geruch. Ich kann ihn jetzt noch riechen. Die Luft dort war schlecht. Es gab viel Staub und von außen drang nur wenig Wind in die Halle, weil die Zäune, Gitter und Pfähle mit dicken Baumwollschichten überzogen waren. Im Sommer war es deshalb sehr heiß und man schwitzte in den Handschuhen und hinter den Mundmasken.

Am Anfang störte mich das alles ein wenig. Aber nachdem ich Kinder bekommen hatte, war es mir ganz egal. Denn ich war einfach froh, Geld verdienen zu können. Mein Mann war Tischler und so hatten wir genug, um uns zu viert eine kleine Zwei-Zimmer-Wohnung in Mumbai leisten zu können. Ich hing an dem Job und wollte ihn auf keinen Fall verlieren, denn wer weiß, ob ich sonst etwas gefunden hätte. Wer weiß, ob wir ohne dem Nähen über die Runden gekommen wären.

HÜHNER BRATEN

Dann hat mein Mann damit begonnen, fremdzugehen. 1998 habe ich es zum ersten Mal bemerkt. Er ist an einigen Tagen nach der Arbeit nicht nach Hause gekommen. Er sagte, dass er Nachtschichten machen müsse, weil sie im Augenblick so viele Aufträge hätten. Am nächsten Tag habe ich dann immer das aufdringliche Damenparfüm an seinem Körper gerochen. Zuerst dachte ich mir nicht viel dabei. Wahrscheinlich habe ich den Gedanken verdrängt. Wer wird schon gerne betrogen. Als es dann aber immer öfter passierte, war es nicht mehr zu übersehen. Es war offensichtlich. Zuerst habe ich es zugelassen, um ihm danach Vorwürfe zu machen und Fragen zu stellen. Die hat er aber immer gleich beantwortet. »Wo warst du letzte Nacht schon wieder?« »Das weißt du doch, Nachtschicht im Werk.« »Und warum riechst du so stark nach Frauenparfüm?« »Was soll denn das schon wieder heißen, verdammt. Du hast wirklich keine Ahnung. Verwechselst den Geruch von Sägespänen mit dem von Frauenparfüm.« Er wollte mich für dumm verkaufen. Oder vielleicht fand er auch einfach nur keine bessere Ausrede. Umso öfter ich ihn nach solchen Nächten fragte, desto kürzer wurden seine Antworten. Am Ende hieß es dann nur noch: »Was geht dich das an? Sei froh, dass ich das Geld für die Kinder nach Hause bringe!« Und damit hatte er leider recht. Denn das gemeinsame Geld reichte damals kaum für die Miete unserer zwei Zimmer und die Schule der Kinder. Alleine hätte ich niemals alle Rechnungen bezahlen können. Ich war auf ihn angewiesen. Eine Trennung hätte mein gesamtes Leben auf den Kopf gestellt und die Zukunft der Kinder aufs Spiel gesetzt.

Ungefähr zwei Monate nach dem Beginn seiner Affären kam noch etwas dazu. Mit der Zeit ging er nämlich nicht nur immer öfter fremd, sondern die Kosten für die Ausbildung unserer Kinder stiegen auch immer weiter. Wir konnten uns kaum noch über Wasser halten. Deshalb habe ich einen zweiten Job bei Kentucky Fried Chicken angenommen. Dort habe ich manchmal nach der Arbeit in der Textilfabrik Hühner frittiert oder gebraten. Das brachte ein wenig zusätzliches Geld, damit die Kinder weiter zur Schule gehen konnten. Aufregend war die Arbeit nicht. Man bekam wenig Geld und musste die ganze Zeit stehen. Das heiße Öl spritzte einem auf den Körper und ins Gesicht, und nach einer Nacht vor dem Grill roch man wie ein Huhn. Aber immerhin verdiente ich so etwas dazu.

Ich habe auch daran gedacht, anstatt weiterhin Hühner bei Kentucky Fried Chicken zu grillen, meine Familie um Hilfe zu bitten. Aber ich war am Ende zu stolz. Da stellte ich mich lieber bei Kentucky Fried Chicken hinter den Herd, auch wenn ich nach zwölf Stunden Nähen todmüde war. Was sein musste, musste sein. Denn nur so bestand für meine Kinder die Chance, ihre Ausbildung fertig zu bekommen und danach vielleicht zu studieren. Um später einmal nicht, so wie ich, T-Shirts nähen und Chicken Wings zubereiten zu müssen. Sie sollten es besser haben.

Es hätte aber auch noch eine andere Möglichkeit gegeben. Ich habe damals oft darüber nachgedacht. Ich hätte mich von meinem Mann trennen und die Ausbildung bezahlen können, wenn ich mit meinen Kindern in einen Slum gezogen wäre. Eine Freundin aus der Textilfabrik wohnte in einem. Deshalb weiß ich in etwa, wie es dort ist … schrecklich. Die Menschen haben zu wenig zu essen, es gibt keine Abfallentsorgung und kein Wasser. Der Müll türmt sich in Bergen, überall ist es dreckig, die Bewohner werden andauernd krank. Es gibt viele Kriminelle und Prostituierte. Für Erwachsene ist es schon schlimm. Aber für Kinder … Viele der Babys dort sterben nach der Geburt. Wie das von meiner Freundin zum Beispiel. Sie war nach der Entbindung nur ein paar Tage im Krankenhaus, dann haben sie die beiden nach Hause geschickt. Das war im

Juli. Und im Juli ist Monsunzeit. Dann regnet es oft tagelang ohne Pause. In ihrer Hütte war es andauernd feucht und sie hatte einige Löcher im Dach. Es regnete rein, das Baby wurde krank. Sie konnte sich keinen Arzt leisten, die Medikamente die ich ihr gab, halfen nicht. Nach zwei Wochen war das Baby tot. Damals ist für diese Frau eine Welt zusammengebrochen. Ich wollte auf keinen Fall, dass meine Kinder in solchen Verhältnissen aufwachsen müssen. Da machte ich lieber die paar extra Stunden vor dem Grill bei Kentucky Fried Chicken nach der Näharbeit.

ULTIMATUM

Seit Beginn der Affäre meines Mannes war ein Jahr vergangen. Und nichts hatte sich verändert. Ich war noch immer in der Textilfabrik und bei Kentucky Fried Chicken. Und er betrog mich noch immer genau so oft wie vor einem Jahr. Wenn nicht sogar öfter. Ich wusste noch immer nicht, wer sie war, aber mittlerweile war es mir auch egal. Ich war einfach nur noch enttäuscht und wütend. Mein Leben bestand nur noch aus Nähen, Hühner zubereiten und für die Kinder sorgen. Immer reichte es gerade so mit dem Geld. Er kümmerte sich um gar nichts mehr und hatte seinen Spaß mit dieser anderen Frau. Dass uns das Geld ausging, schien nur mich zu kümmern.

An einem Abend ist mir dann der Kragen geplatzt. Nachdem er wieder einmal über Nacht nicht nach Hause gekomen war, stand für mich fest, dass es so nicht weitergehen konnte. Das war doch keine Ehe. Irgendetwas musste sich ändern. In der Nacht hatte ich mir einen Plan zurechtgelegt: Ich wollte ihn vor die Wahl stellen. Entweder er kam mit mir und den Kindern mit nach Noida [Industriestadt im Norden Indiens] oder er blieb bei seiner Teilzeit-Geliebten in Mumbai. Ich hatte von Freunden gehört, dass es in Noida viele gute Arbeitsplätze in Fabriken gab. Dort stellten große amerikanische und europäische Unternehmen CDs, Computerausrüstung und Mobiltelefone her. Sie erklärten mir, dass gerade nach neuen Leuten gesucht würde. Außerdem seien die Jobs dort angeblich besser

D. ADAMS IN HIS NOVEL "MOSTLY HARMLESS" (1992) – Left to his own devices he couldn't build a toaster. He could just about make a sandwich and that was it.

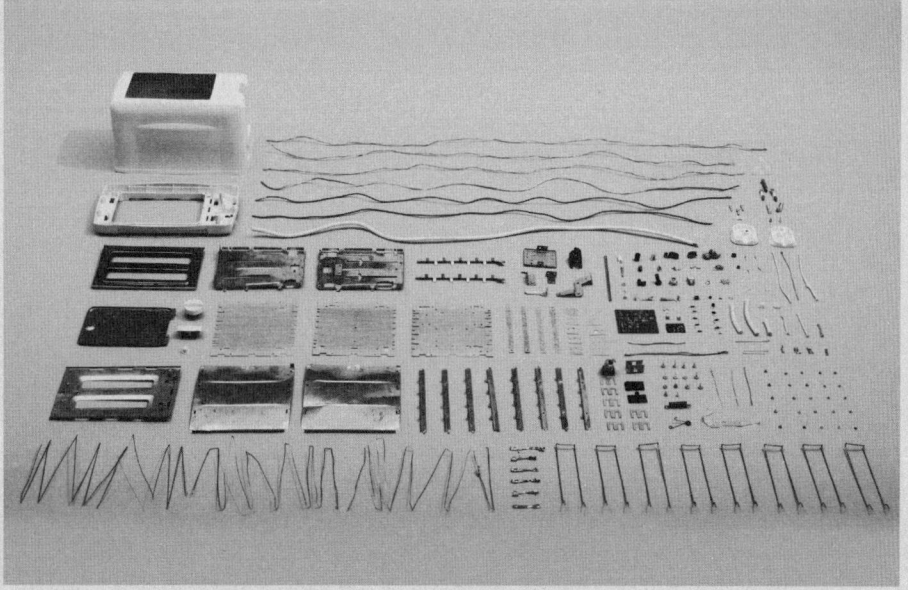

Thomas Thwaites has built a working toaster from scratch, extracting raw materials and processing them himself in an attempt to replicate a mass-produced toaster he bought in a shop for less than £5.00 (image above). This cheap everyday item consists of more than 400 parts which are produced and assembled all over the world. 27/06/09–DEZEEN •

FEDEXFLOTTE NUN IM STEIGFLUG – Fedex bedient 211 Länder, hat 213.000 Mitarbeiter, transportiert 3,3 Millionen Lieferungen pro Tag und ist weiterhin die größte Frachtfluggesellschaft der Welt. Der Ausblick: Ein Kursanstieg um 4%. 13/07/02–WELT • GLOBALE PRODUKTIONSNETZWERKE UND ÖKONOMISCHE GLOBALISIERUNG – Weltweite Liberalisierung und technologischer Fortschritt führen unter anderem dazu, dass die industrielle Produktion von Gütern vermehrt in relativ kleine, hoch spezialisierte Einheiten aufgeteilt und weltweit an die wirtschaftlich günstigsten Standorte verlagert wird. 31/08/11–GUNDLACH •

Amazon testet Einsatz von Mini-Drohnen. Laut Konzernchef Jeff Bezos sollen die automatischen Flugmaschinen künftig die Ware schneller zum Kunden bringen. Starten könnte die ungewöhnliche Zustellung in vier bis fünf Jahren. 02/12/13–AMAZON •

BAUUNTERNEHMER MIRKO KOVATS, FABRIKBESICHTIGUNG INDIEN – KOVATS: Was verdient ein Ingenieur hier? WERKLEITER: Umgerechnet 2.500. K: Das heißt, es ist noch immer weit unter Europa, aber natürlich von billig schon entfernt. Wir können es uns also nicht leisten, großzügig zu sein. Unter dem Globalisierungsdruck müssen wir uns auch hier bewähren. 2008–WAGENHOFER •

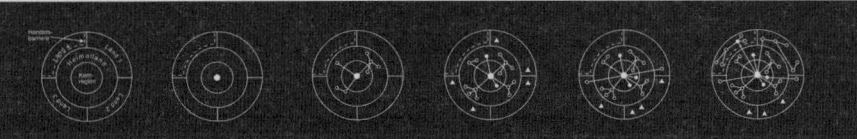

+++ Neokolonialismus bezeichnet die direkte Beherrschung der Länder der Dritten Welt über Spielregeln des kapitalistischen Weltmarktes. Bild: Fünf-Stufen-Modell der Entwicklung vom regionalen zum multinationalen Unternehmen nach Håkanson. 13/05/13–ECO.48 •

Die Elektronikbranche setzt dieses Jahr auf ein kräftiges Umsatzplus im Weihnachtsgeschäft. Die Hersteller wollen mit Fernsehern, Stereoanlagen und Co. dieses Jahr rund um Weihnachten 7,9 Milliarden Euro einnehmen, 14% mehr als noch 2009. In den ersten drei Wochen des Weihnachtsgeschäfts sind schon 660.000 Geräte über den Ladentisch gegangen. 22/12/10–N24 •

Bei der Eröffnung der Media Markt Filiale in Berlin sind Schnäppchenjäger durchgedreht. Tausende stürmten die neue Filiale, es gab Verletzte. Selbst ein Großaufgebot von Polizei und Sicherheitspersonal konnte die Meute nicht bändigen. 25/08/14–WIKI • Geplante Obsoleszenz ist Teil einer verbreiteten Produktionsstrategie. Beim Herstellprozess werden bewusst billige Rohstoffe schlechter Qualität verwendet. Das Produkt wird so schneller schadhaft, Neukäufe werden beschleunigt. Neuere Methoden sind Chips in Druckern (z.B. EEPROM 93C), welche die Anzahl der Druckvorgänge registrieren und beim Erreichen der Herstellervorgabe (z.B. 5 Jahre & 18.000 Seiten) das Gerät blockieren. 24/08/14–WIKIPEDIA •

bezahlt als in den Textilfabriken in Mumbai. Das hörte sich vielversprechend für mich an. Dort würde ich nur einen Job benötigen, um für die Ausbildung meiner Kinder aufkommen zu können. Und wir müssten nicht im Slum leben.

Ich ging davon aus, dass er sich für mich und die Kinder entscheiden würde. Es musste so sein. Schließlich waren wir verheiratet. Ich hatte in all den Jahren unserer Ehe niemals Ansprüche gestellt; aber jetzt musste er zu mir halten; dieses eine Mal. Diesen Gefallen musste er mir und uns tun, dachte ich mir. Er war es mir schuldig und ich wollte ihn erpressen, damit er von der anderen auch sicher ablassen würde. Ich wollte gehen, er musste mit mir kommen und damit wäre seine Affäre ein für alle Mal beendet gewesen. Wir hätten gemeinsam in Noida neu anfangen können, ohne diese andere Frau. Das war mein Plan.

Er kam also am nächsten Morgen zur Tür herein. Ich konnte das Parfüm schon wieder von weitem riechen; mittlerweile kannte ich es schon. Gleich als Begrüßung sagte ich ihm ins Gesicht, dass ich es nicht mehr ertragen würde, dass wir den kritischen Punkt längst erreicht hätten und dass er mir das nicht weiter antun könne. »Es ist genug, du musst dich entscheiden. Entweder ich oder die andere. Ich werde mit den Kindern nach Noida gehen. Entweder du kommst mit und beendest dieses schreckliche Spiel, oder du bleibst hier und lässt mich und die Kinder alleine aufbrechen!«. Stille. Damit hatte er nicht gerechnet. Langsam setzte er sich auf das Bett. Nach fünf Minuten Schweigen sagte er schließlich, dass er nicht mit uns kommen würde. »Was? So viel ist sie dir wert?« schrie ich ihm weinend entgegen. »Ich kann es nicht, ich kann nicht von hier weg, es geht einfach nicht«, sagte er. Daraufhin packte ich die Sachen und drei Stunden später standen meine zwei Kinder und ich am Bahnhof von Mumbai, mit Tickets nach Noida in der Hand – ohne eine Ahnung, was uns dort erwarten würde.

In Noida einen Job zu finden war wirklich nicht schwer. Einen halbwegs gut bezahlten allerdings schon. Ich arbeitete dort in einer Fabrik von HCL und baute Tastaturen und

Zahlen der UN zufolge produziert die Welt 20–25 Millionen Tonnen Elektroschrott jährlich. Der Müll wird immer öfter illegal in China, Indien und Afrika deponiert, wo die Metalle unter toxischen Bedingungen extrahiert werden, um sie weiterzuverkaufen. Bild: Elektromülldeponie Agbogbloshie, Accra, Ghana. 22/02/10 – SPIEGEL

Computermäuse zusammen. Ich habe die einzelnen Tasten mit den Federn in die Tastaturform eingesetzt oder die Tasten der Mäuse befestigt. Es war immer dasselbe. Ich saß dort, genauso wie früher in der Textilfabrik, mindestens zehn Stunden am Tag, neben den anderen Arbeitern. Nur waren es anstatt T-Shirts eben Tastaturen. Und in Noida machte jeder Arbeiter immer nur einen winzigen Teil der gesamten Arbeit. Ich setzte die Federn und Tasten ein, ein anderer die Lichter, wieder eine andere schraubte die Bodenplatte an die Tastatur. So war man angeblich am schnellsten. Ich weiß nicht, ob das stimmt, aber ich weiß, dass man so sehr schnell müde wird, weil man immer das Gleiche macht. Auch wenn man alle zwei Monate die Aufgaben wechselt. So groß ist der Unterschied zwischen Tasten und Lichter einsetzen dann doch nicht. Oft war ich deshalb sehr müde. Trotzdem musste ich versuchen schnell zu arbeiten. Denn wenn man weniger als 100 Tastaturen pro Tag bestückte, bekam man weniger Lohn. Deshalb beeilte ich mich immer. In der Hauptsaison war es nochmals anstrengender. Denn dann hatte man nur ein bis zwei Tage im Monat frei. Das war sehr hart, weil wir mehr als elf Stunden pro Tag arbeiten mussten und die Mittags- und Abendpausen gerade einmal 35 Minuten dauerten. Weil das so anstrengend war, wurde man oft krank. Nachhause gehen durfte man dann aber trotzdem nicht. Denn wer ging, bekam kein Krankengeld. Also ging ich nie.

In der Fabrik gab es noch zwei weitere Regeln, die mir große Angst machten: Die erste war, dass man nicht länger als drei Tage abwesend sein durfte. Egal, was war. Wer vier Tage nicht kam, wurde automatisch entlassen. Meine Kinder waren aber manchmal krank und mussten von der Schule daheim bleiben. Dann konnte ich mich nicht um sie kümmern. Ich musste immer jemanden bitten, nach dem Rechten zu sehen und auf die Kinder aufzupassen. Ich machte mir dann große Sorgen und fühlte mich schlecht. Die zweite Regel, und vor der hatte ich noch mehr Angst, war, dass man bestraft wurde, wenn man auch nur eine Minute zu spät kam. Dann musste man 40 Rupien bezahlen. Das war die Hälfte meines Tageslohns …

deshalb war ich immer pünktlich. Schließlich brauchte ich jede Rupie für die Schule der Kinder und unser Essen. Außerdem konnten wir uns so drei Matratzen in einem großen Raum leisten, den wir uns mit 15 anderen Arbeitern teilten. Das war besser als im Slum. Dort gab es nämlich Wasser und Strom. Für mehr reichte es aber leider nicht, denn mein Lohn war zu gering.

Obwohl ich in Noida Geld verdiente, konnte ich nichts zur Seite legen. Monat für Monat ging es sich gerade so aus. Ich dachte beim Zusammenbauen der Tastaturen und Mäuse oft darüber nach, wie ich die Lage für meine Kinder und mich verbessern könnte. Aber mir fiel nichts ein. Diese Tastaturen brachten einfach nicht genug Geld. Ich hatte nicht genug Zeit und auch nicht genug Kraft für einen zweiten Job. Und selbst wenn ich einen gehabt hätte, hätte das Geld nicht gereicht, um meine Lage wirklich zu verbessern.

So verstrich die Zeit. Ich hoffte auf ein Wunder. Aber natürlich kam keines. Woher denn auch. Ich war verzweifelt. Das war doch kein Leben, meine Kinder hatten keine Zukunft, ich hatte keine Zukunft. Ich fragte mich, ob es in Indien irgendeinen Ort geben würde, an dem ich genug verdienen würde, um ein besseres Leben führen zu können. Dieser Ort wäre das Paradies gewesen. Ich wäre sofort dorthin. Aber ich wusste nicht, wo sich dieses Paradies befinden könnte. Und ich glaubte auch nicht, dass es in diesem Land jemals für mich existieren würde. So viel war mir klar.

Eines Nachts gingen in unserem Schlafraum wieder einmal langsam die letzten Lichter aus. Ich sah meine Kinder an. Ich sah die halb zerrissene Anzeige für einen Job als Haushälterin in Kuwait an. Ich hatte sie am Tag zuvor in der Zeitung gefunden und aufgehoben. Warum, weiß ich nicht mehr. Ich dachte kurz nach. Während ich dabei ins Leere starrte, baute sich in mir eine große Sehnsucht auf. Eine Sehnsucht nach Veränderung, einem anderen, besseren Leben. Kuwait, das klang nach einer Chance. Kuwait ... Vielleicht war es wieder an der Zeit etwas zu riskieren. Es konnte doch nur besser werden, das war mir klar. Ich zog mich an, verließ die Wohnung und suchte ich im Dunkel der Stadt die nächste Telefonzelle. Ich rief meine Schwester an. Das erste Mal seit einem halben Jahr. Ich wollte sie fragen, ob sie die Kinder für längere Zeit zu sich nehmen könnte. Denn ich wollte als Haushälterin nach Kuwait.

DAHEIM — DEVI

João

CARONEIRO

Der Boden im Bundesstaat Ceará ist staubtrocken. Zum Fußball spielen ist das grandios, für die Landwirtschaft jedoch scheiße. Die meisten Flecken dort sind Halbwüste. Es regnet vielleicht ein paar Tage im Jahr. Meine Eltern lebten dort jahrelang vom Ackerbau. Dann gab es einmal zwei schlechte Jahre und das war's. Die Hitze zerstörte einen Großteil der Ernte und sie mussten ihren Grund verkaufen. Keine Ernte, kein Geld. Ersparnisse hatten sie keine mehr. Sie waren am Ende. Immerhin wollte irgendein Großgrundbesitzer ihr bisschen Feld haben. Keine Ahnung, was er damit genau vorhatte. Meine Eltern gingen von da an in die nächstgrößere Stadt und suchten dort Arbeit. Meistens hatten sie jede Woche etwas anderes. Mein Vater half auf kleineren Baustellen und meine Mutter putzte Schuhe und reinigte Hemden. Viel brachte das insgesamt nicht. Außer den Dreck an den Kleidern. Aber davon konnte man sich nichts kaufen.

Während unsere Eltern in der Stadt waren, blieben mein Bruder und ich meistens im Dorf. Wir spielten mit Freunden Fußball und ließen uns die Sonne auf den Bauch scheinen. Wir träumten davon, so gut wie ein Ronaldo zu werden. Und immerhin spielten wir auch schon in der Auswahlmannschaft unseres Dorfklubs. Wir hatten unsere Träume; so wie sie die

DAHEIM — JOÃO

Kalifornien wird von extremer Trockenheit heimgesucht: Hunderte Farmer müssen Konkurs anmelden, Tausende Menschen sind schon geflohen, es herrscht die schlimmste Dürre seit 500 Jahren. Der Folsom Lake (Bild) hat fast sein

gesamtes Wasser verloren. Die erste Aufnahme stammt aus dem Jahr 2011, die nachfolgende zeigt den aktuellen Zustand. Noch nie wurde Regen so dringend gebraucht wie derzeit. 27/02/14 – WELT/CALIFORNIA DEP. OF WATER RESOURCES

IN LATEINAMERIKA IST DER KLIMAWANDEL LÄNGST REALITÄT – Die Folgen der Erderwärmung kosten Mexiko ca. vier Prozent seiner Wirtschaftskraft. Alles in allem hat sich die Erde in diesem Jahr wohl so stark erwärmt wie nie zuvor seit Beginn der Aufzeichnungen. Hurrikane, Überschwemmungen, unregelmäßige Regenzeiten und Ernteausfälle nehmen dramatisch zu. 07/12/10-HB ·

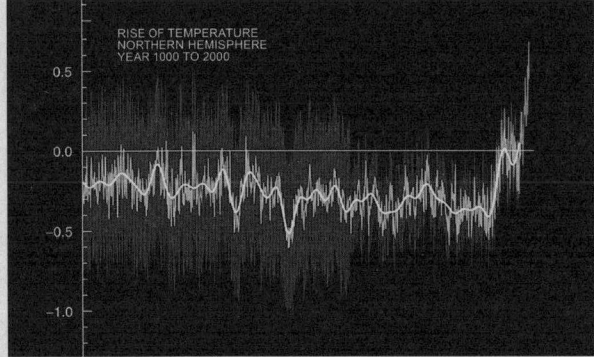

HURRICANE-REKORD – Sandy zerstört einen Vergnügungspark, New Jersey. Das Sturmgebiet war das größte jemals gemessene im Atlantik. Die Temperatur stieg in der nördlichen Hemisphäre seit 1880 um 0,85°C. 24/08/14-WIKIPEDIA · +++ 928 Klima-Fachaufsätze, die zwischen 1993 und 2003 veröffentlicht werden, befinden eindeutig, dass sich die Erde durch menschlichen Einfluss erwärmt. Der Ausstoß von CO_2 trägt einen wesentlichen Teil dazu bei. 29/11/12-ZEIT ·

BOB LUTZ, THE FORMER GENERAL MOTORS EXECUTIVE – **REPORTER:** I think it was 2004 when you said global warming was a total crack of shit. **BOB LUTZ** Mhm. And my attitude has been reinforced since than **R:** Really? What was it, the tornados today, that we have never seen anything like that? BL: Listen. Abnormal weather patterns around the world have been a fact of life; if you look at the history of hurricanes ... when I was a kid growing up we had hurricanes in New York 1941. And none of the predictions have come true. R: And what is with the overwhelming consensus of all the climate scientists? BL: That's not true. 03/03/12–TYSON · +++ Je größer der Wohlstand eines Landes, desto mehr Kohlenstoffdioxid stößt der einzelne Bürger im Durchschnitt aus. 13/05/13–WIKIPEDIA ·

General Motors-Boss "Maximum Bob" Bob Lutz ist 79, will nach seiner Rückkehr zu GM aber noch lange bleiben. Er besitzt eine Sammlung klassischer Automobile und Flugzeuge. Sein Vermögen wird auf 100–200 Millionen Dollar geschätzt. 22/05/09–BILANZ · Ryanair, die weltweit führende Billig-Airline, schaltete heute eine Online-Umfrage frei. Gefragt wird zum Thema Stehplätze auf Kurzstreckenflügen. Ryanair möchte die Kundennachfrage nach vertikalen Sitzen besser einschätzen können, die es Fluggästen – eventuell kostenfrei – erlauben würde, in einer sicheren, wenn auch aufrechten Position auf Kurzstrecken von bis zu einer Stunde Flugzeit zu verreisen. 09/07/09–RYANAIR ·

Shanghai ruft Smog-Alarm aus und hat Notmaßnahmen ergriffen: Stopp für Bauarbeiten, rund ein Drittel weniger Busse und andere öffentliche Autos auf den Straße. Schulkinder mussten drinnen bleiben.

meisten Jungs in Brasilien haben. Ja, Fußball spielen, das konnten wir den ganzen Tag lang ohne Probleme. Die Schulbank zu drücken war dagegen schwieriger. Ab und zu gingen wir zwar zur Schule in den nächsten Ort, oft kam das aber nicht vor. Es lag einfach daran, dass uns die Eltern nicht kontrollieren konnten, weil sie den ganzen Tag weg waren. Am Abend fragten sie uns zwar nach der Schule und den Hausaufgaben, aber dann logen wir ihnen einfach etwas vor; zeigten ihnen alte Schulhefte und selbstgeschriebene Notenblätter. Wahrscheinlich wussten sie, dass wir logen. Aber vielleicht waren sie einfach nur zu müde, um wütend zu werden und uns zu bestrafen.

Große Erwartungen setzten sie aber so oder so nicht in uns. Sie wussten, dass sie sich eine höhere Schule niemals leisten könnten. Deshalb versuchten sie uns einzurichtern, dass wir ein Handwerk lernen sollten. Sie meinten, dass die Leute immer kaputte Sachen hätten oder schöne Dinge kaufen würden. Interessiert hat uns das nicht. Denn alles was wir wollten, war den Tag und die Sonne genießen.

Als mein Bruder und ich alt genug waren, sagten sie uns, dass es besser wäre, wenn wir unser Glück an einem anderen Ort suchten. Wahrscheinlich hatten sie Angst davor, dass wir in Ceará so wie sie enden würden. Dort war alles am vertrocknen. Es gab kaum Arbeit. Und wenn es Arbeit gab, dann war sie hart und wurde schlecht bezahlt. Sie wollten, dass wir zumindest irgendwo Chancen auf ein halbwegs gutes Leben hatten. Mein Bruder sollte nach Amerika. Mit 500 Dollar musste er sich durchschlagen. Zuerst von Brasilien bis nach Mexiko und dann mit Schleppern über die Grenze bis in die USA. Die Reise dauerte länger als drei Monate. Er wurde an der Grenze zweimal erwischt und wieder zurückgeschickt. Ich weiß nicht wie, aber er hat es dann schlussendlich doch noch geschafft. Am Ende landete er irgendwo in Texas auf einer Farm. Dort verdiente er die erste Zeit ganz gutes Geld.

Von mir wollten meine Eltern dann, dass ich in den Süden gehe, nach São Paulo. Ich war jünger als mein Bruder; deshalb verlangten sie, dass ich erst einmal in Brasilien bleibe, um Geld zu verdienen. Sie dachten, dass die Reise nach Amerika zu gefährlich wäre. Ganz alleine, mit nur wenig Geld. Brasilien hatte außerdem den Vorteil, dass ich mich überall frei bewegen konnte. Ich verlor dadurch kein Geld an Schlepper oder für lange Reisen in ein anderes Land. Ceará war von Trockenheit geplagt, aber weiter südlich, da sollte es einfacher sein.

Ich ging dann nach São Paolo. Damals war ich sechzehn. Meine Eltern hatten die Stadt ausgesucht. Sie meinten, dass ich dort leicht Arbeit finden und schnell Fuß fassen würde. Sie gaben mir auch Geld, genauso wie meinem Bruder. Und sie erklärten mir, welcher Bus Richtung São Paolo geht. Das war alles, von da an musste ich mich selbst durchschlagen.

Die Reise dorthin war lang. Ich hatte keinen Schimmer, wie ich dort hinkommen sollte. Unser Dorf war schließlich am Ende der Welt. Fliegen konnte ich nicht, dafür hatte ich zu wenig Geld. Züge gab es so gut wie keine. Also nahm ich zuerst den Bus. Und als mir dann 400 Kilometer vor São Paulo langsam das Geld ausging, versuchte ich als Caroneiro [Autostopper] weiterzukommen. Es dauerte lange, bis die Stadt endlich in Sichtweite war; insgesamt drei Busse und neun Mitfahrgelegenheiten. Einer von denen, die mich mitgenommen hatten, war auf Crack. Es war Nacht und er hat sich innerhalb von zwei Stunden fünf Crack-Steine eingeworfen. Danach legte er seine Füße auf die Ablage und redete von den Prostituierten, die er schon gefickt hatte. Währenddessen kam er mit dem LKW auf die andere Fahrspur. Ich schrie ihn an. »Achtung Mann! Reiß dich zusammen, du bringst uns noch um!«. Wir hatten in unserem Rücken eine riesige Tankladung Öl. Ich dachte, dass die verdammte Fahrt meine letzte sein würde. Aber Gott hat mich beschützt. Deshalb bin ich einen Monat nach meiner Abreise in São Paulo angekommen.

In der Stadt habe ich schnell Arbeit gefunden. Ich war auf der Baustelle als Hilfsarbeiter angestellt. Beton mischen, die Straße aufstemmen oder Löcher graben. Das waren die Dinge, die ich machen konnte. Überall in São Paulo. Und das brachte auch genug Geld, um über die Runden zu kommen. Ich konnte mir eine kleine Wohnung am Stadtrand leisten

DAHEIM — JOÃO

und war ganz zufrieden mit der Welt. Außerdem hatte ich die Hoffnung, in zwei bis drei Jahren vom Hilfsarbeiter zum normalen Bauarbeiter aufzusteigen.

Gegen 1999 sprachen dann aber plötzlich alle von der großen Krise. Bekannte verloren ihren Job, viele Firmen gingen Pleite. Ich merkte davon erst einmal nichts. Weiterhin hatte ich meine Stelle am Bau. Bis sie ein halbes Jahr später auch bei uns damit begannen, Stellen zu kürzen. Und natürlich traf es die Hilfsarbeiter zuerst. Sie meinten, dass sie keine Wahl hätten und mich und die anderen feuern müssten. Ansonsten würde das ganze Unternehmen in Konkurs gehen. Also ging ich eben. Ich dachte, dass ich schon was Neues finden würde. Ich glaube, am Anfang dachten das alle. Aber es kam anders. Ich bewarb mich für alle möglichen Jobs. Genommen wurde ich aber nie. Kein Wunder, bei der Anzahl von Bewerbern. Die Schlange vor dem Arbeitsamt ging regelmäßig bis auf die Straße hinaus. Für eine Stelle im Supermarkt bewarben sich einmal 400 Menschen mit mir. Ein anderes Mal schrieb die U-Bahn 30 Jobs aus. Wer sich dort beworben hatte, musste sich tagelang in einer Warteschlange einreihen. Angeblich interessierten sich zweitausend Menschen für die 30 Stellen. Einer meiner Kollegen bewarb sich für einen Job als Straßenfeger. Dafür musste er sich im Sambadrome registrieren. Das ist der Platz, auf dem einmal im Jahr die Karnevalsparade stattfindet. Er erzählte mir, dass sich dort neben ihm auch noch Ärzte, Lehrer und Anwälte für die gleiche Stelle bewarben, weil sie sonst nichts gefunden hatten. Fünfhundert Menschen sollen angeblich auf dem Platz gewesen sein. Für einen Job. Absolut verrückt war das. Zum Verzweifeln. Ich suchte ein halbes Jahr und fand nichts. Es gab keine Arbeit mehr. Die Miete wurde immer unbezahlbarer und ich ließ schon seit Monaten anschreiben.

PCC

Der Vermieter hatte zuerst Verständnis für meine Lage. Aber nach einigen Monaten ohne Miete ... so groß war sein Herz dann doch nicht. Nachdem ich wieder einmal den ganzen Tag

EUROPÄISCHE AKTIEN ZEIGEN ERSTE ANSTECKUNGSSYMPTOME – Brasiliens Staat steht nahe am Abgrund. Und beim Kampf gegen die Wirtschaftskrise drohen nun auch andere Länder mit in die Tiefe gerissen zu werden. Wegen ihrer starken Verflechtung auf Unternehmensebene scheinen in Europa vor allem Spanien und Portugal akut gefährdet zu sein. Am Dienstag zeigten die dortigen Aktienmärkte jedenfalls erstmals echte Ansteckungssignale. 30/07/02-FAZ •

SPANIENS IMMOBILIENBLASE – Die Blase wurde in den letzten Jahren durch die immer weiter steigenden Immobilienpreise genährt. Von 1997 bis 2006 zogen sie um 11% jährlich an. In den Boomjahren wurden riesige Siedlungen hochgezogen mit Wohnungen, die eigentlich keiner brauchte. Seit der aufgeblähte Immobilienmarkt zusammengebrochen ist, steckt Spanien tief in der Krise. Jeder Fünfte ist ohne Job, unter Jugendlichen beträgt die Arbeitslosenquote 40%. 28/02/08-FUNKE •

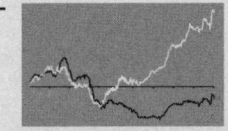

Protest gegen Sparkurs erfasst Portugal und Spanien: Hunderttausende Portugiesen sind gegen den Sparkurs auf die Straße gegangen. In Spanien könnte bald Ähnliches passieren. 12/02/12-WELT • **BLICK AUF DIE PENSIONEN DER CHEFS FÜHRENDER DAX-KONZERNE** –

Dieter Zetsche (Daimler): 26,1 Mio. Euro.

Martin Winterkorn (Volkswagen): 17,9 Mio. Euro.

Josef Ackermann (Deutsche Bank): 13,2 Mio. Euro. 04/09/13-FAZ •

FINANZBRANCHE-GEHÄLTER WACHSEN WEITER – Die Einkommensunterschiede zwischen der Finanzbranche (weiß) und allen restlichen Branchen (schwarz) wachsen seit Jahrzehnten stetig an (Graph: 1964 bis 2009). 10/01/12-THEGRIO • **IN CHINA WÄCHST EINE IMMOBILIENBLASE** – Ein gewaltiger Bauboom heizt Chinas Wirtschaft an. In den letzten 5 Jahren vergaben Chinas Banken Kredite in der Höhe von 2,5 Billionen Euro. Aber was passiert, wenn auch diese riesige Immobilienblase platzt? 28/06/12-DRADIO •

Front page ad in the real estate section of a Chinese newspaper, boasting a 22% price discount off upscale homes.

vor dem Arbeitsamt verbracht hatte, klopfte er am Abend an meine Tür. Ich öffnete. Er machte einen großen Schritt auf mich zu, drängte mich in mein Zimmer und schmiss die Tür hinter sich zu. So hatte ich ihn noch nie erlebt. Er packte mich, drückte mich gegen die Wand und hielt mir ein Messer an den Hals. Unsere Köpfe waren vielleicht zehn Zentimeter voneinander entfernt. Er war wütend. Seine Stimme klang heiser, sein Atem roch nach Alkohol. »Jetzt hör mal zu, Jungchen. Ich habe lange genug auf mein Geld gewartet. Entweder du hast das Geld am Ende der Woche, oder es gnade dir Gott. Weißt du, ich muss nämlich auch leben. Ich bin nicht der Papst. Verstanden, Jungchen?« Ich hatte verstanden. Seine Botschaft war eindeutig. Ich musste schnellstens eine Menge Geld auftreiben. Woher? Ich hatte keine Ahnung.

In meiner Verzweiflung ging ich zu meinem Nachbarn. Wir hatten uns davor vielleicht drei- oder viermal im Treppenhaus gesehen. Gesprochen hatten wir bisher nie. Er war älter als ich, vielleicht 25, und machte einen guten Eindruck. Anscheinend hatte er keine Probleme mit der Miete. Ich wollte ihn um Rat fragen.

Er war sehr freundlich. Sein Name war José. Er bot mir einen Kaffee an und sagte, ich solle mich setzen. Sein Zimmer war karg, die Möbel bestimmt schon dreißig Jahre alt. Um seinen Kopf schwirrten Fliegen herum. Nachdem ich ihm meine Lage geschildert hatte, fragte er mich, ob ich das Primeiro Comando da Capital kennen würde, kurz PCC. Ich kannte es nicht – und er begann zu erzählen: »Es gibt die Legende, dass das PCC aus einer Gefängnis-Fußballmannschaft entstanden ist. Sie haben niemals verloren – weil niemand den Mut hatte, sie zu besiegen. Als sie wieder auf freiem Fuß waren, gründeten sie das Hauptstadtkommando – PCC. Es will die korrupten Politiker São Paulos stürzen und eine neue und gerechtere Stadt aufbauen. Aber das PCC ist auch ein sozialer Verein für die Armen. Und deshalb erzähle ich dir davon. Sie wollen die Hilfsbedürftigen unterstützen, weil sie großherzige Menschen sind. Sie wissen, wie es uns geht. Wer Mitglied werden will, muss ein bisschen Geld bezahlen, plus ein Zehntel seiner sonstigen Einnahmen. Das ist alles. Dafür bekommst du aber viel zurück. Zum Beispiel musst du keine Miete mehr für deine Wohnung bezahlen, so wie ich. Du bekommst Schutz, wenn du bedroht wirst und man hilft dir dabei, Geld zu verdienen«. Ich fragte ihn, wo der Haken wäre. Es musste ja irgendwelche Bedingungen geben. »Wenn du einmal eintrittst, kannst du nicht mehr aussteigen. Du musst dich den Plänen des PCCs anschließen ... du musst für sie arbeiten. Harmlose Sachen: ein Raubüberfall hier, ein bisschen Drogenhandel dort – die Hälfte des Gewinns gibst du ab, die andere behältst du. So finanziert sich das Kommando. Glaub mir, es wäre eine gute Sache für dich. Ich mache das seit zwei Jahren. Hauptsächlich verkaufe ich Drogen an die Playboys, die Leute in São Paulo mit Geld. Manchmal fahre ich auch zur bolivianischen Grenze und hole größere Mengen Kokain. Hin und wieder noch ein kleiner Banküberfall. Und das ist es. Es hört sich gefährlicher an, als es ist. Überleg es dir.«

Ich wusste nicht, ob das eine gute oder schlechte Sache für mich war. Ich wusste nur, dass es der einzige Weg war, um bis zum Wochenende an Geld zu kommen und nicht auf der Straße zu landen. Alles andere spielte keine Rolle. Deshalb sagte ich ihm, dass ich Mitglied werden wolle.

KOKAIN

Es funktionierte tatsächlich. Drei Tage nach dem Abend mit meinem Nachbarn kam der Vermieter zu mir und sagte, dass das Problem mit der Miete aus der Welt sei. Ein Problem weniger, dachte ich. Am nächsten Morgen standen dann ein paar Jungs vom PCC vor meiner Tür. Sie waren höflich und fragten, ob sie hereinkommen dürften. Es war meine Willkommensfeier. Sie schütteten mir ein Glas Schnaps über den Kopf und schüttelten mir die Hand. Außerdem musste ich ihr Statut unterschreiben. 16 Punkte gab es darin; hauptsächlich ging es um Ehre, Respekt, Kampf und Solidarität. Ich setzte meine Unterschrift also an das untere Ende des Blattes und war damit offizielles Mitglied.

DAHEIM — JOÃO

Von da an dauerte es eine Woche, bis ich meinen ersten Auftrag erhielt. Er kam per Brief, Absender unbekannt. Ich sollte 200 Gramm Kokain verkaufen. Bekommen würde ich es in der Favela Jabaquara. Die Drogen mussten innerhalb der nächsten Woche in einem Viertel der Playboys verteilt werden. Alles halb so wild, dachte ich mir. Also ging ich nach Jabaquara. Bereits am Straßenrand vor der eigentlichen Siedlung fragten mich zwei Kerle, was ich wolle. Ich sagte ihnen, dass ich hier jemanden treffen solle. Sie wollten wissen, wen. Ich sagte nur: »Das PCC hat mich geschickt«. Daraufhin gaben sie mir die Hand und zeigten mir, wohin ich gehen musste.

Die Hütte erkannte man bereits von weitem. Das Blechtor war geflickt, um das Haus war eine drei Meter hohe Mauer gebaut und über dem Tor waren spitze Harpunenspitzen angeschweißt. Meine Kontaktperson hieß Elvira de Souza. Wir setzten uns in ihre Küche. Dort wimmelte es von Insekten und Kleintieren, es roch nach Urin. Das Haus hatte drei Zimmer und sie lebte dort mit ihren beiden Schwiegersöhnen. Ich wollte mich vorstellen. Aber sie sagte nur, dass sie schon alles über mich wisse, was wichtig sei. Dann erklärte sie mir alles. Sie sagte genau, wo, wann und für wie viel ich das Kokain verkaufen solle. Sie erklärte mir, was ich anziehen und wo ich das Kokain verstecken solle. Zum Schluss drückt sie mir die Hand und wünschte mir viel Glück. Als ich zur Tür hinausverschwand, schrie sie mir hinterher, dass ich mich vor den Drogenfahndern in Zivil in Acht nehmen solle.

Als die Sonne am nächsten Tag unterging, machte ich mich in das Viertel der Playboys auf. Zu ihren Condomínios [Eigentumswohnungen], Clubs und Parks. An diesem Abend sollte ich am Rand des Basilio-da-Silva-Parks auf Kunden warten. Dort patrouillierte laut Elvira an dem Abend keine Polizeistreife. Das Kokain hatte ich in der Innentasche meiner Jacke versteckt. Dort war zur Sicherheit auch ein Messer. Der Abend war kühl – ich wartete auf Abnehmer. Weil es noch früh war, kam niemand. Ich stand da und sah mich um. Unglaublich war diese Gegend. Die Condomínios waren sagenhaft schön. Aber alle mit vier Meter hohem Zaun und Stacheldraht oben dran.

DAHEIM — JOÃO

Von außen sahen sie wie Burgen aus. Die Straßen waren sauber, die Fenster der Geschäfte auf Hochglanz poliert. Funktionierende Straßenbeleuchtung. Ein Wachhund hinter jedem Zaun. Auf der anderen Straßenseite war ein Club. Teure Autos standen davor, amerikanische Musik drang herüber, die Leute hatten Cocktails in der Hand. Was für ein Leben die dort führten. Kaum zu glauben. Und das Ganze vielleicht einen Kilometer von Jabaquara entfernt.

Gegen Mitternacht kamen dann die ersten Leute vom Club zu mir. Die meisten wollten ein Gramm, manche auch zwei oder drei. Nachdem mich die ersten von ihnen bemerkt hatten, kamen immer mehr. Manche sogar öfter. Der Preis spielte keine Rolle. Innerhalb von vier Stunden hatte ich die 200 Gramm verkauft. Es ging schneller, als ich dachte. Und viel problemloser. Denn die Playboys wussten schon, wie es funktioniert. Sie sagten die Zahl, ich den Preis, sie gaben mir das Geld und ich ihnen das Kokain. So lief das achtzig, neunzig Mal an dem Abend. Als wäre ich ein Eisverkäufer vor einer Schule.

Am nächsten Morgen lieferte ich die Hälfte des Geldes bei Elvira ab. Die andere Hälfte behielt ich, wie abgemacht. Für einen Abend hatte ich wirklich gut verdient. Noch ein paar solcher Nächte und ich hätte genug Geld gehabt, um etwas damit anzufangen. Ich dachte an eine Waffe. Denn mir war das PCC nicht ganz geheuer.

Elvira rief mich in den nächsten Wochen noch vier oder fünf Mal zu sich. Immer wieder musste ich zu den Condomínios, immer zu den Playboys. Und das Geschäft lief gut. Ausgezeichnet sogar. Das Kokain war immer an einem Abend weg. Die Playboys konnten bei ihren Partys gar nicht genug davon bekommen. Elvira bekam weiterhin die eine und ich die andere Hälfte.

Anscheinend waren sie zufrieden mit mir. Ich bekam regelmäßig Aufträge und führte sie ohne Probleme aus. Im Sommer wollten sie dann aber plötzlich etwas anderes. Kein Kokain mehr. Sie wollten, dass ich eine Bank ausraube. Aber nicht irgendeine, sondern eine Filiale der Banco Bradesco, eine der größten und bestbewachtesten Privatbanken in Brasilien.

DAHEIM — JOÃO

Unmöglich. Da hätte ich mich gleich selbst ins Gefängnis stecken können, das war klar. Ich versuchte mit Elvira zu sprechen. Ich erklärte ihr meine Bedenken. Sie meinte aber nur, dass wir alle tun müssten, was das Kommando für richtig halte. Unsere Anführer wüssten, was richtig und falsch, was möglich und unmöglich sei. Und sie würden uns nie etwas tun lassen, was sie nicht selbst auch tun würden, woran sie nicht auch selbst glauben würden. Trotzdem erhob ich Einspruch. Ich sagte ihr, dass ich sicher im Gefängnis landen würde. Aber das interessierte sie nicht. Sie sagte trocken, dass ich mich verpissen solle. Ich wurde wütend, schrie sie an. Ob sie denn wirklich wolle, dass ich in den Knast komme, fragte ich sie. Dann verlor sie ihre Ruhe. »Ist mir doch egal. Wir sind groß genug. Wir brauchen dich nicht. Aber vergiss eines nicht: einen Auftrag ablehnen, heißt das PCC ablehnen und das PCC abzulehnen, heißt tot zu sein«.

Das war genug. Ich holte meine neue Waffe aus der Jackentasche und schrie, dass sie hier gar nichts zu entscheiden hätte. Sie blieb ruhig. Wir sahen uns tief in die Augen. Ich wollte sie auf keinen Fall erschießen, aber ihren Respekt wollte ich. Ihr Angst machen und ernst genommen werden. Wir hätten über die Sache ganz normal reden können. Dann war da plötzlich ein Schuss. Wahrscheinlich aus dem Hinterzimmer. Die Kugel schlug direkt in dem Fenster neben mir ein. Ich geriet in Panik, drückte mehrmals den Abzug und schoss wild um mich. Dann Stille, nichts rührte sich. Als wäre die Welt stehen geblieben. Im nächsten Moment war ich schon auf der Straße und rannte um mein Leben. Durch die kleinen, engen Gassen von Jabaquara, so schnell ich konnte. Elvira verblutete in dem Moment wahrscheinlich in ihrem Haus. Ich hatte sie erschossen. Ihre Schwiegersöhne blieben bei ihr. Sonst war niemand da gewesen. Ich bin einfach nur gerannt, so schnell es ging. Und währenddessen wusste ich schon, dass sich ab jetzt alles ändern würde.

Dann rief ich zum ersten Mal nach zwei Jahren meinen Bruder an. Ich hoffte, dass er mir irgendwie helfen könnte. Denn in São Paulo und darüber hinaus arbeitete doch jeder

Zweite für das PCC. Es klingelte. Ich dachte schon, dass er nicht abheben würde. Dann aber doch. Ich erklärte ihm so schnell wie möglich, was in den letzten Augenblicken passiert war. Er verstand sofort und riet mir, in einer Kirche außerhalb der Stadt Schutz zu suchen. Von dort aus sollte ich dann so schnell wie möglich irgendwohin abhauen, weiter weg. »Pass auf dich auf«, sagte er zum Abschluss.

Dann war da plötzlich ein Auto, das direkt vor mir hielt; alles ging rasend schnell. Ich rannte auf die Strasse, versperrte dem Auto den Weg, ich hörte den Fahrer hupen. Dann hielt ich ihm die Pistole vor das Gesicht, warf ihn hinaus, stieg ein und gab Gas.

Sissoko

GOLDSCHÜRFER

Im Jahr 2000 verließ mein Nachbar seine Frau. Er brach mit seinem elfjährigen Sohn auf. Der Grund: Die beiden wollten in der Morila-Goldmine arbeiten, ungefähr 200 Kilometer westlich von unserer Stadt. Die Mine war damals erst seit kurzem in Betrieb. Man erzählte, dass junge Männer dort viel Geld machen könnten. Und das brauchte er auch, dringend. Denn seine wenigen Baumwollfelder hatten die letzten drei Jahre nicht genug Gewinn eingebracht. Vor allem deshalb, weil er für seine Wolle nicht mehr genug Geld bekam. Obwohl er alles verkaufte, blieb am Ende nicht mehr genug übrig. Und es deutete nichts darauf hin, dass es im nächsten Jahr besser werden würde. In unserer Stadt fand er keine Arbeit, im Umland genauso wenig. Er hatte drei Kinder mit seiner Frau. Die musste man ernähren. Deshalb ging er mit seinem Sohn zur Goldmine nach Sanso. Zwei Körper verdienen mehr als einer. Es blieb ihnen nichts anderes übrig. Wie lange sie bleiben würden, wussten sie nicht. Er und seine Frau hatten keine Ahnung, wie lange sie sich nicht sehen würden. Es hätten zwei Monate, ein halbes Jahr oder auch ein Jahrzehnt sein können. Vielleicht würden sie sich auch nie wiedersehen; wer konnte das schon sagen. Er hoffte nur, dass sie in der Mine genug Geld verdienen würden. Einen Teil davon würden sie nach Hause

RASANTER ANSTIEG DER BAUMWOLLPREISE – Großen Textilfirmen treibt die Baumwoll-Preisexplosion die Schweißperlen auf die Stirn. Für die Herstellung eines T-Shirts benötigt man ca. 200g Baumwolle, insgesamt 20.000 Tonnen im Jahr. Für ein Pfund bezahlt man 40 % mehr als letztes Frühjahr. 2008–ECHO.ONLINE •

Der Baumwollpreis erreichte an der amerikanischen Terminbörse in NYC im Laufe dieser Woche den Höchststand von 2,066 €/kg. Seit Juli ist der Preis um bis zu 70 % gestiegen. Dafür sind Spekulationen ebenso verantwortlich, wie Exportrestriktionen Indiens und schlechte Wettervorhersagen für die sehr großen Anbaugebiete in China und den USA. 28/10/10–FAZ •

BAUMWOLLE IM WELTHANDEL – »Baumwolle ist das Symbol für das Unfaire im globalen Handelssystem«, sagt Amy Barry, Sprecherin für Handelsfragen der britischen Hilfsorganisation Oxfam. In den Jahren 2001 bis 2003 verloren die Afrikaner 400 Millionen US-Dollar. Verantwortlich für diese Misere sind in erster Linie die hohen Baumwollsubventionen in den Industriestaaten. 2008–WAGENHOFER • +++ Wenn die USA ihre Baumwollherstellung nicht illegal (weil laut WTO wettbewerbsverzerrend) subventionierten, würde der Staat Burkina Faso jährlich mindestens 122 Mio. Euro mehr einnehmen. Die bilaterale Entwicklungshilfe, die Kredite der EU, USA und Japans machen zusammen pro Jahr 30 Millionen Euro aus. 2008–WAGENHOFER •

Eine Baumwollerntemaschine erntet an einem Tag so viel Baumwolle wie 300 Arbeiter. In Europa und den USA setzte sich die Baumwollerntemaschine nach dem 2. Weltkrieg durch. Das manuelle Ernten ist aber heute noch in einigen Schwellen- sowie Entwicklungsländern verbreitet. 24/08/14–WIKIPEDIA • EU-SUBVENTIONEN – Dem Overseas Development Institute zufolge sind EU-Baumwollsubventionen für 38 % der Einkommensverluste in West- und Zentralafrika verantwortlich. 2008–WAGENHOFER •

DIE WELTHANDELSORGANISATION EINIGT SICH AUF WELTHANDELSABKOMMEN – Nachdem Kuba den strategischen Widerstand aufgegeben hat, beschloss die Welthandelsorganisation mit einem Tag Verspätung nun doch weitere Erleichterungen im globalen Handelssystem. 07/12/13–REUTERS/SU ·  EMERGING-MARKETS-URGESTEIN MARK MOBIUS – Mark Mobius hat als einer der Ersten in Schwellenländern in die mittlerweile allseits bekannten Emerging Markets angelegt – und wurde so zur Investment-Legende. Sein Leitgedanke: »Die beste Zeit für Investitionen ist immer dann, wenn Blut auf den Straßen klebt. Das gilt auch, wenn es dein eigenes ist.« 2008–WAGENHOFER · KONSEQUENZEN DES WTO-INVESTITIONS-ABKOMMENS – 1. Ausländische Investoren erhalten das Recht, Gastregierungen wegen jeder Maßnahme verklagen zu können, die ihrer Meinung nach die Profite beeinträchtigt. / 2. Der Vertrag legt keinerlei Verantwortlichkeiten für Investoren fest. / 3. Ausländische Konzerne werden nationalen Regierungen gleichgestellt. 10/03/13–UTANET · SAMBIAS KUPFER STEUERFREI – Der Bergbausektor in Sambia wurde Ende der 1990er auf den Druck von IWF und Weltbank hin privatisiert und wird heute von zwölf multinationalen kupferfördernden Konzernen beherrscht. Weniger als 5% ihrer Gewinne fließen in die Staatskasse. 2012–EVB · ROHSTOFFBRANCHE JUBELT – In den letzten fünf Jahre haben sich die Branchengewinne auf 21 Mrd. pro Jahr verdoppelt. 29/03/12–WELTWOCHE ·

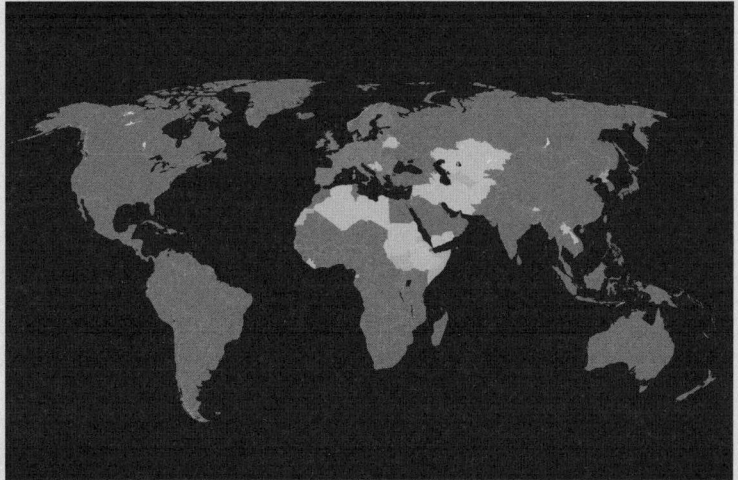

Mitglieder der World Trade Organisation (dunkelgrau). Die WTO ist eine internationale Organisation mit Sitz in Genf. Sie ist neben dem IWF und der Weltbank eine der zentralen internationalen Organisationen, die Handels- und Wirtschaftspolitik mit globaler Reichweite verhandelt. Oberste Priorität haben der Abbau von Zöllen und weiteren Handelshemmnissen. 25/08/14–WTO ·

Goldpreisanstieg in US-Dollar, 1965–2010. Edelmetall-Experten gehen davon aus, dass der Preis weiter steigen wird, weil Händler mit Gold spekulieren, das nicht mehr vorhanden ist. 09/05/13–RICKARDS ·

schicken, zu seiner Frau und den zwei Töchtern. Damit hätten sie dann das Nötigste bezahlen können. Das war ihr Plan. Beim Gottesdienst am letzten Sonntag hat die Gemeinde für sie gebetet.

Als sich die Familie am Morgen in zwei Hälften teilte, war ich gerade am Weg zur Arbeit. Ich sah, dass alle Angst hatten. Die Frau und die zwei Töchter weinten. Der Mann warf einen letzten Blick auf sein Haus mit der abbröckelnden Lehmfassade, der Sohn stand stolz da. Alle umarmten sich ein letztes Mal. Niemand wusste, was die Zukunft bringen würde, ob man mit der Minenarbeit wirklich so viel verdienen würde, wie alle sagten. Gerade einmal zwei kleine Taschen hatten der Vater und sein Sohn bei sich. Ich fragte mich, was sie mitgenommen hatten. Vielleicht ein Familienfoto, ein paar T-Shirts, ein bisschen zu essen für die Busfahrt. Vier Stunden war man unterwegs nach Sanso. Die Straßen waren holprig und der Bus alt. Man hatte Glück, wenn es keine Panne gab. Man richtete sich lieber auf eine längere Fahrt ein und nahm Proviant mit ... Ihre Traurigkeit nahm mich mit. Ich ging zu meinem Nachbarn, drückte ihm die Hand und wünschte ihm viel Glück. Wir sollten uns für längere Zeit nicht mehr wiedersehen.

Wenn ich von da an am Morgen vor die Haustür trat, um zur Arbeit zu fahren, sah ich das Haus mit anderen Augen. Es machte mich traurig, denn es erinnerte mich daran, dass die Frau mit den Töchtern alleine war. Die Mädchen wurden älter, ohne ihren Vater.

Ich wusste, wie das war. Ich kannte das Gefühl, nur eine Mutter zu haben. Denn mein Vater starb an Malaria, als ich noch klein war. Unser Glück war, dass wir Hilfe von der Familie meines Vaters bekommen hatten. Sie sorgte dafür, dass ich weiter zur Schule gehen und meine Ausbildung machen konnte. Ohne sie wären wir wahrscheinlich auf der Straße gelandet. Wir hätten Miete, Essen und die Schule niemals bezahlen können. Ich hatte Glück. Und ich hoffte, dass unsere Nachbarn auch Glück haben würden. Ich hoffte, dass die Männer genug Gold finden würden, um die Familie ernähren und die Töchter zur Schule schicken zu können.

DAHEIM — SISSOKO

Die Tage vergingen. Nach ein paar Wochen erzählte uns die Nachbarin dann, dass ihre zwei Männer Arbeit in der Goldmine gefunden hätten. Geld hatte sie aber noch keines bekommen. Wahrscheinlich mussten sie erst einmal Fuß fassen, sagte sie zu mir.

Uns ging es damals gut. Wir mussten noch nicht über die Goldmine nachdenken. Meine Frau verdiente regelmäßig etwas Geld am Markt von Kati. Dort verkaufte sie für einen Stoffhändler Gewand, Decken, Baumwolle und ein bisschen Seide. Ich war in der Verwaltung eines Transportunternehmens in Bamako beschäftigt, der Hauptstadt Malis, die nur 16 km von unserem Dorf entfernt war. Viel verdiente ich nicht. Zwei Dollar am Tag. Aber wenigstens bekam ich regelmäßig mein Geld. So kamen wir bis dahin halbwegs über die Runden.

WIEDER ZURÜCK

2003 war dann kein gutes Jahr. Unsere Situation verschlechterte sich sehr schnell. Meine Frau hatte ihren Job am Markt von Kati Anfang des Jahres verloren, weil der Stoffhändler Pleite gegangen war. Von da an fand sie lange nichts mehr Neues. Es wurde April, es wurde Mai. Keine Arbeit. Damit fehlte uns die Hälfte unseres Einkommens.

Ich war damals noch immer bei dem Transportunternehmen. Das Geld reichte gerade einmal für zwei Mahlzeiten am Tag. Das Leben war nicht einfach. Man musste an allen Ecken und Enden sparen. Und die Hoffnung auf Besserung wurde immer kleiner, denn es gab einfach keine Jobs, mit denen man genug verdiente. Aussichten auf Veränderungen zum Guten gab es nicht. Wenn es so weitergegangen wäre, hätten wir bald kein Geld mehr für Treibstoff, Strom oder Wasser gehabt. Wie hätten wir uns so etwas aufbauen sollen? Kinder, vielleicht ein Haus? Unmöglich.

Wir mussten uns etwas einfallen lassen. Denn zwei weitere Monate mit nur einem Lohn und wir hätten uns nur noch von Reis ernähren können. Und noch zwei weitere Monate, und wir hätten uns nicht einmal mehr das leisten können.

Das teuerste Auto der Welt: Dh27m gold Lamborghini in Dubai, gefertigt auf Basis eines 500kg Goldblocks. Der Kaufpreis: 7,4 Millionen US-Dollar, 650.000 US-Dollar des Kaufpreises werden für karitative Zwecke gespendet.

Unsere Ersparnisse waren komplett aufgebraucht. Wir verkauften deshalb den Familienschmuck und ein paar andere Sachen. So kamen wir zumindest zu etwas Geld – viel besser machten es diese Einnahmen aber auch nicht. Deshalb dachte ich von da an immer öfter an die Goldmine. Der Gedanke nahm mit den Tagen immer mehr Platz ein. Bald konnte ich nur noch daran denken. Ich hätte dort eine Zeit lang arbeiten und etwas zur Seite legen können. In einem Jahr wäre es so vielleicht schon wieder besser gegangen. Und je länger die Idee in meinem Kopf kreiste, desto realistischer fand ich das ganze Unternehmen.

Im September kam unser Nachbar von der Goldmine zurück. Ohne seinen Sohn. Der ist dort geblieben. Aber ihn plagte das Heimweh und deshalb war er für einige Tage nach Kati gekommen. Ich war neugierig und wollte unbedingt wissen, wie es bei der Morila-Goldmine war. Ob man dort wirklich Geld verdienen konnte und ob die Arbeit sehr hart war. Einen Tag nach seiner Ankunft klopfte ich an seine Tür und fragte ihn, ob wir uns über die Goldmine unterhalten könnten.

Was er erzählte, schockierte mich. So hatte ich es mir nicht vorgestellt. Ich habe seine Worte noch heute im Ohr. »Bei der Morila-Goldmine arbeitet man mit sehr einfachen Werkzeugen. Um die Schächte und Tunnel zu graben, schlägt man mit einer alten Hacke in die Erde. Stundenlang. Lauter Schwielen bekommt man an den Händen. Nach Tagen sind die schulterbreiten Schächte dann zwanzig, dreißig Meter tief. Die Stützen sind nur aus altem Tamarindenholz und die Schächte stürzen immer wieder ein. Weil die Arbeit unter der Erde so gefährlich ist, gehen nur die Männer hinunter, um nach dem Gold zu graben. Ist man erst einmal unten, sieht man kaum mehr etwas. Es ist dunkel und sehr eng. Fast so, als wäre man begraben worden. Man hat unten nur eine kleine Lampe dabei, die einen winzigen Teil des Schachtes sichtbar macht. Und dann muss man in die Erde hacken und versuchen, Gestein aus dem Erdschacht zu schlagen. Die Steine muss man in einem Korb sammeln. Damit klettert man den Schacht dann am Ende des Tages wieder hinauf. Pausen an der frischen Luft gibt es zweimal am Tag. Ansonsten ist man immer im Tunnel und versucht so schnell und hart wie möglich zu hacken. Am Ende des Tages, wenn man aus dem engen Schacht kriecht, ist die Sonne so hell, dass man sich für Minuten die Augen zuhalten muss. Vier Dollar bekommt man für den Zwölf-Stunden-Tag. Die Kinder bekommen kein Geld. Sie werden in Erdsäcken ausbezahlt. Wenn sie Glück haben, finden sie darin etwas Gold. Das ist dann ihr Lohn. Wenn sie nichts finden, dann arbeiten sie umsonst. Während ich im Schacht war, hat mein Sohn versucht, das Gold aus den scharfkantigen Steinen zu bekommen. Wenn man darin etwas findet, muss man es noch reinigen. Das macht man über einer Flamme. Die bringt das Quecksilber zum Verdampfen. Am Ende hat man dann das reine Goldstück.«

Ich fragte ihn, ob das Geld in den letzten drei Jahren zum Leben gereicht hätte und ob er weitermachen wollte. Darauf antwortete er, dass er weitermachen müsse. Zumindest noch ein oder zwei Jahre, weil er nur so genug für die Familie verdienen könne. Am Ende drückte ich ihm die Hand und umarmte ihn. Ich sagte, dass ich ihn bewundern würde und seine Familie sehr stolz auf ihn und seinen Sohn sein könne.

Als ich am nächsten Tag zur Arbeit fuhr, blickte ich wieder auf das Haus des Nachbarn. Ich erinnerte mich noch einmal an die Geschichten vom Goldschürfen in der Morila-Goldmine; an die engen Schächte, das Quecksilber, den Staub, die Erdsäcke zur Bezahlung. Und während ich an all das dachte, schwor ich mir, dass ich alles dafür tun würde, damit meine zukünftigen Kinder niemals nach Sanso gehen müssten.

FLIMMERNDES PARADIES

Meine Frau ging dann auf die Baumwollfelder. Sie arbeitete dort als Erntehelferin. So hatten wir ein bisschen mehr Geld. Aber viel besser war es deshalb auch nicht. Ich fuhr weiterhin jeden Tag nach Bamako, um dort Bustickets zu verkaufen und die Kundendatenbank zu verwalten. Viel gab es dort aber nicht zu tun. Wenn am Tag zwanzig Leute kamen, war das viel.

Meistens war es langweilig. Ich saß oft in dem kleinen Büro und schaute zum Fenster hinaus. Auf die Straße, zu den Kaufleuten und den Transportern. Dort gab es fast immer buntes Treiben. Mit der Zeit wusste ich sogar schon, wer zu welcher Zeit am Geschäft vorbeiging. Einige kannte ich, weil sie Kunden waren. Mariam sah ich immer um zehn; sie trug in einem Korb Früchte am Kopf. Djeneba gegen eins; sie war am Weg zum Mittagessen. Dann Moussa um drei; er transportierte mit seinem Auto Baumwolle in die Stadt. Ich kannte auch schon jede Ecke des Büros auswendig. Viel gab es da ja nicht. Aber trotzdem sah ich mir immer wieder das Loch in unserem grünen Vorhang an. Oder die gebrochene Fliese gleich neben der Türschwelle, die ich immer ersetzen wollte. Auch das Bild an der Wand kannte ich schon auswendig. Es zeigte unseren Präsidenten Amadou Toumani Touré als jungen Soldaten – lächelnd, im Hintergrund waren unscharf Flugzeuge zu sehen. Er wurde in Kati zum Fallschirmjäger ausgebildet. Darauf war die ganze Stadt stolz. Ich fragte mich immer, wie das wohl ist, aus einem Flugzeug in den Krieg zu springen. Der Mann hatte meinen Respekt. Touré war einer von den Mutigen. Er hat den alten Präsidenten und sein korruptes System gestürzt. Ansonsten gab es aber nicht viel zu beobachten.

Irgendwann bekamen wir dann einen Fernseher. Sogar mit Satellitenschüssel. Angeblich, um die Wartezeit der Kunden zu verkürzen. Ich glaube, den Kunden war es egal. Aber mir tat man damit einen Gefallen, denn so konnte ich mir gut den Tag vertreiben. Es war meine Rettung. Einfach unglaublich, wie viele Programme man damit empfangen konnte. Praktisch aus aller Welt. Und das in Mali. Weil ich französisch konnte, verfolgte ich oft französische Sendungen. Das war eine gute Abwechslung zu den wenigen afrikanischen Programmen. Ganz anders war das. Ich mochte eine Serie ganz besonders: »Entdecke Frankreich«. In jeder Sendung wurde eine französische Stadt vorgestellt. Unglaublich, was man da sah. So sauber schien es dort zu sein. Und die Menschen auf der Straße waren so elegant gekleidet. Überhaupt die Straßen: Es gab richtige Bahnen für Autos und für Fußgänger. Und die

FERNSEHNUTZUNG STEIGT GLOBAL – Wie aus der Studie Television Key Facts 2012 der IP Network hervorgeht, stieg die TV-Nutzung in Deutschland um 2 Minuten auf durchschnittlich 225 Minuten/Tag. Der Durchschnittswert für die EU liegt bei 230 Minuten, weltweit wird täglich rund 196 Minuten lang ferngesehen. 05/07/12–VPRT · VERBREITUNG DES TV-FORMATS »WER WIRD MILLIONÄR« – Seit Jahren ist »Wer wird Millionär« auf allen Kontinenten der Erde zu sehen. Ende 2009 verfügten oder verhandelten 118 Staaten und Gebiete über eine der Nutzungslizenzen. 10/04/10–BPB ·

Millionen-Show-Kandidaten in Albanien / Chile / Mexiko / Argentinien / Costa Rica / Italien / Vietnam / Neuseeland / Indien / USA / Polen / Kroatien / Nigeria / Ghana. 2008 erwarb sogar Afghanistan die Rechte an der Show. 10/04/10–BPB ·

ÜBERWINDUNG DER DIGITALEN KLUFT – Laut einem aktuellen UN-Bericht gibt es weltweit eine gewaltige digitale Kluft. Internet und Mobiltelefonie sind ein wesentlicher Faktor sozialer und wirtschaftlicher Entwicklung. Der Zugang dazu ist weltweit allerdings bis heute sehr ungleich verteilt. Deshalb setzen Schwellen- und Entwicklungsländer alles daran, ihre technologischen Kompetenzen rasch zu erhöhen. 28/02/14–EURONEWS •

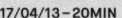

HANDELSROBOTER LASSEN BÖRSE ABSTÜRZEN – Gestartet ist die Börse in Frankfurt zwar im Plus, doch kurz darauf sackte der DAX auf ein Jahrestief ab. Handelsroboter machten sich selbstständig. Im Schnitt werden 60 Mio. Transaktionen pro Tag durch diese vollautomatischen Computerprogramme abgewickelt. Um zehn Handelsminuten in einem Hochleistungs-Rechenzentrum aufarbeiten zu können, benötigen erfahrene Prüfer mehrere Wochen. 17/04/13–20MIN •

Der Große Handelssaal, Deutsche Börse, Frankfurt. Nach den Schätzungen des amerikanischen Handelsministeriums lassen sich Bankgeschäfte hundertmal billiger mit dem Internet abwickeln. Informationen sind so entscheidend für die New Economy wie das Nervensystem für den menschlichen Körper. Die Netzwerktechnologie als neues Medium erlaubt einen friktionslosen Informationskapitalismus. Käufer und Verkäufer könnten sich weit einfacher, rascher und billiger finden und ihre Kapitalinteressen erheblich besser aufeinander abstimmen. 2002–DIW/BRÜCKNER •

Gebäude, unglaublich, wie groß und neu alles zu sein schien. Wenn ich in der Werbepause aus dem Fenster nach draußen blickte, sah ich Bamako. Ein holpriger Weg aus Sand, Stein und Staub. Verfallende Lehmhütten. Die Autos waren Wracks und die Menschen mit Schmutz überzogen. Warum konnten Kati und Bamako nicht Paris und Marseille sein? Warum konnten wir es nicht auch so gut haben? Ich sah immer seltener aus dem Fenster. Denn was ich dort sah, konnte nicht mit »Entdecke Frankreich« mithalten. Es war nicht so schön wie die flimmernden Fernsehbilder. Frankreich schien ein Paradies zu sein, und ich konnte es direkt vor mir sehen. Das, was draußen passierte, lenkte nur ab. Ich zog den grünen Vorhang immer öfter zu und stellte mir vor, wie ich in Paris leben würde. Schöne Tagträume waren das.

Im Oktober gab es dann plötzlich viel zu tun. Alle möglichen Leute wollten ein Busticket bei uns kaufen. Manchmal ging die Schlange bis vor die Tür hinaus. Ich weiß nicht, warum es plötzlich so viele waren. Sie kamen aus Westafrika und wollten alle nach Europa. Hauptsächlich junge Männer. Ihre Augen glänzten. Sie waren gut gelaunt und voller Hoffnung. Sie sagten, dass sie auf dem Weg zu einem neuen Leben wären. Dass sie nach Europa gehen würden, um dort Geld zu verdienen. Nicht für immer, aber für ein paar Jahre.

Alle nahmen den Bus nach Gao. Das liegt im Osten Malis. Von dort aus wollten sie weiter in den Niger, nach Niamey, Tahoua und Agadez. An den südlichen Rand der Sahara. Alle hofften, dass sie von dort einen Weg durch die Wüste finden würden, um nach Libyen zu gelangen. Wie sie das anstellen sollten, wusste keiner so genau. Es gab das Gerücht, dass LKWs mit Auswanderern durch die Wüste fuhren. Angeblich konnte man so nach Libyen und von dort aus mit den illegalen Booten weiter nach Europa kommen. Aber genau wusste man es nicht.

Die Leute hatten nicht viel dabei. Ein, zwei Koffer. Einer hatte sogar nur einen kleinen Rucksack. Er erzählte mir, dass er zuerst in Agadez arbeiten würde, um nach Libyen zu kommen. Dort wollte er dann wieder arbeiten, um das Geld für die Überfahrt nach Italien zusammenzubekommen. Er hoffte, so in ein paar Jahren in Europa zu sein. Er war Elektroingenieur und sagte, dass es dort genug Arbeit für ihn geben würde. Er zeigte mir sogar seine Zeugnisse. »Ich weiß, dass es in Europa immer weniger Elektriker gibt. Meine Tante hat mir das gesagt. Sie lebt in Nizza. Deshalb werde ich bestimmt etwas finden. Dann verdiene ich 2.000 Dollar im Monat. 1.500 brauche ich für die Wohnung. 450 für Essen und Bus. Dann bleiben noch 50 übrig. Die schicke ich heim. In Europa kann man sich nicht viel darum kaufen. Aber in Mali ist das viel Geld und meiner Familie wird es sehr helfen. In ein paar Jahren komme ich dann wieder. Dann fangen wir neu an. Es wird nicht einfach, aber es wird sich lohnen«. Das, was er sagte, leuchtete mir ein.

Alle erzählten sie mir von ihren Plänen. Davon, was sich mit dem verdienten Geld daheim alles anfangen ließe. Alle erzählten sie mir davon, was ich bereits in »Entdecke Frankreich« gesehen hatte. Und irgendwann ließen mich die Bilder dann nicht mehr los. Am Ende dachte ich den ganzen Tag nur noch daran. Und dann war da am Heimweg immer wieder die Realität: die staubigen Straßen, die zerfallenen Häuser und die Verkäufer auf den Pappkartons. Zuhause wartete meine Frau, müde und zerstochen von der Arbeit am Baumwollfeld. Unsere kleine Hütte, die am verfallen war. Eine Schale Reis. Fleisch gab es schon lange nicht mehr. Zwei Matratzen am Boden. Ich war müde von diesem Land. Ich sprach mit meiner Frau über all die Auswanderer. Und ich sprach mit ihr über die Bilder im Fernsehen. Über unsere Zukunft. Über die Wand, gegen die wir seit Jahren liefen. Ich sagte ihr, dass ich nicht weiter in Kati bleiben könne. Dass es mich ganz verrückt machen würde, jeden Tag all den Leuten Tickets zu verkaufen, die nach Europa reisen. Ich musste zusehen, wie sie ihr Glück selbst in die Hand nahmen. Und während mein Körper weiter an dem Ort war, an dem ich nicht glücklich zu sein vermochte, machten sich meine Gedanken auf den Weg. In Mali gab es nichts zu holen. Nur Staub und Erde.

An einem Abend nach der Arbeit sagte ich ihr, dass es so nicht weitergehen könne, dass das kein Leben sei. Sie nickte und ahnte, was ich meinte. Wir wussten beide, was das für uns bedeutete. Die Entscheidung war bald getroffen, weil wir beide dasselbe fühlten. Wir kratzten die letzten Ersparnisse zusammen und borgten uns was von den Verwandten. 2.500 Dollar hatten wir in der Hand, als die Sonne vier Tage später unterging. Das sollte genügen. Am letzten Morgen blickte ich noch einmal zum Haus meines Nachbarn. Wieder kamen die üblichen Erinnerungen auf. Nein, meine Kinder sollten nicht in den Schacht kriechen müssen. Ich griff nach meiner Tasche. Eine letzte lange Umarmung. Dann brach ich nach Bamako auf. Ich nahm den gleichen Weg, den gleichen Bus, ging die gleichen staubigen Straßen entlang, wie jeden Tag. Pünktlich war ich beim Geschäft. Diesmal stand ich aber nicht hinter dem Verkaufstresen, sondern davor. In der Reihe jener, die ihr Glück selbst in die Hand nahmen. Mein Nachfolger fragte mich, wohin es gehen solle. Im Fernsehen flimmerte »Entdecke Frankreich«. Und meine Augen glänzten.

DAHEIM — SISSOKO

Bidemi

LUFTSCHLÖSSER

Wenn du in Zamfara kein Feld hast, hast du nichts. Denn im Norden Nigerias kann man nur mit der Landwirtschaft Geld verdienen. Mehr gibt es nicht. Meine Eltern hatten ein Erdnussfeld – damit haben sie ihren Lebensunterhalt verdient. Ich habe auf ihren Feldern gearbeitet, seit ich denken kann. Zuerst immer nach der Schule, bis in den Abend, und als ich mit dreizehn mit der Schule fertig war, von frühmorgens bis spätabends. Mein Traumberuf wäre Lehrerin gewesen. Ich mag Kinder, und ich mag es, ihnen etwas beizubringen. Vielleicht kommt das daher, dass ich zwei jüngere Geschwister habe. Aber für die Ausbildung hatten wir nicht genug Geld. Meine Eltern brauchten meine Hilfe am Acker. Deshalb blieb ich am Erdnussfeld.

    Dort war es nicht immer so angenehm. Im Sommer hat es vierzig Grad, es ist glühend heiß. Die Fliegen sind überall. Der Acker wird unendlich groß und in der Hitze sieht man die weiter entfernten Dinge nur noch stetig flimmern. Alles um einen herum vibriert und spiegelt sich; man weiß nicht mehr, was echt ist, und was nicht. Im Mai kriecht man in der Erde über die Felder und zieht die Stauden aus dem Boden. Um die Nüsse zu bekommen, wird die ganze Pflanze ausgerissen. Man muss dabei einen Karren hinter sich herziehen, auf den man alles wirft. Manche Bauern haben einen Ochsen, der den Karren zieht. Wir hatten keinen. Deshalb musste man ihn immer nach einem oder zwei Metern durch das unebene Feld weiterziehen. Man kam kaum vom Fleck. Ich habe diesen Karren gehasst. Er war wie ein bockiger Esel, wenn man ihn über die Erdhügel und Erdmulden ziehen wollte. Was hätte ich für einen Ochsen gegeben. Eine Welt für einen Ochsen! Aber natürlich bekamen wir nie einen. So ist das eben. Ziehen, reißen, kriechen. Das macht man in Zamfara. Wenn man den Karren voll beladen hat, muss man die Erdnüsse zum Haus zurückbringen. Dort werden sie zum Trocknen ausgelegt. Am nächsten Tag kann man sie dann schälen, und wenn man damit fertig ist, wird ein Teil von ihnen geröstet. Geschält wird mit der Hand, geröstet in einer großen Pfanne. Manchmal quetscht man die Nüsse auch durch eine Maschine und macht Erdnusscreme daraus. Das war immer etwas Besonderes. Erdnussbutter am Brot! Manchmal sind wir auch in die Stadt gefahren, um Fleisch und Milch zu kaufen. Das war aber sehr selten. Die Dinge waren einfach zu teuer. Meistens haben wir uns im Dorf Hirse, Reis und Bohnen besorgt. Daraus bereiteten wir dann einen Eintopf zu. Der machte auch satt.

Wir verdienten mit unseren Erdnussfeldern alles in allem nicht viel. Meistens reichte es gerade so. Ferien oder größere Anschaffungen lagen außer Reichweite. Denn auch wenn manchmal so viel geerntet werden musste, dass wir gar nicht mit der Arbeit nachkamen, gab es kaum mehr Geld; dafür aber umso mehr zu tun. Wenn es dann gar nicht anders ging, stellten meine Eltern hin und wieder einen Hilfsarbeiter ein und versprachen ihm, bei uns in der Scheune schlafen und mit uns essen zu können. Plus ein wenig Extra-Geld.

So habe ich meine erste Liebe gefunden. John. Er kam aus dem Osten Nigerias und war auf der Suche nach Arbeit. Nur einen kleinen Rucksack hatte er bei sich, als wir ihn sahen. Er stand am Markt in der Stadt und sprach die Leute an. Bei uns war gerade wieder sehr viel zu tun. Da kam John für meine Eltern genau richtig. Wir haben uns gleich gut verstanden. Und nach nur zwei Wochen waren wir schon ein Paar.

Aber es gab ein Problem, das uns sehr zu schaffen machte: John war Christ und in Zamfara gilt die Scharia. Meine Eltern waren strenggläubige Muslime, so wie fast alle Leute dort. Einen Christen stellten sie wahrscheinlich überhaupt nur deshalb ein, weil er eine billige Arbeitskraft war und sie ihn in seiner schüchternen Art für ungefährlich hielten. Aber wenn sie erfahren hätten, dass ich, eine Muslimin, mit John zusammen war, wäre das eine Katastrophe gewesen. Sie hätten John geschlagen, gefeuert und ihn wieder auf die Straße gesetzt, von wo er gekommen war. Vielleicht hätten sie es beim Sonntagsgebet herumerzählt. Eine größere Schande gibt es für eine muslimische Familie in Zamfara nicht. Und man weiß nie, was die religiösen Fanatiker dann machen. Diesen Leuten ist alles zuzutrauen. Deshalb versuchten wir, unsere Liebe vor allen anderen geheim zu halten. Wir trafen uns nachts in der Scheune, wenn die anderen schon schliefen oder unterhielten uns unauffällig, während wir Erdnüsse ernteten. Über die Zukunft dachten wir nicht nach. Dazu waren wir zu beschäftigt mit uns selbst. Irgendwie würde es schon werden mit uns, dachten wir.

STEINE WERFEN

Nach einem halben Jahr wurde ich schwanger. Ungewollt. Das war mehr als ein Problem. Es bedeutete unseren Untergang. Es hätte niemals passieren dürfen. Als mir der Schwangerschaftstest das Ergebnis zeigte, sah ich nicht nur einen roten Streifen, sondern auch meine eigene Hinrichtung auf der Anzeige. Ich sah all das, was sie den anderen unverheirateten Schwangeren angetan hatten, vor meinen Augen ablaufen. Peitschenhiebe, Steinigungen, Schläge. Heute sind sie alle tot. Der Grund dafür ist einfach: als unverheiratete Frau ein Kind zu zeugen ist gegen das Scharia-Recht. Es ist gegen den Willen der Muslime, gegen die Gemeinschaft, gegen Gott. Du hast keine Chance, keine Möglichkeit, angehört zu werden. Du hast das religiöse Gesetz gebrochen und dich strafbar gemacht. Also musst du die Konsequenzen hinnehmen.

DAHEIM — BIDEMI

Die Chicago Mercantile Exchange in Chicago ist eine der größten Börsen der Welt. Gehandelt werden Waren wie Kupfer, Wolle oder Zucker mit einem Volumen von 3,28 Milliarden Dollar pro Jahr. 10/07/09 – FINANCIALTIMESDEUTSCHLAND ·

+++ Nach dem Crash an der Wallstreet 2007 flüchten viele Spekulanten an den Chicago Mercantile Exchange, die weltweit größte Börse für Agrarprodukte. Das Jahresvolumen der global gehandelten Nahrungsmittelwertpapiere explodiert, Hunger und Konflikte sind die Folge. 20/09/09–ÖKONOMIEFÜRALLE •

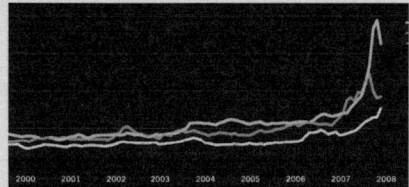 PREISE VON WEIZEN, REIS UND MEHL EXPLODIEREN SEIT DEM JAHR 2000 – Die Welternährungsorganisation FAO warnt vor einer neuen Nahrungsmittelkrise. Ihr Chef José Graziano da Silva hat die US-Regierung aufgefordert – aufgrund der Dürre im Mittleren Westen und der Rekordpreise für Mais – die Ethanolproduktion für Biosprit auszusetzen. Bisher werden vierzig Prozent der US-Maisernte zu Treibstoff vergoren, die dann oft als Nahrungsmittel und Futter fehlen. 10/08/12–ZEIT •

Hungersnot in Mali eskaliert: In Mali weitet sich die Hungersnot dramatisch aus: Schon jetzt leiden 800.000 Menschen in dem westafrikanischen Land Hunger, weitere drei Millionen Menschen könnten hinzukommen, wenn der akute Bedarf nicht rasch gedeckt werde, werde sich die Zahl der Betroffenen verdoppeln, warnte Vannetelle von Action Against Hunger. 01/02/14–STERN •

 BOY SOLDIERS PAID $30 A DAY TO JOIN A CHILD ARMY AS ISLAMISTS GATHER IN MALI TO FIGHT THE U.N. – Across northern Mali, Islamists have plucked and paid for as many as 1.000 children from rural towns and villages devastated by poverty and hunger. 'Once you've taken the money and eaten, it's a done deal,' recalled

Salif, his troubled face still free of stubble after four days and nights on the bus. 'You're there until you die or the war is over.' 03/10/12-AP · **MAJOR LEAGUE EATING** — Major League Eating (MLE) is an organization that sanctions professional competitive eating events and television specials. The mission of Major League Eating is to maintain a safe environment for all events, to create a dynamic and enjoyable fan experience, and help sponsors develop, publicize and execute eating events in a broad variety of food disciplines.

Here are the records:
24" PIZZA
7 1/2 Extra Large Bacci Pizza Slices
15 Minutes
July 9, 2005
Richard LeFevre
16" PIZZA
7 1/2 Extra Large Bacci Pizza Slices
15 Minutes
July 9, 2005
Richard LeFevre
VIENNA SAUSAGE
4 kg pounds Armour Vienna Sausage
10 Minutes
May 28, 2005
Sonya Thomas
ASPARAGUS
9 lbs 5.2 oz Deep Fried Asparagus Spears
10 minutes
April 16, 2011
Joey Chestnut
BAKED BEANS
Six Pounds Baked Beans
1 Minute, 48 Seconds
Don Lerman
BAKED BEANS LONG
8.4 Pounds Baked Beans
2 minutes 47 seconds
August 7, 2004
Sonya Thomas
BEEF TONGUE
1,5 kg
3 ounces pickled beef tongue whole
12 minutes
Dominic Cardo
BEEF TRI-TIP
4 lbs 11 ounces
12 minutes
June 28, 2009
Hall Hunt
BLUEBERRY PIE
9.17 lbs blueberry pie
8 minutes
July 28, 2007
Patrick Bertoletti
BONLESS BUFFALO WINGS
9 lbs
10 minutes
May 7, 2011
Patrick Bertoletti
BUFFET
2.5 kg of buffet food
12 minutes
Crazy Legs Conti
BURRITOS
15 BurritoVille burritos
8 minutes
September 22, 2007
Eric Booker
BURRITOS, LONG FORM
11.81 lbs burritos
10 Minutes
Sep. 22, 2007
Tim "Eater X" Janus
BUTTER
7 quarter-pound sticks salted butter
5 minutes
Don Lerman
TWO POUNDS CHOCOLATE CANDY BARS
6 minutes
Eric Booker
CANNOLI
32 large cannoli
6 minutes
Sept. 15, 2011
Patrick Bertoletti
CATFISH
3.5 kg Fried Catfish
10 minutes
Mar 19, 2011
Patrick Bertoletti
CHEESECAKE
5 kg Downtown Cheesecake
9 minutes
Sept. 26, 2004
Sonya Thomas
CHICKEN NUGGETS
80 pieces
5 Minutes
Sonya Thomas
7.61 LBS BUFFALO CHICKEN WINGS,
12 minutes
September 2, 2012
Joey Chestnut
CHILI
2 gallons Ben's Chili
6 minutes
October 9, 2011
Joey Chestnut
CHILI CHEESE FRIES
8 lbs, 2 oz Wienerschnitzel Chili Cheese with Fries
10 minutes
February 11, 2006
Sonya Thomas
CHILI SPAGHETTI
13.9 lbs Skyline Chili Spaghetti
10 Minutes
September 7, 2009
Bob Shoudt
CHOCOLATE
0,6 kg in 7 minutes
Feb. 13, 2006
Patrick Bertoletti
CORN DOGS
12 Fletcher's Corny Dogs
10 minutes
Sept. 28, 2003
Richard LeFevre
CORNED BEEF & CABBAGE
10.63 lbs Corned Beef & Cabbage
10 Minutes
Mar. 16, 2007
Patrick Bertoletti
CORNED BEEF SANDWICHES
20 pieces
10 minutes
March 17, 2012
Joey Chestnut
COW BRAINS
57 pieces (6.6 kg)
15 minutes
Takeru Kobayashi
CRAB CAKES
46 pieces
10 Minutes
April 29, 2006
Sonya Thomas
CRAWFISH
6.5 pounds
10 minutes
April 10, 2010
Sonya Thomas
CUPCAKES
72 cupcakes
6 minutes
April 14, 2012
Patrick Bertoletti
DEEP-FRIED CALAMARI
6.625 pounds
10 Minutes
May 30, 2009
Patrick Bertoletti
DOUGHNUTS
49 glazed doughnuts
8 minutes
October 2, 2002
Eric Booker
DOUGHNUTS, CREAM-FILLED
47 Glazed and Cream-filled Doughnuts
5 minutes
March 17, 2007
Patrick Bertoletti
EGGS
65 pieces of Hard Boiled Eggs
6 minutes, 40 seconds
Sonya Thomas
FRENCH FRIES
2.2 kg
6 Minutes
May 31, 2010
Cookie Jarvis
HOT DOGS
68 pieces,
10 minutes,
July 4, 2009
Joey Chestnut

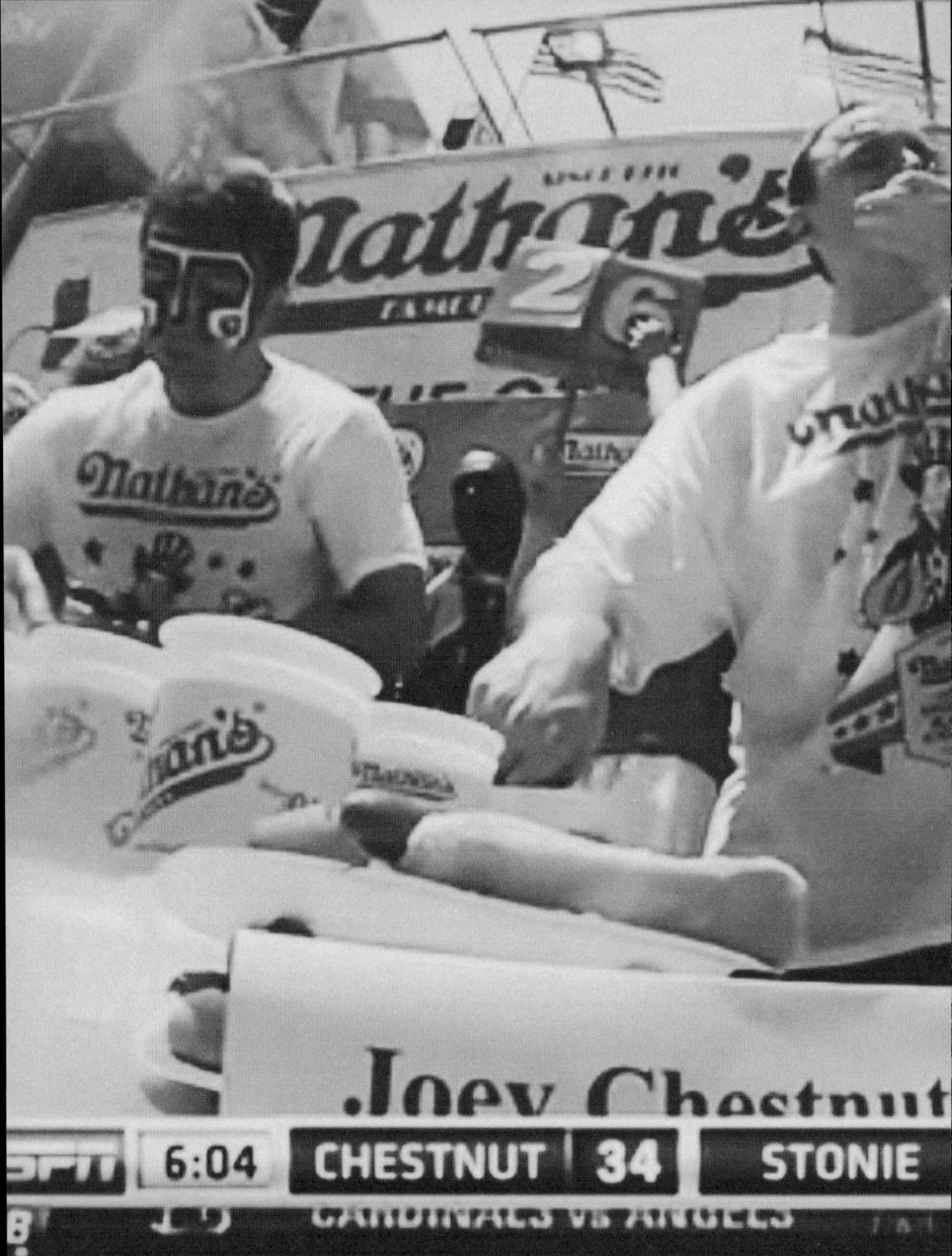

Joey Chestnut gewinnt sieben Nathan's Hot Dog Eating Wettbewebe in Folge. Er isst 69 Hot-Dogs in 10 Minuten. Seine Freundin stand während des Wettbewerbs vor ihm und schrie ihm entgegen, mehr zu essen. 04/07/11 – BZ-BERLIN

Außerdem hatten wir unser Kind ja nicht nur als unverheiratetes Paar gezeugt, wir gehörten auch unterschiedlichen Religionen an. Muslime und Christen hassen sich in Zamfara. Die Muslime wären außer sich gewesen. Sie hätten mich auf der Stelle gelyncht. Die Gesetze des Staates haben in solchen Fällen keine Gültigkeit mehr. Man ist den Regeln der Religion und dem Zorn der Muslime einfach ausgeliefert. Und dieser Zorn ist blind und ohne Ausnahmen. Ich habe in Zamfara oft mit angesehen, wie Menschen Arme, Beine, Zunge oder andere Körperteile abgeschnitten wurden, wie sie gesteinigt oder ausgepeitscht wurden, bis sie tot waren, weil sie fremdgingen, homosexuell waren, unverheiratet Kinder bekamen oder stahlen ... das führt alles zum selben Urteilsspruch der muslimischen Glaubensgemeinschaft.

Die Leute in Zamfara kennen keine Gnade. Sie haben kein Mitleid. Es ist egal, wie alt du bist oder wie sehr du mit ihnen zu reden versuchst. Egal, wie laut du schreist. Es ist wirklich ein gesetzloser Ort. Einmal sind sie sogar durch die Straßen gezogen und haben alle verprügelt, die keine Koransure auswendig aufsagen konnten. Das waren die gleichen Leute, die aus Nigeria einen islamistischen Gottesstaat machen wollen. Einige nennen sich Boko Haram. Da waren auch ein paar aus unserer Moschee dabei. Sie haben auch schon Anschläge auf Kirchen und die Polizei verübt. Aber für meinen Tod hätten bestimmt auch schon die einfachen Muslime gerichtet, die von unserem Imam den Auftrag zur Vergeltung bekommen hätten. Ich fragte mich, was sie mir antun würden. Wie sie mir wohl das Leben nehmen würden. Ich stellte mir die schrecklichsten Dinge vor. Ich hatte große Angst. Um mein Baby und mich. Ich musste mit John darüber sprechen.

Als ich ihm die Nachricht verkündete, war er wie versteinert. Er sagte kein Wort mehr. Das Einzige, was er herausbrachte, war, dass dieses Kind unser Ende sein würde und wir uns auf der Stelle trennen müssten. Natürlich hatte er recht, das wusste ich. Wahrhaben wollte ich es aber nicht. Trotzdem gab es keinen anderen Weg. Es tat sehr weh. Denn wenn die Nachricht zu meinen Eltern gelangt wäre, dann wären sie die ersten gewesen, die die Geschichte dem Imam, wohl noch gleich vor dem Sonntagsgebet, erzählt hätten. Der hätte meine Schwangerschaft vor allen Gläubigen verkündet und dann hätte mir niemand mehr helfen können. Sie hätten mich und mein Baby ohne Rücksicht getötet. Trotzdem hätte ich mir gewünscht, dass uns John nicht so einfach aufgegeben hätte. Aber im Gegenteil: Nach nur zwanzig Minuten war er weg. Für immer. Ich habe ihn nie wiedergesehen. Von da an musste ich alleine zurechtkommen.

Mir war klar, dass ich Zamfara so schnell wie möglich verlassen musste. Jede Minute, die ich länger blieb, brachte die Gefahr mit sich, dass man von meiner Schwangerschaft erfuhr. Einen Bauch hatte ich noch nicht. Aber mir war manchmal schwindlig und ich hatte größeren Appetit als sonst. Ich konnte mich niemandem anvertrauen. Meine Eltern ... Sie hätten es sogar als gerecht empfunden, wenn ich umgebracht worden wäre. Die gerechte Strafe für die Tochter, die Schande über die Familie gebracht hat. Und wenn ich geblieben wäre, hätten sie es mit der Zeit ganz sicher herausgefunden. So ein Bauch lässt sich nicht verbergen. Und viele Möglichkeiten für den Vater hätte es dann nicht mehr gegeben. Wenn ich also mit meinem Baby am Leben bleiben wollte, musste ich raus aus Zamfara. Am liebsten wäre ich noch am selben Tag geflüchtet. Aber in Nigeria gibt es dieses Sprichwort: Der Tag, an dem man aufbricht, ist nicht der richtige Tag für die Vorbereitungen darauf. Ich wartete also noch zwei Tage und packte im Geheimen meine Sachen. Ich legte mir einen Plan zurecht und sammelte meine Kräfte. Nachdem am Ende dieser zwei Tage die Sonne hinter dem Horizont verschwunden war, verließ ich Zamfara für immer. Während meine Eltern noch schliefen, stieg ich in den Nachtbus und brach Richtung Süden auf.

MADAME HOPE

In Warri ging es steil bergab. Das Baby machte sich immer öfter bemerkbar. Mein Rücken tat sehr weh, ich musste für zwei essen. Drei Wochen nach meiner Ankunft hatte ich noch immer keinen Job gefunden und lebte im House for Abused Muslims, einem Haus für verfolgte und gefolterte Musliminnen. Dort war die Miete zum Glück sehr niedrig. Trotzdem ging mir langsam das Geld aus. Arbeit war in Warri schwer zu finden. Jobs gab es beinahe nur in der Ölindustrie, hauptsächlich für Männer. Fast alle arbeiteten in der Erdölgewinnung, der Erdölverladung, in den Erdölraffinerien von Royal Dutch Shell oder auf Schiffen, die Erdöl nach Amerika und Europa transportierten. Ansonsten gab es aber leider nur wenig Arbeit in der Stadt.

Ich verbrachte die meiste Zeit des Tages im Heim. Ideal war es nicht. Das Wasser war ganz ölig und die Zimmer konnte man nicht absperren. Ich wohnte mit drei anderen Frauen zusammen. Sie hatten auch keine Arbeit und wussten auch nicht, wo man welche finden konnte. Wir hatten fast alle das Gleiche erlebt. Alle waren aus dem Norden Nigerias. Und alle waren vor einer Steinigung geflüchtet. Die Frauen sagten, dass in Warri fast nur Christen wohnten. Genauso wie im Norden Nigerias gab es aber auch in dieser Stadt Konflikte zwischen ihnen und den Muslimen. Dennoch, meinten sie, sei die Situation in Warri sicherer.

In der Nacht konnte ich oft nicht einschlafen. Mir ging so viel durch den Kopf. Ich versuchte mir zu überlegen, was ich machen, wo ich einen Job herbekommen könnte. Die Frage plagte mich die ganze Zeit. Ich stellte mir schon vor, wie ich bettelnd auf der Straße stand. Ich war im vierten Monat schwanger und hatte niemanden, den ich in Warri kannte. Keine Arbeit, kein Geld, vielleicht schon bald keine Unterkunft mehr. Während meine Gedanken so kreisten, schliefen die anderen schon lange.

Manchmal redete eine von ihnen im Schlaf. Ich glaube, sie träumte von den Dingen, die sie daheim erlebt hatte. Ich verstand kaum ein Wort von dem, was sie sagte. Ihre Stimme wimmerte nur. Manchmal schrie sie, einige Male schlug sie um sich. Mit ihren Armen und Beinen wehrte sie sich gegen irgendjemanden, der nur in ihrem Kopf da war. Ich klatschte dann manchmal meine Hände laut zusammen, damit sie

ROHÖLHANDEL GENF – Ein Drittel des weltweiten Handels mit Rohöl und Erdölprodukten wird über den Kanton Genf abgewickelt. Gesamt sind in der Genferseeregion rund 400 Firmen ansässig, die am Rohstoffhandel beteiligt sind. 02/04/12–20MIN · +++ Nigerianische Rebellen wollen den Ölkrieg ausweiten. 18/09/08–DW · **SCHWEIZ: HANDELSBILANZ MIT NIGERIA** – Dank Rohölimporten aus Nigeria und wegen des Rückgangs der Importe aus Libyen war Nigeria im Jahr 2011 der viertwichtigste wirtschaftliche Partner der Schweiz in Afrika. 08/01/13–SECO.ADMIN ·

Shell hat jährlich 150 bis 200 Ausflüsse in Nigeria, welche die Ernten verderben, Trinkwasser verseuchen und Fische vergiften, was die Lebensgrundlage vieler zerstört. Das Environment Program der United Nations schätzt, dass es eine Milliarde US-Dollar und 30 Jahre Zeit brauchen würde, um die Folgen der Öllecks im Nigerdelta zu beseitigen. 2013–UN ·

MONOPOLY LAGOS VERSION LAUNCHED IN NIGERIA – The first African city edition of the famous board game Monopoly has been launched in Lagos. The Nigerian capital and metropolis is one of the fastest growing cities in the world. The city of Lagos is the first African city to have its own customised Monopoly edition. 11/12/12–BBC ·

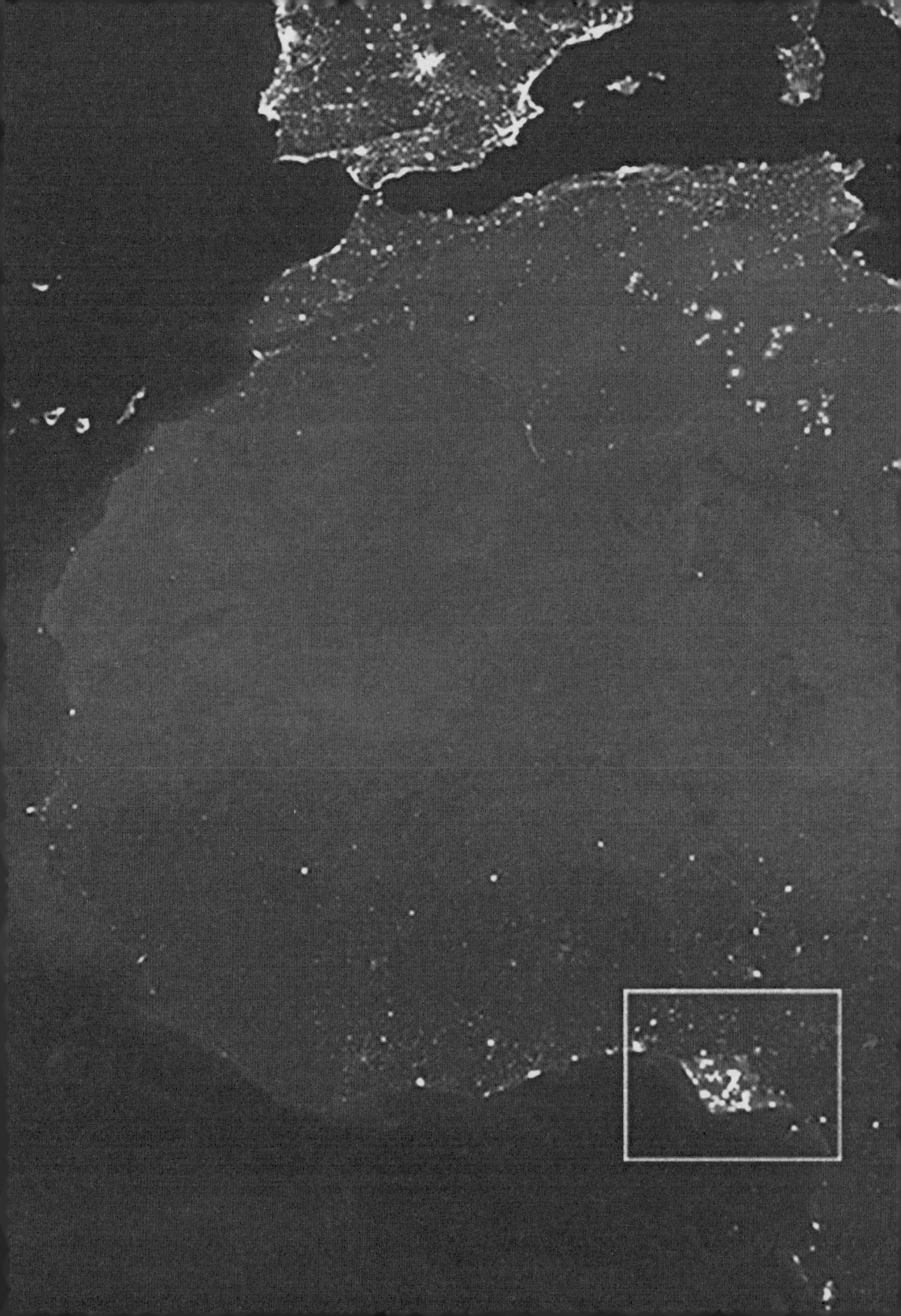

In 2008, Nigerian flares burned off an estimated 15.1 billion cubic meters of natural gases, or roughly 70% of the overall gas recovered that year. The flares are so prevalent, the Niger Delta appears brightly lit at night. 13/10/12–DIW/NASA

aufwachte. Das half selten. Einmal bin ich auch zu ihr gegangen und habe sie wachgerüttelt. Ich habe ihr gesagt, dass alles gut werden würde und sie in Sicherheit sei. Da begann sie zu weinen, umarmte mich und ließ mich für zwanzig Minuten nicht mehr los.

Nachdem eine weitere Woche im Heim vergangen war, fand ich endlich Arbeit. Die Besitzerin des Heimes bot mir an, als Putzfrau für sie zu arbeiten. Ich sollte die Zimmer, Gänge und den Eingangsbereich reinigen. Dafür bekam ich meinen Schlafplatz umsonst und noch ein wenig zusätzliches Geld. Damit konnte ich dann wenigstens das Essen bezahlen, ohne auf meine Ersparnisse zurückgreifen zu müssen.

Als ich an meinem dritten Tag als Putzfrau gerade den Eingangsbereich schrubbte, kam eine Frau zur Tür herein. Sie war groß, vielleicht um die vierzig und hatte etwas breitere Hüften als die meisten Frauen in Warri. Ihr Kleid passte wie angegossen. Sie erinnerte mich in ihrem eleganten Stil an eine alte Freundin der Familie. Sie sagte »Hallo«. Weil ich gerade den Boden schrubbte und ihr wieder den Rücken zugekehrt hatte, bemerkte ich nicht, dass sie mit mir sprach. Ich dachte, dass sie die Leiterin des Hauses begrüßen würde, die auch gerade im Eingangsbereich war. Erst als sie ihre Worte von vorher noch einmal wiederholte, drehte ich mich um und sah, dass sie direkt vor mir stand. Ich entschuldigte mich stammelnd, »Sorry Miss«. Sie lächelte mir entgegen, reichte mir die Hand und stellte sich als Madame Hope vor. Danach fragte sie mich, wie lange ich schon hier sei. Sie hätte mich bei ihrem letzten Besuch noch nicht gesehen. Wir kamen ins Gespräch. Madame Hope wollte genau wissen, warum ich im House for Abused Muslims war und wie ich meinen Weg hierhin gefunden hatte. Ich erzählte ihr alles. Ich hatte den Eindruck, dass ihr meine Geschichte ans Herz ging. Obwohl sie so etwas bestimmt andauernd hörte. Trotzdem zeigte sie viel Mitgefühl.

Als über mich alles gesagt war, erzählte sie von sich. Sie sagte, dass sie eine ähnliche Geschichte habe, dass sie auch aus ihrem Heimatdorf geflüchtet sei, weil sie sonst gesteinigt worden wäre und dass sie eben in diesem Haus für längere

Zeit gewohnt hätte. Solange, bis sie ihr Leben wieder selbst regeln konnte. Dann redete sie über Nigeria. »Weißt du, dieses Land ist nicht gut für junge Frauen wie dich. Nichts dürfen sie machen, keine richtige Beziehung vor der Ehe dürfen sie haben. Sie werden verfolgt und ausgebeutet. Nicht nur im Norden. Auch hier im Süden. Es ist überall das Gleiche. Hast du schon einmal auf die Straße geschaut und die Frauen gezählt, die sich prostituieren? Schrecklich ist das. Aber wer das nicht macht, der muss betteln. Weil sonst kommt man zu gar nichts. Und es ist ja nicht nur hier so. In ganz Afrika ist es dasselbe. Sieh dir den Kontinent an, ein einziges untergehendes Schiff ist das. Hoffnungen auf ein schönes Leben darfst du dir in Afrika nicht machen. Ich sage es dir, wenn ich so jung wäre wie du, ich würde keine Sekunde länger hierbleiben. Ich würde versuchen, nach Europa zu kommen. Dort wird man wie eine Frau behandelt und kann sein Leben leben.« Ich teilte ihre Meinung; aber um nach Europa zu kommen, fehlte mir einfach das Geld. Die Reise war teuer, und ich konnte ja kaum meine Mahlzeiten bezahlen. Sie sah mir an, was ich dachte. »Ich weiß, du hast kein Geld. Aber ich kann dir helfen, wenn du willst. Ich weiß, wie es dir geht; schließlich war ich in derselben Situation. Es ist schrecklich. Aber vielleicht ist heute dein Glückstag. Ich könnte dir einen Pass und alle nötigen Papiere besorgen, um nach Europa zu kommen. Das Geld kann ich dir leihen. Ich vertraue dir. Ich weiß, dass du es zurückzahlen wirst, denn du bist so wie ich.« Ich wusste nicht, wie viel eine Reise nach Europa kosten würde, aber billig konnte sie ja nicht sein. »Ich borge dir alles nötige, 50.000 Dollar. Das hört sich für eine junge Nigerianerin nach viel an. Aber ich sage dir: Wenn du in Europa bist, verdienst du im Monat zwischen drei- und fünftausend Dollar. Das Geld ist schneller zurückbezahlt, als du denkst. Ich habe sogar einen Bekannten in Italien. Wenn du willst, kannst du direkt bei ihm anfangen. Er zahlt gut, hilft dir bei der Wohnungssuche, der Sprache und bei allen anderen Dingen. Er macht gute Geschäfte. Wenn du für ihn arbeiten würdest, dann hättest du überhaupt keine Unsicherheiten und in drei, vielleicht vier Jahren könntest du gehen, wohin du willst. Also, was meinst du?« Ich wusste nicht, was ich dazu sagen sollte. Es hörte sich großartig an. Ich kannte Madame Hope seit gerade einer Stunde und sie wollte mir so einen Gefallen tun. Unglaublich. Aber andererseits hatte sie das selber erlebt. Sie wusste, wie es war, in Nigeria gefangen zu sein und ausbrechen zu wollen. Vielleicht wollte sie etwas von ihrem Glück zurückgeben.

Während ich nachdachte, kam die Heimleiterin zu uns. Sie erzählte mir von Frauen, die bereits in Europa waren. Sie zeigte mir Fotos und meinte, dass sie so wie ich gewesen seien. »In Warri hätten sie keine Zukunft gehabt. Sie wären verhungert, vergewaltigt oder getötet worden. Aber jetzt leben sie wie im Paradies. Es war gut für sie, zu gehen. Du solltest es auch versuchen. Von Madame Hope ausgewählt zu werden, ist ein Geschenk«. Ich konnte nicht widersprechen. Nigeria war gefährlich und es gab keine Perspektive. Besonders für Frauen und besonders für mich. Ich wollte weg. Auch wegen mir, aber vor allem wegen meinem Baby. Und diese Frau wollte mir dabei helfen. Also warum nein sagen. Vielleicht wäre so eine Gelegenheit nie wieder gekommen. »Sehr gut, du tust das Richtige. In drei Tagen hast du Pass und Papiere. Wir werden dich abholen und zum Flughafen bringen«, sagte sie, gleich nachdem ich eingewilligt hatte.

Und tatsächlich. Nach wenigen Tagen standen sie vor meiner Tür und hatten alles besorgt. Normalerweise dauert es in Nigeria Wochen, um solche Dokumente aufzutreiben. Aber sie schafften es in einer halben Woche. Der Toyota-Pick-Up wartete sogar mit Chauffeur. Ich nahm meine einzige Tasche, setzte mich in das Auto und fuhr zum letzten Mal über die so unebenen Straßen Warris. Zum letzten Mal durch das Land ohne Hoffnung. Zum letzten Mal sahen mich die toten Gesichter am Straßenrand an. Und zum letzten Mal blickte ich der gleißenden Sonne Nigerias entgegen.

Gulisa

ROSEN STATT KUGELN

Es musste sich etwas ändern. So konnten wir einfach nicht weitermachen. Zu Beginn sagten es nur ein paar wenige, leise und hinter vorgehaltener Hand. Anfang November waren es dann aber zehntausende, die es herausbrüllten. Alle hatten dasselbe Ziel. Wir schlossen uns zusammen, um gegen den Präsidenten Schewardnadse zu protestieren. Denn er hatte die Wahlergebnisse gefälscht. Es war offensichtlich. Trotzdem wollte er sich aber wieder als Präsident anerkennen lassen. Trotz aller Proteste von Opposition und OSZE. Was für ein Betrüger. Trotz aller Misserfolge seiner Politik. Die wirtschaftliche Lage im Land war schrecklich. Seit Jahren änderte sich nichts daran. Die Korruption war überall. Die Reichen wurden reicher und die Armen ärmer. Das Land drohte auseinanderzufallen. Es war genug.

Wir hatten uns am Tawisuplebis Moedani [Freiheitsplatz in Tiflis] versammelt. So viele Menschen hat man in der Stadt noch nie auf einem Fleck gesehen. Die Kälte war uns egal. Denn wir standen so dicht aneinander, dass wir sie gar nicht bemerkten. Man konnte die Energie der Menschen spüren. Wir wollten eine Veränderung. Keine leeren Worte. Und wir waren bereit, dafür so lange zu bleiben, bis es soweit war. Friedlich, ohne Gewalt. Wir sangen, tanzten, hupten, schrien und schwenkten georgische Fahnen. Tagelang, ohne Unterbrechung. Vor unserer Nase immer die Panzer der Armee, ihre Waffen, Schlagstöcke, Helme und Schutzschilder. Es kam nie zu einer Auseinandersetzung. Denn wir hielten uns an die Worte von Mischa Saakaschwili, dem Oppositionsführer. Er erinnerte uns in einer seiner Reden an eine Formulierung von Swiad Gamsachudi [erster georgischer Präsident]. Er hatte gesagt, dass man Rosen statt Kugeln auf die Feinde werfen werde. Und so wollten auch wir es auch machen: Friedlicher Ungehorsam ohne Gewalt. Bis Schewardnadse zurückgetreten war.

Das war 2003. Ich studierte damals im zweiten Jahr Wirtschaft an der staatlichen Universität Tiflis. Meine Eltern waren aus der Mittelschicht, deshalb konnten sie mir das Studium bezahlen. Außerdem war ich Mitglied bei der Kmara, einer politischen Studentenorganisation. Durch sie habe ich meinen Weg auf den Freiheitsplatz gefunden.

Als Schewardnadse nicht anerkennen wollte, dass er die Wahl verloren hatte, mobilisierten wir das ganze Land. Massenproteste begannen, überall, in ganz Georgien. Die Amerikaner halfen uns, weil sie auch gegen Schewardnadse waren. Sie gaben uns immer wieder Geld. Damit konnten wir Busse und Verpflegung für jene bezahlen, die nicht aus der Stadt waren. Und so kam es, dass von überall her Menschen nach Tiflis strömten, um zusammen zu demonstrieren. Ganze Karawanen fuhren hupend in die Stadt ein. In manchen der kleinen Autos saßen bis zu sechs Menschen. Es war ein gutes Gefühl, sie zu sehen. Wir und alle anderen, die schon da waren, begrüßten sie freudig, winkten ihnen entgegen und schrien »Gemeinsam gegen Schewardnadse«.

Drei Wochen lang demonstrierten wir so unermüdlich gegen den alten Präsidenten. Inmitten all der Menschen war es wie in einem Rausch. Wir glaubten alle daran, dass wir etwas verändern konnten. Dass wir am Ende ein besseres Georgien haben würden. Und wir waren bereit, dafür zu kämpfen. Aber Schewardnadse blieb taub. Alles ging seinen gewohnten Lauf. Am 22. November sollte das neue Parlament seine konstituierende Sitzung abhalten. Mit Schewardnadse als altem und neuem Präsidenten. Das konnten wir nicht einfach hinnehmen. Er konnte den Willen des Volkes nicht einfach ignorieren. Das war eine offene Provokation zu viel. Mischa Saakaschwili sprach über ein Mikrofon zu uns. Er sagte, dass jetzt die Zeit des Handelns gekommen sei; dass wir dem Präsidenten jetzt zeigen müssten, dass wir ohne ihn neu anfangen wollten. Alle schrien »Mischa, Mischa, Mischa«. Es war aufregend, mein Herz schlug wie wild. Dann stürmten wir das Parlament, alle mit einer Rose in der Hand. Schewardnadse hielt gerade eine Rede. Als wir drinnen waren, schrie ihm Saakaschwili entgegen »Tritt zurück, tritt zurück, deine Zeit ist vorbei! Du hast verloren! Weg mit dir und deinen Banditen!«. Schewardnadse redete aber einfach weiter und ließ sich zunächst nicht von uns beirren. Dann kam es zu einem Handgemenge zwischen uns und den Parlamentariern. Zuerst drängten sie uns noch hinaus. Nach kurzer Zeit drückten aber immer mehr Protestierende gegen die Blockade. Und in kürzester Zeit war das Parlament in unserer Hand. Schewardnadse flüchtete mit seinen Leibwächtern. Kein einziger Schuss war gefallen. Wir sprangen auf die Tische und schrien »Lang lebe Georgien! Lang lebe Georgien!«.

Aber Schewardnadse gab noch nicht auf. Denn zwei Tage nachdem wir das Parlament gestürmt hatten, schickte er eine Eliteeinheit los. Die Soldaten sollten den Friedensplatz und das Parlament zurückerobern. Egal mit welchen Mitteln. Sie fuhren mit ihren Panzern vor, schwer bewaffnet. Ich war mir sicher, dass es das Ende war. Dass jetzt alles in einem Blutbad enden würde. Aber anstatt die Massen auseinanderzuschlagen, Menschen zu verhaften und Gewalt anzuwenden, taten sie etwas Unglaubliches. Ich hätte niemals damit gerechnet. Denn die Soldaten kämpften nicht gegen uns, sondern schlossen sich uns an. Sie liefen über. Gegen den Willen Schewardnadses. Ohne dass wir auch nur irgendetwas gemacht hätten. Was für ein Zeichen das war. Ich umarmte die Soldaten. Sie tanzten, sangen und tranken mit uns. Wer hätte das geahnt. Damit war Schewardnadse endgültig am Ende. Das war der

Neubeginn, auf den alle gehofft hatten. Einen Monat später hatten wir dann einen neuen Präsidenten. Er hieß Michail Saakaschwili. Und wir alle glaubten daran, dass sich mit ihm alles zum Guten verändern würde.

IM NEONLICHT

Aber viel veränderte sich leider nicht. Ich wurde 2006 mit meinem Wirtschaftsstudium fertig. Mit Auszeichnung habe ich bestanden. Leider brachte mir das aber nichts. Denn Arbeit habe ich keine gefunden. Eigentlich wollte ich in eine Bank oder zur Versicherung, in den Bereich Kundenbetreuung und Risikomanagement. Aber ich verstand schnell, dass das wohl ein Traum bleiben würde. Denn nach meinem Studienende bewarb ich mich bei vielen Unternehmen. Aber niemand hatte einen Job für mich. Und immer dieselbe Antwort: »Vielen Dank für Ihre hervorragende Bewerbung. Doch leider baut unser Unternehmen im Moment Stellen ab und kann keine weiteren Mitarbeiter einstellen. Sobald sich die Situation wieder verbessert, kommen wir allerdings sehr gerne auf sie zurück. Für ihre Zukunft wünschen wir ihnen alles Gute. Mit freundlichen ...« Von welcher Zukunft sprachen sie denn? Von meiner? Ich glaubte immer weniger daran.

Damals ging es vielen Georgiern so. Es waren schwierige Zeiten. Meiner Schwester ging es ähnlich wie mir. Sie hat Dolmetschen studiert. Nach ihrem Studium suchte sie lange nach einem Job – und fand nichts. Außer bei McDonald's. Dort machte sie die Nachtschichten in der Innenstadt. Glücklich war sie dort nicht. Aber ihr blieb eben nichts anderes übrig.

Man sagte, dass mindestens ein Viertel der Bevölkerung arbeitslos war. Und das waren nur die offiziellen Zahlen. Es brachen wieder Massenproteste aus. Diesmal gegen Saakaschwili und seine Partei. Ich war nicht bei den Demonstrationen, weil ich zuerst noch an ihn glaubte; an den Zauber vom Freiheitsplatz. Vielleicht braucht er noch mehr Zeit, dachte ich. Man kann schließlich nicht von heute auf morgen ein ganzes Land verändern. Die meisten Menschen hatten aber keine Geduld mehr. Und so versammelten sich wieder zehntausende Menschen. Sie forderten seinen Rücktritt und ein Ende der Arbeitslosigkeit und Korruption. Ich verfolgte alles vor dem Fernseher. Saakaschwili ließ die Menge nach einigen Tagen durch die Polizei auseinandertreiben. Mit Gewalt. Das hatte ich nicht erwartet. Gummiknüppel, Wasserwerfer und Tränengas kamen zum Einsatz. Die Demonstranten flüchteten, sie hatten Angst, denn sie wurden geschlagen und verletzt. Danach verhängte Saakaschwili den Ausnahmezustand. Nachdem ich die Bilder vom Freiheitsplatz im Fernsehen gesehen hatte, begriff ich, dass die Idee der Rosenrevolution von 2003 zu Ende war. Saakaschwili war um nichts besser als seine Vorgänger. Wie konnte jemand, der noch vier Jahre zuvor den gewaltfreien Widerstand gepredigt hatte, so etwas zulassen? Meine Enttäuschung war groß. Ich war wütend.

Weil ich keine Stelle in der Wirtschaft fand, versuchte ich es bei anderen Unternehmen. Ich bewarb mich für jede Stelle, die ausgeschrieben wurde. An der Tankstelle, im Supermarkt, im Hotel, als Kellnerin, Verkäuferin, Putzfrau. Aber ich bekam nichts. Immer hieß es, dass ich überqualifiziert sei oder die Stelle schon an jemand anderen vergeben wäre. Es war frustrierend. Jeden Tag bin ich zum Arbeitsamt. Jeden Tag traf ich dort dieselben Leute, redete mit denselben Angestellten, hörte dieselben Antworten. Ich sah dieselben grünen Bänke mit den löchrigen Kissen, das grelle Neonlicht, den grauen Betonboden. Ich roch die schlechte Luft. Die Menschen stanken. Ich stank. Mein Leben stank. Andauernd erklärten sie mir, dass sie im Moment leider nichts für mich tun könnten. Einfach deprimierend war das. Ich fragte mich, was ich eigentlich falsch gemacht hatte.

Ich fand fünf Jahre lang keinen Job. Von 2006 bis 2011. Nichts gab es. Obwohl ich es wirklich versuchte. Kann man sich das vorstellen? Fünf Jahre auf Jobsuche, ohne etwas zu finden ... das ist Georgien. Damals hatte ich bereits Kinder. Sie waren zwei und drei Jahre alt. Ich machte mir natürlich Sorgen um die zwei Kleinen. Wie sollte ihre Zukunft werden? Wenn das so weitergegangen wäre, hätte ich ihnen gar nichts bieten

Russland hat sich im Streit um die Gasversorgung der Ukraine und Europas China als Abnehmer gesichert. Nach Jahren der Verhandlung haben die Staatskonzerne Gazprom und CNPC den 400-Milliarden-Dollar-Vertrag unterschrieben. 03/10/12 –BZ

NATO-AUSSENMINISTER BERATEN ÜBER BEITRITT GEORGIENS – Georgien befindet sich im Moment in einer schwierigen Situation. Es fühlt sich sicherheitspolitisch von Russland unter Druck gesetzt und sucht nach Alternativen. Diese sieht das Land nun vor allem in der EU für seine Wirtschafts- und in der Nato für eine neu ausgerichtete Sicherheitspolitik. 25/06/14–RUVR.RU •

Provisorische Flagge Abchasiens. Die russische Regierung ist fest entschlossen, ihren Machtbereich in den georgisch-separatistischen Regionen Abchasien und Südossetien erbittert zu verteidigen. Der Kreml will kein NATO-Mitglied als Nachbarn akzeptieren. Georgien wurde nach Annäherungen an die NATO sowie die EU mehrmals auf eigenem Staatsgebiet in die Schranken verwiesen. Offiziell will Russland so seine Staatsbürger beschützen. 05/10/08–FOCUS •

NABUCCO GESCHEITERT – Harter Rückschlag für das von der EU unterstützte Nabucco-Gasprojekt: Die geplante Pipeline wird kein Gas vom aserbaidschanischen Gaskonsortium Shah Deniz II bekommen. Das Projekt erhielt nun nicht den Zuschlag. Nabucco sollte Gas von der türkisch-bulgarischen Grenze, über Georgien und die Türkei, bis nach Europa liefern und die Abhängigkeit von russischem Gas verringern. 26/06/13–FAZ •

DIE UNTERSTÜTZUNG FÜR DEN ATOMAUSSTIEG SCHWINDET – Umweltminister Peter Altmaier steht wegen der steigenden Stromkosten unter Druck. Eine neue Umfrage zeigt, dass die Energiewende für die Regierung im Wahljahr zum Problem wird: Den Deutschen ist bezahlbarer Strom wichtiger als ein potentieller Atomausstieg. 14/10/12–SPIEGEL •

Die Nuklearkatastrophe von Fukushima: Die Unfallserie begann am 11. März 2011 mit dem Tohoku-Erdbeben und lief gleichzeitig in vier von sechs Reaktorblöcken ab. In Block eins bis drei kam es zu Kernschmelzen. Große Mengen an radioaktivem Material wurden freigesetzt und kontaminierten Luft, Boden, Wasser und Nahrungsmittel sowie Umgebung. Ungefähr 100.000 bis 150.000 Einwohner des Gebietes mussten die Gegend vorübergehend oder dauerhaft verlassen. 25/08/14–WIKIPEDIA •

RUSSLAND UND DIE ROSENREVOLUTION – Russlands Präsident Putin hatte seinem georgischen Amtskollegen Schewardnadse bereits vor den Parlamentswahlen Anfang November 2003 die Unterstützung Russlands zugesagt. Moskau erhoffte sich von Schewardnadse, der innenpolitisch langsam an Macht verlor, eine Änderung des aussenpolitischen Kurses hinsichtlich der EU-Politik, zumal Georgien auch keine Zusagen für einen raschen NATO- oder EU-Beitritt erhielt. 17/03/11–STERN • Handelsabkommen zwischen Georgien und Russland: Russland ist einer Mitgliedschaft in der Welthandelsorganisation einen großen Schritt näher – in Genf unterzeichnete Moskau ein Abkommen mit Georgien, das den Weg zum WTO-Beitritt ebnet. In dem nun geschlossenen bilateralen Abkommen werden die Zollverwaltung und die Überwachung von Handelsgütern zwischen den beiden Ländern geregelt. Russland und Georgien hatten ihre diplomatischen Beziehungen nach dem Krieg 2008 abgebrochen. 10/11/11–FAZ • +++ **Die Globalisierung bietet prinzipiell die Möglichkeit für alle Staaten, internationalen Handel zu betreiben. Die Absatzmärkte vermehren sich dem zur Folge nach schlagartig. Die gesamte Wirtschaftsleistung und der Wohlstand können nun gemehrt werden. Länder haben so die Möglichkeit, ihre Produkte am Weltmarkt abzusetzen und so die Entwicklung ihrer eigenen Wirtschaft zu fördern.** 2014–FES •

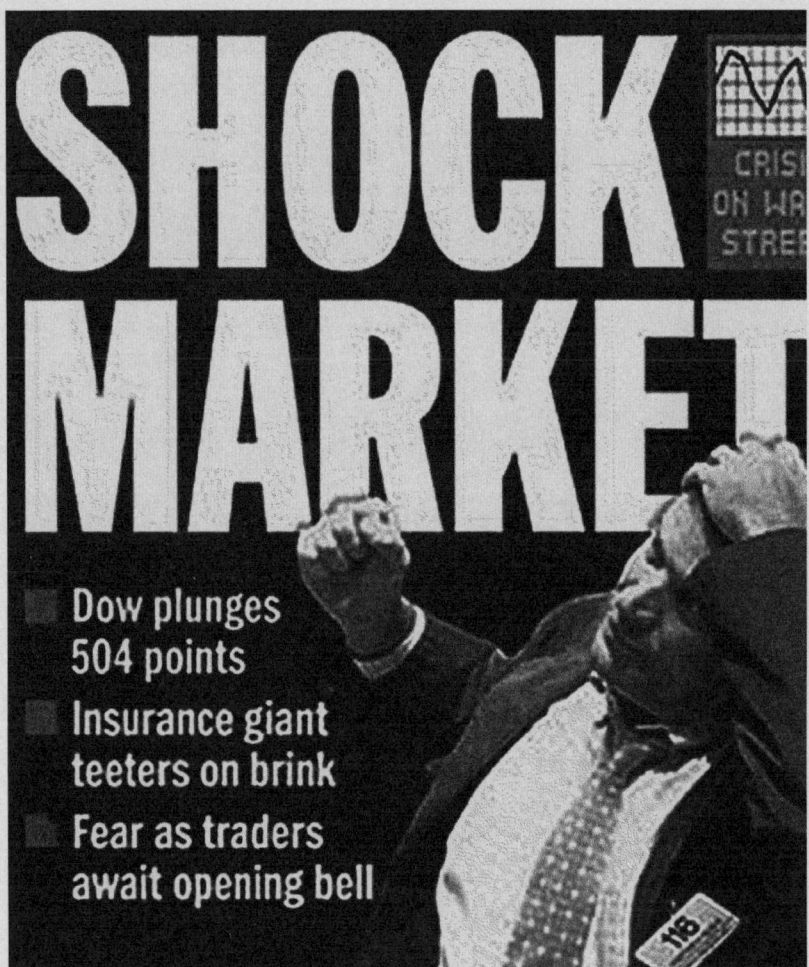

JUNI 2007: Zwei Hedgefonds der New Yorker Investmentbank Bear Stearns strauchen, weil sie in großem Stil in mit Immobilien besicherten Papieren engagiert sind. AUGUST 2007: In Deutschland geraten Banken aufgrund von Fehlspekulationen am

US-Immobilienmarkt in die Krise. OKTOBER 2007: Ein Finanzhaus nach dem anderen meldet Verluste in Milliardenhöhe. MÄRZ 2008: Das Investmenthaus Bear Stearns wird auf Druck der US-Notenbank kurz vor dem Zusammenbruch verkauft. 15. SEPTEMBER 2008: Der »schwarze Montag«: Lehman Brothers muss Insolvenz anmelden. Der US-Leitindex Dow Jones erleidet den stärksten Tagesverlust seit den Terrorattacken 9/11. 16. SEPTEMBER 2008: Die Weltbörsen setzen die Talfahrt fort. Die Notenbanken pumpen 150 Mrd. Euro in den Markt. 26. SEPTEMBER 2008: Die größte Sparkasse der USA fällt der Finanzkrise zum Opfer. Europas größte Bank, die HSBC, streicht angesichts der Finanzkrise 1.100 Stellen. 16/08/08–FOCUS •

MONKEY ECONOMICS – In one experiment, scientists gave some monkeys a wallet filled with twelve flat aluminum tokens, that the animals could trade for food. Right away, the scientists saw the similarities to human behavior. When researchers slashed the price on certain foods, the monkeys sought out the best deal. They also typically spent all their cash at once and didn't bother to save. 30/03/12–WSJ • THE EXECUTIVE BOARD OF THE INTERNATIONAL MONETARY FUND – "Georgia largely achieved the goals of the previous supported program. Economic performance in 2011 was stronger than envisaged, inflation dropped strongly, government debt declined, and worldwide reserves increased. However, the unsettled global economic and financial conditions have increased risks to invest." 12/04/12–IMF • G8-GIPFEL-PROTESTE – »G8-Gipfel stehen in der Kritik, mit ihren Beschlüssen keinen Beitrag zur Lösung der zentralen Probleme der Erde zu leisten. Internationale Organsationen fordern die G8-Staaten (Russland, USA, Frankreich, Kanada, Italien, Deutschland, Japan, England) auf, mit konkreten Taten auf globale politische Herausforderungen zu reagieren.« 2007–EVB/WIKIPEDIA:TWICE25 •

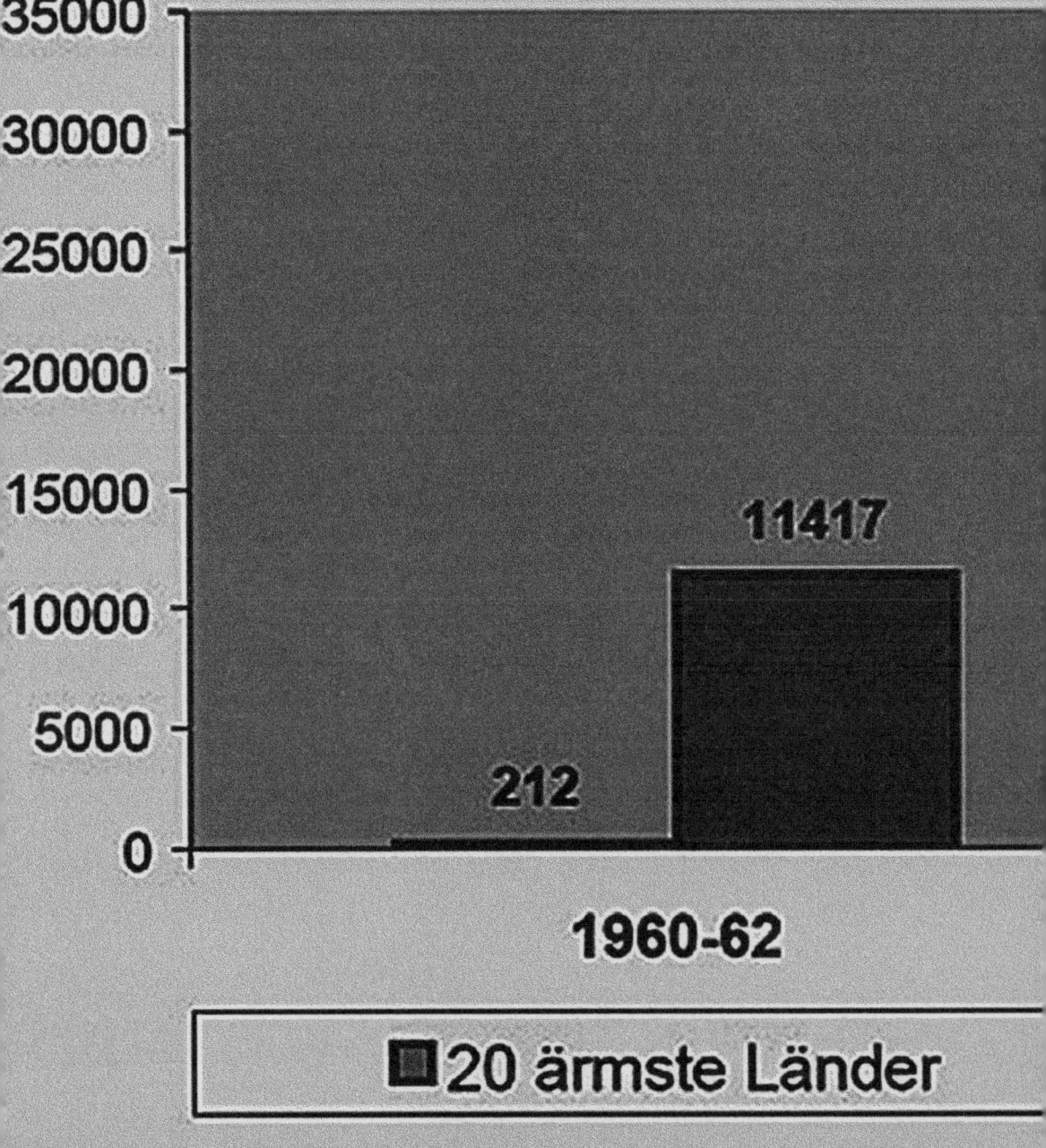

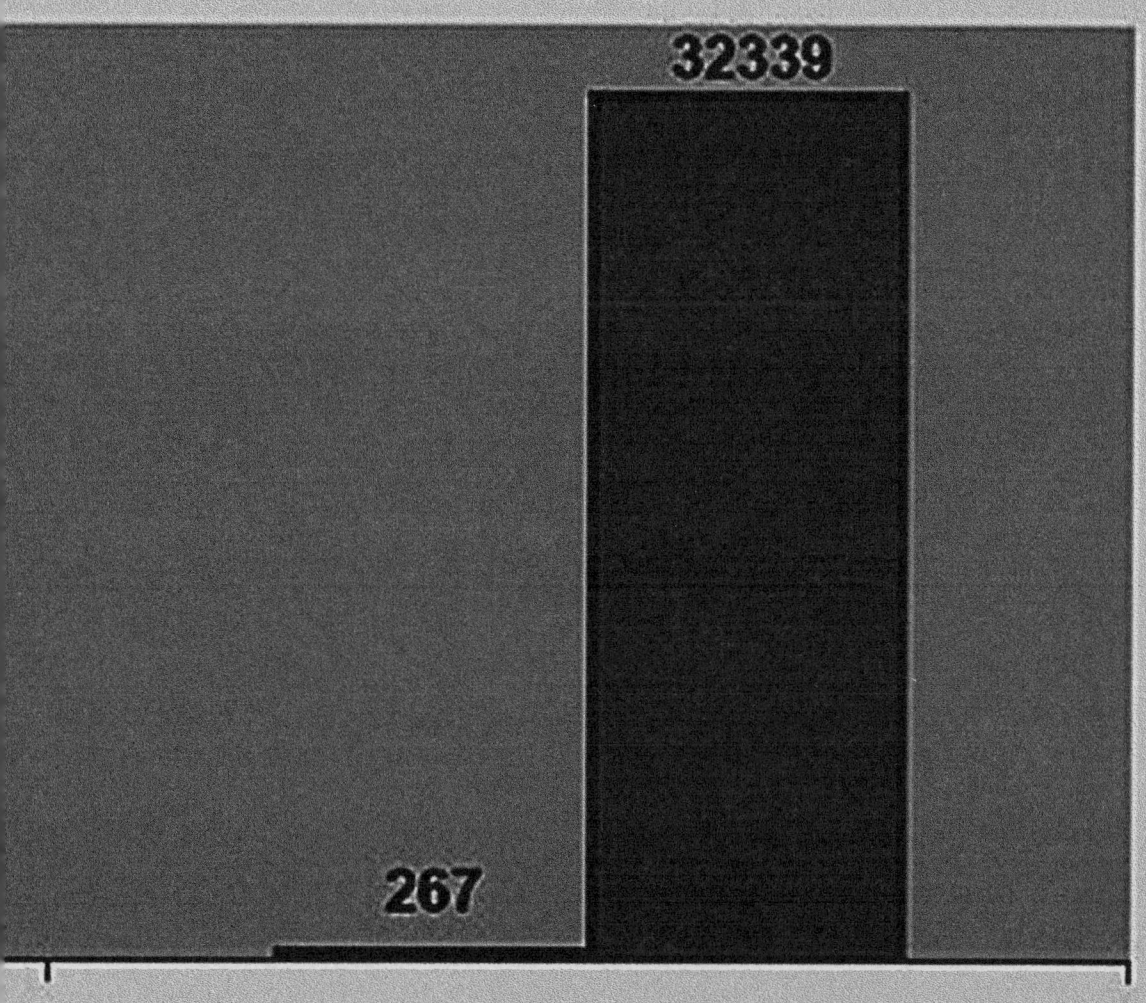

Vergleich des BIPs pro Kopf zwischen den 20 reichsten und den 20 ärmsten Ländern der Erde, einmal 1960 und einmal 2002. Die Ungleichheit hat in diesem Zeitraum massiv zugenommen. 2003–WELTBANK, WORLD DEVELOPMENT INDICATORS

können. Das machte mich traurig. Denn ich wollte, dass sie es gut haben, wollte einfach, dass sie die Chance auf ein schönes Leben haben. Nicht so wie die meisten Georgier, die ihr Leben lang in winzigen, alten Zimmern wohnen und immer Angst davor haben müssen, dass sie sich den nächsten Einkauf nicht leisten können. Aber dafür hätte ich eine feste Stelle gebraucht. Und weil ich die nicht hatte, sparte ich so gut es ging. Keine Kinobesuche, keine neuen Kleider, keine Bücher kaufen. So konnte ich mir gerade die Miete und das Nötigste für uns leisten. Ab und zu verdiente ich als Babysitterin ein bisschen Geld. Aber das war nicht viel und die Jobs waren auch nichts Fixes. Nur Gelegenheitsjobs. Das Leben wurde immer schwieriger. Zwar unterstützten mich meine Eltern, aber so viel Geld hatten sie auch nicht. Außerdem wollte ich sie nicht belasten, denn für sie war es auch nicht einfach.

In der Zeit erinnerte ich mich oft an etwas zurück, wovon meine Eltern häufig gesprochen hatten, als ich noch jünger war. Damals sagten sie zu mir, wie viele Möglichkeiten man jetzt habe; dass es viel besser als zu ihren Zeiten wäre. Als ich dann mit dem Studium fertig war und sich die Situation immer weiter verschlechterte, redeten sie aber plötzlich nur noch von den guten, alten Zeiten ihrer eigenen Jugend. Sie redeten von der Sowjetunion, vom Kommunismus und der Sicherheit damals. Und davon, wie schwierig heute doch alles geworden sei. Aber so war es eben, ein einziger Kampf.

STROMAUSFALL

Im Mai 2011 gab es dann wieder Proteste gegen Saakaschwili. Und diesmal stand ich auch am Freiheitsplatz. Mitten unter den Menschen, mit denen ich bereits 2003 protestiert hatte. Wir wollten jenem Mann die Präsidentschaft aberkennen, der noch vor acht Jahren mit uns für ein freies Georgien gekämpft hatte. Unser Held wurde zum Geist, unser Traum zur Illusion. Seine Gier schien alles aufgefressen zu haben, was ihm vor acht Jahren noch wichtig war. Er war ein anderer, er hatte unsere Freiheit vergessen, verraten und verkauft. Wieder schrien und sangen wir. Nieder mit ihm! Wir schwenkten Fahnen und tanzten. Aber so richtig glaubte keiner daran, dass sich dieses Mal etwas ändern würde. Und es änderte sich auch nichts. Denn schon kurz nach Beginn der Demonstrationen schickte Saakaschwili wieder seine Sicherheitskräfte, Polizisten und Soldaten. Sie kamen direkt auf uns zu. Ich befürchtete das Schlimmste – aber es wurde noch schlimmer. Ohne mit uns zu reden, gingen sie auf uns los. Sie zerrten uns auseinander. Menschen begannen zu schreien und die Polizisten prügelten mit Schlagstöcken auf sie ein. Es brach Panik aus. Alle rannten, alle wollten sich vor Saakaschwilis Leuten in Sicherheit bringen. Wohin, wusste keiner so recht. Die Soldaten griffen sich wahllos Leute heraus und zogen sie in ihre Wagen. Ich hatte große Angst und wollte auf keinen Fall festgenommen werden, denn ich hatte schon öfter von den grausamen Misshandlungen in den georgischen Gefängnissen gehört. Deshalb versuchte ich so schnell wie möglich vom Freiheitsplatz wegzukommen. Dort herrschte Chaos. Niemand nahm mehr Rücksicht, es ging nur darum, sich selbst zu retten.

Der Platz war noch immer dicht mit Menschen gefüllt. Deshalb kam ich kaum voran. Alle drängten noch dazu in entgegengesetzte Richtungen. Man musste sich durch die Menge schlagen. Zwei Mal packte mich ein Polizist. Aber beide Male konnte ich mich losreißen. Einmal erwischte mich ein anderer mit seinem Schlagstock. Er schlug in meinen Rücken, ohne zu wissen, wer ich war und was ich getan oder nicht getan hatte. Ich fiel hin. Zum Glück interessierte ich ihn dann aber nicht mehr. Ich kam irgendwie hoch, lief weiter und fand am Ende einen Weg durch die panische Menge. In einer Seitengasse holte ich Luft und versuchte mich zu beruhigen.

Eine halbe Stunde später ging ich nach Hause. Obwohl mein Rücken schrecklich schmerzte, nahm ich nicht den Bus, sondern lief heim. Ich war bestimmt zwei Stunden unterwegs. So hatte ich Zeit zum Nachdenken. Und während ich durch die Straßen ging, entstand ein Bild in meinem Kopf. Rezession, Armut, Dreck und Perspektivenlosigkeit. Ich sah die halb fertigen Häuser, an denen schon lange nicht mehr gebaut wurde, die leeren Großbaustellen, die verlassenen Geschäfte und Hotels. Ich sah die Pressemeldungen vor mir: »Steuererhöhung in Sicht«, »38,5 % leben unter der Armutsgrenze, ein Viertel der Georgier arbeitslos«. Ich wich den Schlaglöchern auf dem Gehweg aus und dachte an einen meiner ehemaligen Professoren, der an der Uni 15 Dollar im Monat verdiente. Korruption, Schulden und Verfall; langsam ging die Sonne unter. In Tiflis wurde es allmählich dunkel und kalt.

Als ich daheim ankam, war es Nacht. Draußen gingen die Laternen nicht. Die Kinder waren schon im Bett. Ich wollte Licht machen und drückte den Schalter. Aber es tat sich nichts. Noch einmal. Klick, klick. Kein Licht. Ich ahnte, was los war. Wieder einmal hatten sie uns den Strom abgedreht. Das kam öfter vor, wenn Georgien wieder einmal nicht die Rechnungen der ausländischen Stromlieferanten bezahlte. Für solche Fälle hatte ich schon eine Vorratspackung Kerzen daheim. Ich zündete eine an, setzte mich hin und starrte ins Leere. Wie sollte es weitergehen? Ich wusste es nicht. Gab es Aussicht auf Besserung? Unwahrscheinlich. Hatte ich eine Zukunft in Tiflis, in Georgien? Vor Jahren hätte ich mit Ja geantwortet. Aber nach all den Enttäuschungen, Erniedrigungen und Rückschlägen, fehlte mir einfach die Kraft. Ich konnte nicht noch länger meine gesamte Energie darauf verwenden, gegen die Arbeitslosigkeit anzukämpfen. Ich wollte leben, nicht nur überleben. Und ich fragte mich, ob ich hier wirklich weiter bleiben wollte. Mich selbst betrügen, mich mühen und quälen, für nichts, für all die Anstrengungen immer wieder mit dem Abgrund bestraft zu werden. Das konnte doch nicht alles sein. Ich wollte mehr. Aber in Georgien, da gab es nichts. Für mich seit fünf Jahren, aber eigentlich war es schon immer so. Keine Arbeit, keine Perspektive, keine Politiker, denen man vertrauen konnte. Leicht war das Eingeständnis nicht. Es tat weh, über die Folgen nachzudenken. Aber es war genug. Das sollte es gewesen sein. Noch in derselben Nacht holte ich die Koffer aus dem Schrank und begann zu packen.

DAHEIM — GULISA

+++ In this year's Happy-Planet-Index, experienced well-being is assessed using a question called the "Ladder of Life". This asks people to imagine a ladder, where "0" represents the worst possible life and "10" the best possible life, and tell the step of the ladder they feel they currently stand on.

#	Country	Score	#	Country	Score	#	Country	Score
1	Denmark	7,6	57	Jordan	5,3	113	Ethiopia	4,0
2	Norway	7,4	58	Greece	5,2	114	Serbia	4,0
3	Canada	7,4	59	Malta	5,2	115	Sudan	4,0
4	Netherlands	7,3	60	Croatia	5,2	116	Cameroon	4,0
5	Switzerland	7,3	61	Belarus	5,2	117	Kenya	3,9
6	Sweden	7,3	62	Kazakhstan	5,2	118	Cote d'Ivoire	3,9
7	Israel	7,1	63	Indonesia	5,2	119	Niger	3,9
8	Finland	7,1	64	Peru	5,2	120	Cambodia	3,9
9	Australia	7,1	65	Moldova	5,2	121	Liberia	3,9
10	Austria	7,1	66	Honduras	5,1	122	Armenia	3,8
11	Venezuela	7,0	67	Myanmar	5,1	123	Sri Lanka	3,8
12	New Zealand	7,0	68	Mauritius	5,1	124	Burkina Faso	3,8
13	Panama	7,0	69	Russia	5,1	125	Angola	3,8
14	United Arab Emirates	7,0	70	Turkey	5,0	126	Uganda	3,8
15	Costa Rica	6,9	71	Nicaragua	5,0	127	Dominican Republic	3,8
16	Ireland	6,9	72	Laos	4,9	128	Azerbaijan	3,7
17	Luxembourg	6,8	73	Algeria	4,9	129	Bulgaria	3,7
18	United Kingdom	6,7	74	Pakistan	4,9	130	Rwanda	3,7
19	USA	6,7	75	Albania	4,9	131	Georgia	3,7
20	Belgium	6,6	76	Cuba	4,9	132	Macedonia	3,6
21	France	6,5	77	Zambia	4,9	133	Guinea	3,6
22	Iceland	6,5	78	Uzbekistan	4,8	134	Comoros	3,6
23	Kuwait	6,5	79	Estonia	4,8	135	Congo, Dem. Rep. of the	3,6
24	Germany	6,4	80	Kyrgyzstan	4,7	136	Chad	3,5
25	Trinidad and Tobago	6,4	81	Ukraine	4,7	137	Burundi	3,5
26	Singapore	6,3	82	Iraq	4,7	138	Sierra Leone	3,5
27	Mexico	6,3	83	Mauritania	4,6	139	Nepal	3,5
28	Turkmenistan	6,3	84	Lebanon	4,6	140	Haiti	3,5
29	Brazil	6,3	85	Lithuania	4,6	141	Senegal	3,4
30	Saudi Arabia	6,3	86	Namibia	4,6	142	Mali	3,4
31	El Salvador	6,3	87	Bangladesh	4,6	143	Egypt	3,4
32	Chile	6,2	88	India	4,6	144	Congo	3,4
33	Qatar	6,1	89	Djibouti	4,5	145	Syria	3,4
34	Belize	6,0	90	Malawi	4,5	146	Yemen	3,3
35	Argentina	6,0	91	Libya	4,5	147	Central African Republic	3,3
36	Thailand	6,0	92	Zimbabwe	4,4	148	Benin	3,2
37	Italy	5,9	93	Madagascar	4,4	149	Botswana	3,1
38	Cyprus	5,9	94	Philippines	4,4	150	Tanzania	2,8
39	Jamaica	5,9	95	Mozambique	4,4	151	Togo	2,5
40	Czech Republic	5,8	96	Portugal	4,4			
41	Spain	5,8	97	Afghanistan	4,4			
42	Korea	5,7	98	Palestine	4,3			
43	Colombia	5,7	99	Nigeria	4,3			
44	Slovakia	5,7	100	Romania	4,3			
45	Guatemala	5,7	101	Hungary	4,3			
46	Japan	5,7	102	Latvia	4,3			
47	Guyana	5,7	103	South Africa	4,3			
48	Uruguay	5,7	104	Tunisia	4,2			
49	Slovenia	5,6	105	Mongolia	4,2			
50	Vietnam	5,5	106	China	4,2			
51	Bolivia	5,5	107	Bosnia and Herzegovina	4,2			
52	Paraguay	5,5	108	Tajikistan	4,2			
53	Ecuador	5,5	109	Ghana	4,2			
54	Poland	5,4	110	Iran	4,1			
55	Malaysia	5,3	111	Bahrain	4,1			
56	Hong Kong	5,3	112	Morocco	4,1			

08/05/13-HP •

Am Weg

Am Weg – Verortung

	AJAR	DEVI	JOÃO
Am Weg	Schwimmen [Türkei] Peitschenhiebe [Griechenland] Am Rad [Griechenland, Italien]	Im Zimmer [Kuwait] Ohrfeigen [Kuwait] Einkaufen [Schweiz]	Ausrollen [Brasilien] Beichten [Brasilien] Camouflage [Brasilien]

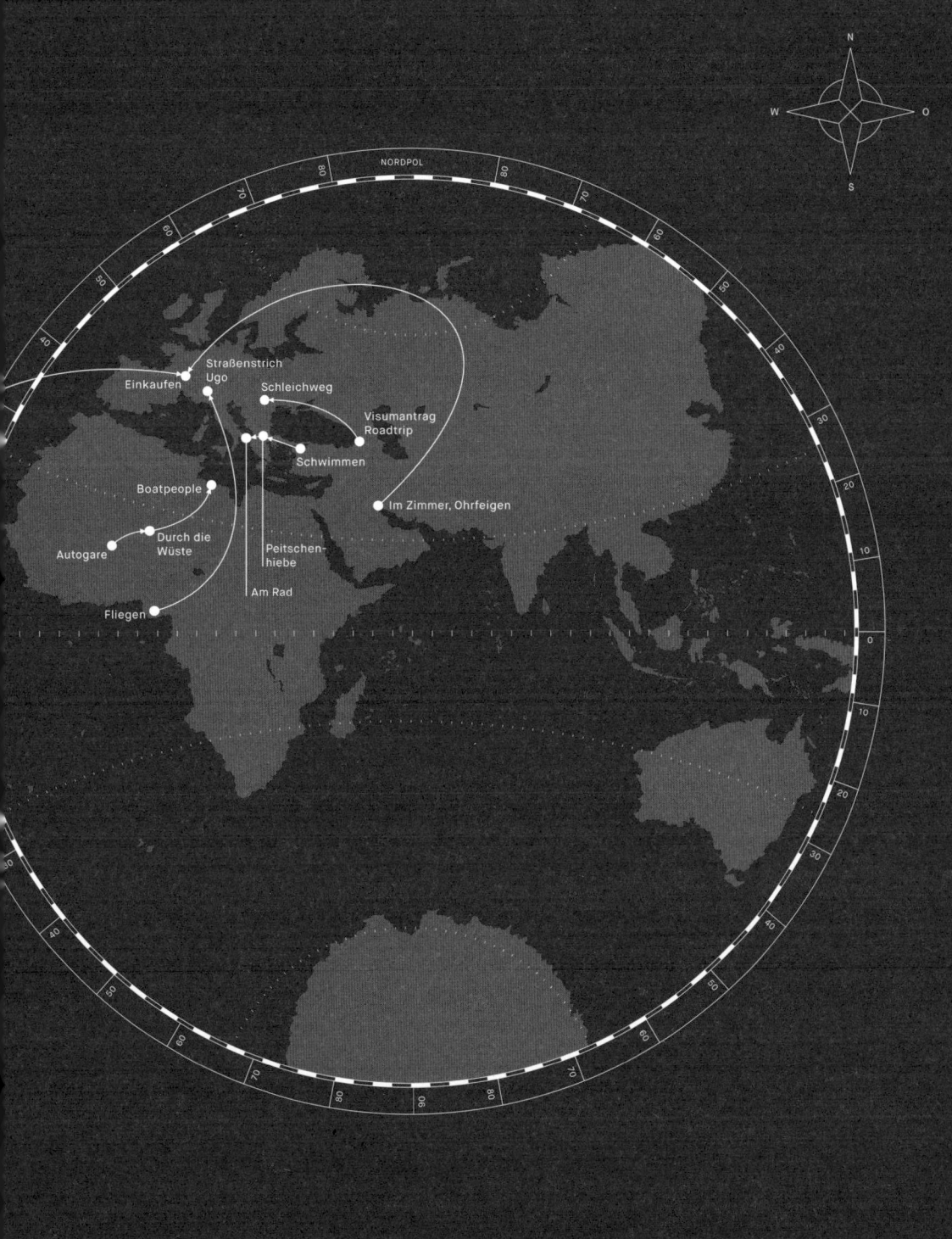

Ajar

SCHWIMMEN

Ein Iraker, der die Grenze zur Türkei passieren will, muss durch das Kandil-Gebirge. Man kommt nicht um diese Bergkette herum. Normalerweise ist die Überquerung kein Problem. Allerdings hatte sich schon vor dem Krieg herumgesprochen, dass die Peschmerga dort seit längerem ihr Hauptquartier aufgeschlagen hatten. Ihre Kämpfer gingen in dem Gebiet auf Patrouille. Das machte meine Flucht aus dem Irak schwierig. Denn einen von ihren brutalen Trupps anzutreffen wollte ich unbedingt vermeiden. Es wäre mein Ende gewesen. Wenn sie mich entdeckt hätten, hätten mir Verhör, Folter und Tod gedroht. Das war sicher. Denn so machten sie es mit allen, die sie für Feiglinge und Betrüger hielten. Deshalb versuchte ich, in den Bergen unentdeckt zu bleiben. Ich schlug nur jene Wege ein, die von den engsten Baumgruppen gesäumt wurden und fuhr nur jene Pfade entlang, die durch dichtes Gestrüpp führten. Dort war das Vorankommen zwar schwieriger, dafür aber sicherer. Straßen versuchte ich zu meiden, denn ich fürchtete, dass sie von Peschmergatrupps kontrolliert würden. Manchmal blieb mir aber nichts anderes übrig, als die geschotterten Serpentinen hinaufzufahren. Dann legte ich den höchsten Gang ein und fuhr so schnell wie möglich. Das Herz schlug mir bis zum Hals. Aber irgendwie ging es gut.

Ich landete dann in Erzurum. Die Stadt liegt im Nordosten der Türkei, vielleicht 600 Kilometer vom Irak entfernt. Dort blieb ich erst einmal und überlegte mir, wie ich weitermachen wollte. Sollte ich abwarten, bis sich die Lage im Irak besserte und dann zurückkehren? Würde sie sich bessern? Ich konnte nicht darauf hoffen. Aber in Erzurum bleiben und dort arbeiten war auch keine Möglichkeit für mich. Denn die Stadt war unerträglich. Es gab weder eine Ölindustrie, noch sonst etwas, wo ich arbeiten konnte. Ich wusste nicht, wie ich an Geld kommen sollte, und ich kannte niemanden. Türkisch sprach ich auch nicht. In Erzurum wollte ich deshalb genauso wenig bleiben, wie ich zurück in den Irak wollte. Ich legte mir einen anderen Plan zurecht. Mein neues Ziel sollte Europa sein. Das war aber nicht nur so eine schnelle Idee. Mein Kopf war klar, trotz aller Anstrengungen. Ich hatte es mir während der Fahrt lange überlegt. Von Europa hatte ich bisher nur Gutes gehört. Dort schien es friedlich und schön zu sein. Ich war mir sicher, dass ich dort Arbeit finden würde und mit einem neuen Leben beginnen könnte.

In Erzurum war ich aber nicht der Einzige mit diesem Plan. Eigentlich wollten dort alle nach Europa, die Stadt war voller Auswanderer. Iraker, Afghanen, Georgier, Kurden. Alle hatten dasselbe Ziel. Und alle hatten dasselbe Problem: Im Nordosten der Türkei endet der freie Reiseverkehr für sie. Wer von dort trotzdem weiter nach Europa will, muss versuchen, die offiziellen Grenzen auf inoffiziellen Wegen zu überqueren. Diese Wege liegen allerdings im Verborgenen. Deshalb ist man als illegaler Einwanderer auf helfende Hände angewiesen. Man muss sich Schleppern anvertrauen. Nur sie kennen die Wege, auf denen man den Grenzwachen entgeht. Nur sie wissen, wer bestochen werden muss und wer nicht. Und natürlich wollen sie alle Geld für ihre Dienste. Einen Schlepper zu finden ist aber nicht schwer, sie stehen dort praktisch an jeder Ecke. Ich gab einem 2.000 Dollar – das war sein Preis. Er führte mich dafür mit zwölf anderen von Erzurum bis über die türkisch-griechische Grenze. Zusammen durchquerten wir so die ganze Türkei. Bis an das westliche Ende des Landes.

Jeden Tag sechzehn Stunden, insgesamt vier Tage lang. Zu Fuß und mit dem Jeep. Es war anstrengend. Aber der Gedanke an Europa ließ uns durchhalten.

Am Ende unseres Weges standen wir erschöpft vor dem Evros. Ich war überrascht, denn von einem Grenzfluss wusste ich nichts. Die Dämmerung brach gerade herein und am gegenüberliegenden Ufer konnten wir Griechenland sehen. Uns trennten vielleicht noch 50 Meter davon.

Als wir dort stumm standen und hinüberblickten, kamen Sorgen in mir auf. Denn ich kann nicht schwimmen. Ich fragte den Schlepper, ob wir ein Boot nehmen würden. Er schüttelte den Kopf und noch während er das tat, bekam ich es mit der Angst zu tun. Denn die Strömung sah stark aus, der Fluss war breit. Ich fragte mich, wie ich das überleben sollte. Ein Blick in die Gesichter meiner Reisegenossen verriet mir, dass es ihnen genauso ging. Sie waren alle wie versteinert. Nur die wenigsten von uns konnten schwimmen.

Unser Schlepper sagte dann, dass wir bis Mitternacht warten würden, um den Fluss zu durchqueren. Bis dahin verharrten wir sechs Stunden inmitten von Sträuchern, damit uns die Grenzposten nicht entdeckten. Niemand sprach ein Wort. Es kam mir unendlich lang vor, bis es endlich so weit war. Dann, als die letzten Lichtstrahlen schon lange verschwunden waren, ging es endlich los. Wir krochen auf dem Bauch an das Ufer des Flusses und ließen uns langsam hinein. Das Wasser war eiskalt, und mein Körper begann sofort nach dem Eintauchen zu zittern. Während ich mich noch am Ufer festhielt und zögerte, schwamm der Schlepper voraus. Er rief, dass wir uns beeilen müssten. Natürlich hatte ich Angst. Aber ich hatte keine andere Wahl. Wenn ich nicht geschwommen wäre, hätte mich die Militärpolizei aufgegriffen und zurück in den Irak gebracht. Dort hätte der sichere Tod gewartet. Ich fragte mich: »Was macht es schon für einen Unterschied, ob ich in diesem Fluss ertrinke oder daheim erhängt werde?« Das Ergebnis wäre das gleiche; nur die Chancen zu überleben, standen im Fluss besser. Ich musste es also riskieren. Es waren schließlich nur 50 Meter. Ich ließ meine Hand vom Ufer ab

+++ Die Anzahl der Kriege ist im Jahr 2011 auf den höchsten Stand seit 1945 geklettert, so das Heidelberger Institut für Konfliktforschung, das weltweit 38 hochgradig gewalttätige Konflikte, sowie 388 Konflikte insgesamt zählte. 12/04/2012–IMF •

MIGRANTEN-MASSENGRAB – Der Grenzfluss Evros zwischen Griechenland und der Türkei hat in den letzten Tagen die Leichen von mindestens 24 irregulären Migranten angespült. Unidentifizierte Einwanderer, die im Fluss ertrunken sind, werden in der Nähe des Dorfes Sidiro anonym in Massengräbern begraben. 12/09/03–NZZ • GRIECHENLAND & TÜRKEI: EU SICHERT GRENZE MIT WAFFEN – Im letzten Jahr hat sich die Anzahl der illegalen Einwanderer zwischen Griechenland und der Türkei vervierfacht. Weil die griechische Regierung nun zunehmend die Kontrolle verliert, wird die Grenzschutzagentur Frontex bewaffnete Einheiten in der Region postieren. 26/10/10–VOXEUROP • FRONTEX BUDGET – Frontex budget rises from 3 Mio. Euros 2006 to 10 Mio. Euros 2011; Frontex needs more money to seal off Europe's borders to refugees. 21/02/2011–SPIEGEL •

DIE ZUKUNFT DES GRENZSCHUTZES AN DEN EU-AUSSENGRENZEN – Ein neues EU-Grenzpaket präsentierte eine ganze Reihe hochtechnologischer Funktionen, wie etwa vollautomatische Grenzkontrollen, umfassende Systeme zur Ein- und Ausreisekontrolle, Fluggastüberwachung, Hightech-Grenzanlagen und virtuelle Zäune. 04/2014–EUROPARL •

NEUE RECHTE FÜR FRONTEX – Die Grenzschutzagentur der EU soll in Zukunft auf dem Meer aufgegriffene oder aus Seenot gerettete Flüchtlinge direkt in Staaten außerhalb Europas zurückschieben dürfen – ohne dass sie vorher einen Asylantrag stellen können. 03/11/13–TAZ •

AMASS – the Autonomous Marine Surveillance System – draws on the latest technology to provide a reliable, round-the-clock maritime monitoring solution. A line of buoys located offshore ensures comprehensive coverage of territorial waters. Each buoy is equipped with the latest visual and acoustic sensors. When a suspicious vessel is detected, images can be transmitted directly to a control centre on shore. This provides authorities with unprecedented observation capabilities and enables them to take swift appropriate action. 25/08/14–AMASS-PROJECT •

Australian Prime Minister Tony Abbott gives green light to purchase US-Drones for £1.6bn to patrol nation's borders, monitor energy infrastructure and guard against illegal immigration. 13/03/14 – TELEGRAPH

und versuchte, mich über Wasser zu halten. Das war anstrengend, weil ich meine Arme so schnell auf- und abbewegen musste. Die Kälte spürte ich bereits nach kurzer Zeit nicht mehr. Aber mein Körper zitterte trotzdem heftiger als zuvor. Ich arbeitete mich nur mit sehr viel Mühe vorwärts, und jede Bewegung führte zu einem Stechen in meinen Muskeln. Nach zehn Minuten hatten wir gerade einmal die Hälfte der Flussbreite geschafft. Diese fünfzig Meter kamen mir endlos vor. Sie waren die längsten meines Lebens.

Vor, hinter und neben mir schwammen meine Reisegefährten. Ihre halb untergetauchten Köpfe hoben und senkten sich mit den unregelmäßigen Wellen des Flusses; wie Treibholz im dunklen Meer, nur nicht so mühelos. Sie hatten es genauso schwer wie ich. Alle kämpften. Neben mir sah ich den Umriss eines Mannes in meinem Alter. Am Anfang war er noch vor mir gewesen. Dann fiel er immer weiter zurück. Mit der Zeit wurden seine Bewegungen immer langsamer. Sein Kopf tauchte zwischen den Armbewegungen immer länger unter und er schien immer schwerer zu atmen. Ich wollte ihm helfen, aber ich hatte keine Kraft. Ich konnte mich selbst kaum über Wasser halten. Neben ihm sagte ein Mann, dass er durchhalten müsse. Aber gleich darauf schrie der Schlepper, dass wir unsere Fresse halten sollen. Von da an blickte der Schlepper nicht mehr zurück, während der Mann neben mir immer kraftloser wirkte. Seine Bewegungen wurden noch langsamer. Irgendwann ließ er sich nur noch treiben. Und dann verschluckte ihn der Fluss. Zwischen zwei Armbewegungen tauchte er nicht mehr auf. Er hatte keine Chance. Er ertrank. Direkt neben mir. Direkt neben uns allen. Keiner konnte ihm helfen. Wir waren alle zu sehr damit beschäftigt, selbst zu überleben, selbst nach Europa zu kommen.

PEITSCHENHIEBE

Auf griechischem Boden hörten wir von anderen Auswanderern, dass man sich am besten über das Meer von Griechenland nach Italien schmuggelte. Das war angeblich der schnellste

Weg, um nach Zentraleuropa zu kommen. Bevor ich das tun konnte, musste ich zunächst aber ganz Griechenland durchqueren. Vom äußersten Osten bis ganz in den Westen. Dafür brauchte ich wieder einen Schlepper, denn alleine wäre es als Illegaler unmöglich gewesen. Geld hatte ich noch. Deshalb war es auch kein Problem, Hilfe aufzutreiben. Es war genauso leicht wie in der Türkei. Denn auch in Griechenland gab es viele Leute, die ihr Geld mit Menschenschmuggel verdienten. 500 Dollar kostete es mich diesmal.

Wir sollten die Strecke zum Westufer Griechenlands in einem großen LKW zurücklegen. Zusammen mit 60 anderen Illegalen quetschte man mich in den Transportraum eines Lasters. Wie Tiere wurden wir auf leeren Palletten zusammengepfercht. Wir standen ganz dicht beisammen, Schulter an Schulter. Zwischen unsere Körper hätte keine Streichholzschachtel mehr gepasst, so eng war es. Nach einer halben Stunde startete der Fahrer endlich den Motor. Wir fuhren los. Man roch das Benzin und die Körper schwankten.

Nach der ersten halben Stunde wurde es dann plötzlich sehr heiß im Laster. Noch stickiger, als es schon zuvor war. Es war unerträglich, viel schlimmer als am Ölfeld. Ich konnte die heiße Luft kaum einatmen. Eine Klimaanlage gab es nicht, Fenster auch nicht. Die Plane durfte aus Sicherheitsgründen nicht hochgezogen werden. Ich bekam kaum Luft, mir wurde schwindlig – wir hatten alle Angst davor, zu ersticken, hielten uns das T-Shirt vor den Mund und atmeten so flach wie möglich. Die Menschen schwitzten, irgendwo in der hinteren Ecke schrie ein kleines Kind, eine Frau weinte, manche beteten laut. Ich fragte mich, wie viele in diesem LKW wohl in den nächsten Tagen sterben würden.

Nach zwei Stunden Fahrt hielt der Fahrer plötzlich an. Keiner wusste warum. Die Fahrt sollte eigentlich viel länger dauern. Uns war es in dem Moment egal, denn wir wollten die Chance auf Frischluft nutzen. Alle Passagiere stürmten ins Freie. Einer nach dem anderen. Die Menschen in der Umgebung beobachteten das wie ein Naturschauspiel. Man sah ihren Gesichtern an, dass sie nicht glauben konnten, dass so viele Menschen unter eine LKW-Plane passten. Es hat gar nicht mehr aufgehört; immer mehr Menschen stiegen aus; wie ein Wasserhahn, der ewig tropft.

Noch bevor wir uns aber einen Platz im Schatten des LKWs suchen konnten, waren da plötzlich Polizeisirenen. Das Geräusch wurde schnell lauter. Einer der Beobachter schien die Polizei gerufen zu haben. Und am Horizont tauchten bereits ihre Wagen auf. Ich bekam Panik, wir waren ja Illegale, hatten kein Recht, in Griechenland zu sein. Aber ich wollte nicht, dass die Reise an diesem Punkt endete – ich wollte weiter nach Italien. Deshalb kehrte ich den Polizeiwagen den Rücken zu und rannte so schnell wie nur möglich. Zwei andere kamen mit. Zuerst über eine Absperrung, dann über einen Zaun und eine kleine Anhöhe. Die Polizei folgte uns. Wir rannten so schnell es ging. Aber am Ende war es nicht schnell genug. Sie stellten uns und warfen uns in ein Gefängnis.

Die anderen Gefangenen in meiner Zelle waren auch alle Illegale. Es war fast so eng wie im LKW. Nur mit dem Unterschied, dass wir über keine Schlaglöcher fuhren. An den Abenden unterhielt ich mich manchmal mit den anderen, hörte, woher sie kamen und wohin sie wollten. Dabei mussten wir ganz leise sein. Denn wenn es zu laut wurde, kamen die Wachen. Zweimal war ich daran schuld. Ich passte nicht auf und erzählte etwas zu laut. Plötzlich riss jemand die Zellentür auf, packte mich am Shirt und zerrte mich hinaus. Ich schrie, dass ich doch nichts gemacht hätte, aber das interessierte ihn nicht. Er war wütend, zog mich in einen separaten Raum, schloss die Tür hinter sich und zog die Ärmel hoch. In der Ecke lag ein eineinhalb Meter langes Kabel. Er nahm es, kreiste es und sagte, ich solle mich sofort in die Ecke stellen, Kopf zur Wand. Mir blieb keine andere Wahl, als zu tun, was er von mir wollte. Und bevor ich mir noch überlegen konnte, wie ich mich wehren hätte können, krachte auch schon der erste Peitschenhieb auf meinen Rücken. Ich knickte ein. Dann kam noch einer. Und noch einer. Und noch einer. Zwischen den Peitschenschlägen hörte ich seinen schweren Atem. Ich spürte seine Wut. Ich biss mir auf die Zunge, denn ich wollte

**FRIEDENSNOBELPREIS FÜR DIE EUROPÄISCHE UNION** – Das Nobelkomitee hat der Europäischen Union in Oslo den Friedensnobelpreis verliehen – und würdigt dadurch nun Europas friedensstiftende Geschichte. Das Preisgeld will die EU an Not leidende Kinder spenden. 10/12/12–WELT •

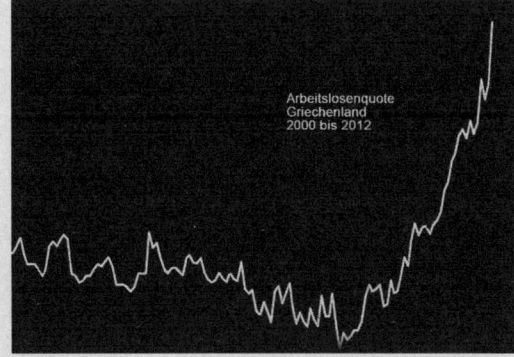

Spanien und Griechenland haben die höchste Arbeitslosenquote der Welt. Nach einer Analyse der Internationalen Arbeitsorganisation sind 24,5 Prozent der Spanier und 22,3 Prozent der Griechen ohne Job. Laut Uno-Experten ist keine Besserung in Sicht. 10/09/12–WELT • **DER GRIECHISCHE MINISTER SPRICHT VON INVASION DER FLÜCHTLINGE** – Für Griechenland wird die hohe Anzahl ankommender Flüchtlinge zunehmend zum Problem. Das Land geht unter. Wir sind mit einer Invasion konfrontiert, sagt der Minister für Bürgerschutz, Nikolaos Dendias. 06/08/12–ZEIT •

Neue Gewalt gegen Migranten in Athen. Fünf Männer auf Motorrädern drehen Runden rund um das Ausländerviertel am Omonoia-Platz im Zentrum Athens. Sie machen einen 19-jährigen dunkelhäutigen Mann aus, schlagen mit Steinen und Fäusten auf ihn ein, stechen mit Messern zu. Der aus dem Irak stammende Migrant verblutet langsam und stirbt am Nachmittag in einem Krankenhaus. So beschreiben Polizisten und Augenzeugen diesen rassistisch motivierten Überfall vom Sonntag. 14/08/12–WELT/TAZ •

GRIECHISCHE TRAGÖDIE – Griechenland jetzt zahlungsunfähig: Die Ursache liegt in einer Kombination aus Überschuldung, schwacher Wirtschaftsleistung, griechischer Mentalität und weltweiter Wirtschaftskrise, aber auch in einer fehlenden Kontrolle durch die EU. 04/13–LPB-BW •

Greek authorities say a 55 year old man has been hospitalized with chest burns after dousing himself with gasoline and then setting his clothes on fire. The man shouted that he was in debt as he carried out the act. 16/09/11–AP PHOTO/STLIANIDIS •

Bild Nehmt den Griechen den Euro weg!

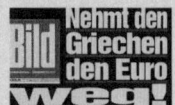

Griechenland steuert wieder auf den Staatsbankrott zu: Die internationalen Geldgeber trauen dem Land nicht zu, die geforderten Sparmaßnahmen umzusetzen. Deutschland und der IWF wollen keine Kredite mehr an das Land vergeben. 23/07/12–TAGESANZEIGER •

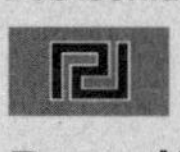

+++ Die rechtsextreme griechische Partei Goldene Morgenröte (Bild: Parteiflagge) hat seit ihrem Parlamentseinzug deutlich an Zuspruch gewonnen und ist im Moment die drittstärkste Kraft im Land. Die Partei verfolgt eine aggressive, ausländerfeindliche Politik, die sich vor allem gegen die Einwanderer im Land richtet. 06/09/12–NZZ •

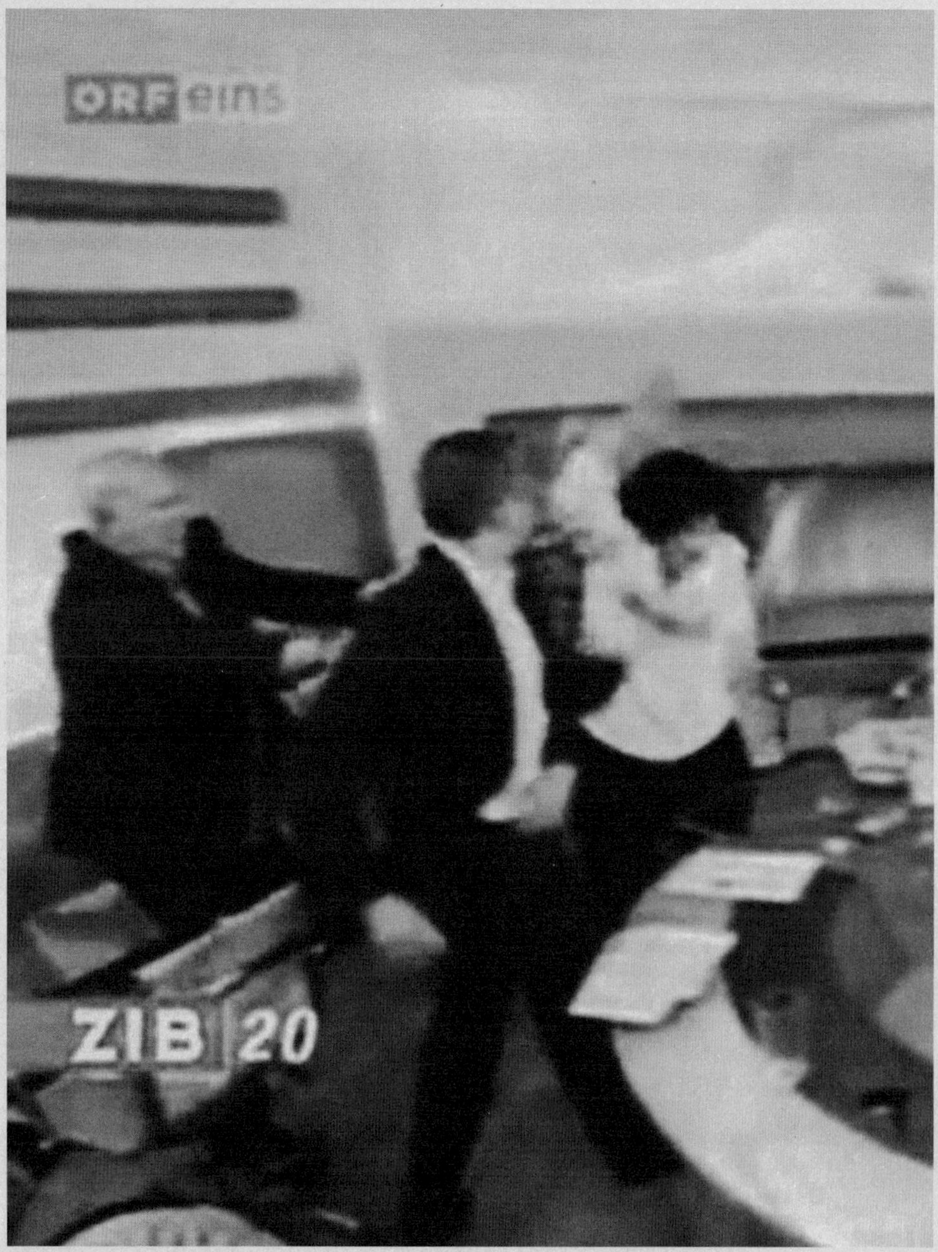

Ilias Kasidiaris (31), Sprecher der griechischen rechtsextremen Partei Goldene Morgenröte, rastete in einer TV-Sendung aus und griff zwei Politikerinnen an. Der 31-Jährige wird nach dem Vorfall in einem Zimmer im TV-Studio eingeschlossen. Kasidiaris, ein passionierter Kampfsportler, bricht die Türe auf und flieht. Seither wird er gesucht. 08/06/12–BLICK •

nicht schreien. Das wäre ein Sieg für ihn gewesen. Aber er hörte nicht auf. Er schlug und schlug. Er peitschte mich so lange aus, bis ich zusammenbrach. Mir wurde schwarz vor Augen und ich verlor das Bewusstsein. Als ich am nächsten Morgen in der Zelle aufwachte, konnte ich mich kaum bewegen. Mein Rücken war mit offenen Wunden überzogen.

AM RAD

Drei Monate später stand ich am Westufer Griechenlands. Ich blickte auf das weite Meer, in die Dunkelheit hinaus. Es grenzte an ein Wunder. Denn nach 90 Tagen Gefängnis setzten sie mich einfach wieder auf freien Fuß. Ich weiß bis heute nicht warum. Sie sagten nur, dass ich Griechenland verlassen müsse und gehen solle. Einfach so. Von einem Tag auf den nächsten. Kein Richter, keine Anwälte, nichts. Einfach verschwinden sollte ich.

Natürlich ging ich nicht zurück in den Irak. Dort wäre ich noch immer gesteinigt, erhängt oder erschossen worden. Daran konnten auch all die Peitschenhiebe und Polizeianweisungen nichts ändern. Meine Pläne waren immer noch dieselben. Ich wollte noch immer nach Zentraleuropa.

Weil der Menschenschmuggel im Westen Griechenlands ein genauso gutes Geschäft war wie im Osten, fand ich schnell jemanden, der mir helfen konnte. Und obwohl ich nicht mehr allzu viel Geld in meinen Taschen hatte, reichte es. Für 80 Dollar erklärte mir ein Schlepper, wie ich nach Italien kommen würde. Ich sollte mich vor der Abfahrt vom griechischen Hafen auf einem italienischen Schiff verstecken und so lange warten, bis es in Italien anlegen würde. Unter einem LKW wäre es am sichersten. Er erklärte mir genau, wann ich mich unter welchem LKW verstecken konnte. Um alles weitere musste ich mich aber selbst kümmern.

Am späten Abend suchte ich mir einen sicheren Platz im Hafen. Von dort aus beobachtete ich die LKWs, die auf mein Schiff fuhren. Jeden LKW sah ich mir genau an. Ich wusste, dass meiner ein italienisches Kennzeichen haben sollte. Ich kannte die Farbe der Plane und das Unternehmen. Aber der Wagen kam lange nicht. Fast die ganze Nacht musste ich warten. LKW für LKW wurde verladen, meiner war nicht in Sicht. Ich wurde immer nervöser, dachte schon, dass mich der Schlepper reingelegt hätte. Aber dann, zehn Minuten bevor das Schiff ablegte, tauchte mein Laster doch noch auf. Ich erkannte ihn sofort. Der Fahrer parkte ihn auf der Verladerampe, ein Arbeiter sicherte ihn ab. Das Schiff war abfahrbereit. Die Signalhupe ertönte. An Deck patrouillierten ein paar Sicherheitsbeamte. Als der Signalton verstummte, verschwanden sie auf der anderen Seite des Schiffes. Ich wusste, jetzt oder nie. Ich schlich die Stiegen hinauf und versteckte mich so schnell wie möglich unter dem LKW. Mein Herz raste.

Als wir abfuhren, war die Polizeipatrouille noch an Bord. Sie sollte sicherstellen, dass während der 24-stündigen Überfahrt alles ordnungsgemäß ablief. Außerdem kontrollierten sie immer wieder zwischen und unter den LKWs. Ich konnte mich also nicht einfach unter den LKW legen. Dort wäre ich entdeckt worden. Deshalb versteckte ich mich zwischen Reserverad und Bodenplatte des Wagens. Mit dem einen Arm hängte ich mich an das Auspuffrohr und mit dem anderen an die Aufhängung der Radachse. Meine Beine zog ich so weit wie möglich an den Körper. Ich atmete leise, versuchte kein Geräusch zu machen und hoffte, dass mich niemand entdecken würde.

Während der Fahrt zwängte sich ungefähr alle zwei Stunden der Lichtkegel einer Taschenlampe unter das Auto. Ich hörte Stimmen. Mein Herz schlug wie wild; ich hielt die Luft an. Es war heiß, meine Muskeln zitterten und ich schwitzte. Ich durfte aber keinen Schweißtropfen verlieren und auch nicht pinkeln. Das hätte mich verraten. Gepinkelt habe ich dann aber trotzdem, weil ich es nicht mehr aushielt. Ich nahm mein T-Shirt und machte dort hinein. Zum Glück entdeckte mich niemand.

Nach 24 Stunden hatten wir dann endlich Italien erreicht. Aber natürlich konnte ich nicht einfach unter dem LKW hervorkriechen und gehen – die Wachen hätten mich gesehen und sofort festgenommen. Deshalb machte ich das, was mir der Schlepper geraten hatte. Ich blieb unter dem LKW. Als er von der Schiffsrampe fuhr, klammerte ich mich weiterhin am Reserverad fest. Und während ich unter dem LKW hing, zog die Straße nur Zentimeter unter meinem Körper immer schneller vorbei. Nach einiger Zeit auf der Landstraße hämmerte ich dann gegen den Tank. So sollte der Fahrer anhalten, um nachzusehen, ob etwas defekt war. Aber der Trick funktionierte nicht. Der Laster fuhr einfach weiter. Der Staub der Straße machte das Atmen immer schwerer, das Auspuffrohr wurde immer heißer. Öl tropfte auf meinen Körper. Immerzu klopfte und schlug ich. Ganze zwei Stunden lang. Und dann, endlich, hielt er an um nachzusehen. Ich kroch unter dem LKW hervor, ohne T-Shirt und komplett schwarz von all den Abgasen und dem Öl. Der Fahrer stieg gerade aus. Als er mich sah, erschrak er.

 Ich hatte keine Ahnung, wo ich war. Es gab Busse, viele Häuser und lange Straßen. Das war aber auch schon alles. Ich ging dann einfach die Straße entlang. Bestimmt einen halben Tag lang. Gegen Nachmittag sah ich Gleise, denen ich einfach folgte. Sie führten zu einem Bahnhof. Die Menschen dort drängten sich dicht aneinander vorbei, um zu ihren Zügen zu kommen. Ich musste an die vielen Gesichter und Geschichten denken, denen ich auf meinem Weg begegnet war. Besonders an jene, die mir geraten hatten, besser nicht in Italien zu bleiben. Sie hatten gesagt, es sei zu gefährlich, es gäbe zu viel Polizei und so weiter. Das, was sie erzählten, ergab Sinn und ich wollte mein Glück nicht herausfordern. Schließlich hielt mich nichts in Italien. Also warum eigentlich nicht einfach in einen der Züge steigen und so schnell wie möglich raus aus dem Land, dachte ich. Ich sah auf die Anschlagtafel. In der obersten Zeile stand ein Zug nach Zürich angeschrieben, Gleis acht. Ich hatte zwar keine Ahnung, wo Zürich ist, in welchem Land es liegt, welche Sprache man dort spricht, aber das war auch unwichtig. Ich wollte einfach nur weg.

 Für ein Ticket reichte mein Geld aber nicht mehr. Deshalb versteckte ich mich, gleich nachdem ich eingestiegen war, auf der Toilette. Ich sperrte hinter mir ab und wartete.

Niemand kam, niemand klopfte. Als wir losfuhren, begann es zu rumpeln. Mein Körper schaukelte im Rhythmus des Zuges und in mir keimte zum ersten Mal seit langer Zeit wieder so etwas wie Hoffnung auf. Manchmal hörte ich dumpfe Stimmen vor der Tür, manchmal jemanden der vorbeiging. Ich hörte Durchsagen aus dem Lautsprecher und Menschen, die vor der Tür aus- und einstiegen. Gesehen habe ich nichts. Denn das Fenster war abgeklebt. Es war, als würde ich mit geschlossenen Augen durch die Wüste laufen. Vorbei an Oasen und Fata Morganas. Ohne jemals zu wissen, wann man anhalten und wann man weitergehen soll. Ich blieb einfach sitzen, bis sich der Zug nicht mehr bewegte. Wir hatten den Endbahnhof erreicht. »Bitte alle aussteigen«, hieß es wohl aus den rauschenden Lautsprechern. Schnell öffnete ich die Tür und sprang aus dem Zug.

Devi

IM ZIMMER

Die erste Nacht in Kuwait war schrecklich. Zwölf Stunden zuvor hatte ich noch meine Kinder im Arm gehalten, sie am Flughafen verabschiedet. Dann musste ich mich auf den Weg machen. Zu den Gates – zum Boarding – zum Sitzplatz. Geflogen bin ich davor noch nie und an den Flug selbst kann ich mich heute kaum noch erinnern. Ich war wie versteinert. Ich konnte nicht begreifen, was das alles bedeutete; für mich und meine Familie. Ich hatte große Angst. Denn ich war auf dem Weg zu Menschen, die ich nicht kannte, um eine Arbeit zu machen, über die ich nur wenig wusste. Alles war ungewiss. Und das machte mir Sorgen.

Als ich in Kuwait ankam, war es schon spät. Ich wurde vom Flughafen abgeholt und zu meinem neuen Arbeitsplatz gebracht. Dort zeigte man mir mein Zimmer. Alles weitere sollte am nächsten Tag besprochen werden.

Dort saß ich also im Haushälterinnenzimmer meiner neuen Arbeitgeber in Kuwait City. Draußen war es dunkel. Im Haus schliefen schon alle. Aber ich konnte kein Auge zutun, starrte an die Decke, an die Wände, auf die Bilder. Manchmal ging ich zum Fenster und beobachtete den großen Garten mit dem sorgfältig gepflegten Rasen. Nur selten sah ich ein Auto vorbeifahren. Es war ganz anders als in Indien. Die Straßen, die Häuser, die Menschen, der Geruch, alles war anders. In diesem Moment war ich unendlich traurig. Ich sehnte mich nach meinen Kindern, nach der Familie, nach Mumbai, meiner Heimatstadt. Ich war zuvor noch nie außerhalb Indiens gewesen. In Kuwait war alles neu, nichts kannte ich. Es war nicht klar, was die Zukunft bringen würde. Es war nicht klar, ob das alles einen Sinn hatte.

Am schlimmsten war aber der Gedanke, dass ich nicht für meine Kinder da sein konnte. Ich dachte mir: Was, wenn der Kleine nicht gut einschlafen kann? Was, wenn er wieder Bauchweh hat, so wie letzthin. Oder die Kleine Probleme in der Schule oder Kummer mit ihren Freundinnen? Wer kümmert sich dann um sie? Meine Schwester musste das für mich übernehmen. Ich vertraute ihr. Aber trotzdem, in dieser ersten Nacht bereute ich sehr, dass ich nach Kuwait gegangen war. Ich war vor lauter Heimweh und Sorgen so verzweifelt, dass ich am liebsten sofort zurück nach Indien geflüchtet wäre. Aber gleichzeitig wusste ich, dass ich in Kuwait bleiben musste. Denn ich brauchte das Geld für die Ausbildung meiner Kinder. Sie sollten eine Zukunft haben, nicht so enden wie ich. Und ich wusste, dass dieser Job als Haushälterin all unsere Rechnungen bezahlen würde.

Eigentlich hätte ich ja glücklich sein sollen. Über das schöne Haus und all den Luxus dort. Das Leben schien besser zu sein. Es war nicht so schwierig. Wir wohnten direkt an der Kuwait Bay, in Al-Salmiya. Das Haus hatte drei Badezimmer, eine große Küche und zwei Terrassen, die direkt zum Meer hinausgingen. Der Kühlschrank war bis an den Rand vollgefüllt und die Kühlung funktionierte. All das interessierte mich in dieser Nacht aber nicht. Denn das Einzige woran ich denken konnte, war an daheim.

Meine Gedanken drehten sich im Kreis. Ich dachte immer wieder daran, wie schnell alles gegangen war. Und wie leicht ich den Job gefunden hatte. In Noida drückte mir eine Freundin in der Fabrik den Anzeigenteil einer Zeitung in die Hand. In einer unserer kurzen Pausen warf ich einen Blick hinein. Da stand: Kuwaitische Familie aus der Oberschicht sucht eine professionelle Haushälterin aus Indien für Haushaltspflege und Kinderbetreuung, privates Zimmer im Haus wird zur Verfügung gestellt. Der Lohn klang vielversprechend. Nachdem die Pause zu Ende ging, legte ich die Anzeige zur Seite und beschäftigte mich zuerst nicht weiter damit. Doch während der Arbeit kam sie mir wieder in den Sinn. Und umso länger ich darüber nachdachte, desto besser gefiel mir die Idee. Ein bis zwei Jahre nach Kuwait, putzen, auf Kinder aufpassen und Geld verdienen, für unsere Zukunft. Das klang für mich besser, als bis zum Lebensende Tastaturen zusammenzubauen, die nicht genug einbrachten. Es klang besser, als andauernd an das Geld für den nächsten Einkauf denken zu müssen. Deshalb rief ich noch am selben Abend die Agentur an. Sie luden mich zu einem Vorstellungsgespräch ein. Und bereits am nächsten Tag telefonierte ich mit der Frau des Hauses in Kuwait City. Sie war Mutter, so wie ich. Wir verstanden uns, und sie wollte mich haben. Ich freute mich aber nur kurz darüber. Denn die Zeit drängte und nur wenige Tage danach fand ich mich voller Heimweh in diesem Haushälterinnenzimmer meiner neuen Arbeitgeber wieder.

OHRFEIGEN

Trotz all dem Heimweh waren die ersten Wochen in Kuwait City die besten. Die Familie behandelte mich gut. Sie zeigten mir alles: Was ich tun musste, wo die Haushaltsgeräte aufbewahrt und die Spielsachen verstaut wurden, wann die Kinder von der Schule abgeholt werden mussten, wie man die Alarmanlage bediente und so weiter. Die Familie war zu fünft. Ein Ehepaar und ihre drei Kinder. Sie hatten zwei Söhne und eine Tochter, alle jünger als fünfzehn Jahre. Die Eltern waren zu beschäftigt, um sich um sie und das Haus zu kümmern. Der Mann war von früh bis spät bei der Arbeit und die Frau verbrachte viel Zeit bei Freundinnen und beim Sport. Deshalb war ich meistens mit den Kindern allein. Nur am Abend war die Familie manchmal am Esstisch versammelt. Dort aber ohne mich, denn ich aß im Haushälterinnenzimmer.

G20s final declaration says : "We will work to reduce the average cost of transferring remittances from 10% to 5% by 2014, contributing to release an additional 15 billion USD per year for recipient families". 18/06/12-020

RÜCKÜBERWEISUNGEN VON MIGRANTEN STEIGEN – Migranten aus Entwicklungsländern werden im Jahr 2012 312 Milliarden Euro in ihre Herkunftsstaaten überweisen, so viel wie nie zuvor. Das sind 6,5% mehr als im Vorjahr. Laut einem aktuellen FAO-Report ist die globale Summe mittlerweile drei Mal so hoch wie die gesamte weltweite Entwicklungshilfe. 10/12/12–BPB · **MUSLIMS DENIED TRANSFERS** – Money transfer agencies have delayed or blocked thousands of cash deliveries on suspicion of terrorist connections simply because senders or recipients have first names like Muhammad or Ahmed. 06/07/06–NY-TIMES · There is a new major partnership between Western Union and Islami Bank Bangladesh Limited, the largest sharia-compliant bank, to provide remittance services to Bangladeshi expatriates. In January 2011, Bangladeshs government said there were "strong evidences of militant financing by the Bank and the Foundation." Bangladesh's announced in March 2011 that 8% of IBBL's profits are diverted as zakat to support militant jihad. 13/06/12–MONEYJIHAD ·

VERGEWALTIGUNGEN INDIEN – Im Jahr 2011 wurden in Indien offiziell 24.206 Vergewaltigungen registriert. Experten gehen davon aus, dass die Dunkelziffer 100-mal höher liegen könnte, das hieße ca. 6600 am Tag. 03/01/13–STANDARD ·

Es gab eine Menge zu tun. Die Tage waren lang. Aber das machte mir nichts aus. Denn ich wusste, dass ich mit jeder Stunde Arbeit Geld für meine Familie verdienen konnte. Meistens stand ich morgens um halb fünf auf. Ich half dem Koch bei seinen Besorgungen, bereitete das Frühstück zu, kaufte Zeitungen. Nachdem ich die Kinder zur Schule gebracht hatte, musste ich beim Mittagessen helfen. Danach meistens im Garten oder wieder im Haus arbeiten. Im Anschluss daran mussten die Kinder abgeholt werden. Dann beim Abendessen helfen, die Hausherren willkommen heißen und sie versorgen. Gegen sieben Uhr abends war ich schon sehr müde, die Augen fielen mir fast von selbst zu. Aber dann stand noch der Abwasch an. Und das Wohnzimmer musste auch noch aufgeräumt werden. So kam ich selten vor elf Uhr ins Bett. Wochenenden gab es für mich nicht.

Am Anfang war das alles erträglich. Denn ich wusste, dass Kuwait nicht ewig andauern würde. Und als ich meinen ersten Lohn bekam, gab mir das Kraft. Denn ich konnte mehr als die Hälfte des Geldes nach Hause schicken. Das half meinen Kindern sehr und mir gab es Mut, um weiterzumachen. Nach ein paar Wochen wurde es dann aber immer schlechter. Ich fühlte mich immer unwohler. Es begann damit, dass ich beim Putzen eine Vase vom Regal stieß. Sie zerbrach in 1000 Teile. Als ich die Scherben vor mir sah, bekam ich Panik. Ich dachte, dass ich bestimmt entlassen werde. Und ich hatte große Angst davor, es der Hausherrin zu sagen. Sie war aggressiv. Ihren Mann schrie sie oft an. Ihren Kindern gab sie manchmal Ohrfeigen, wenn sie zu laut waren. Direkt vor meinen Augen. Aber sie würde ja sowieso von der Vase erfahren, dachte ich mir. Deshalb ging ich gleich zu ihr.

Als ich es ihr gestand, wurde sie sehr wütend. Zuerst starrte sie mich nur an, dann schrie sie und beschimpfte mich. Es war ihre Lieblingsvase, ein besonders teures Stück aus Ägypten, von Freunden geschenkt. Am Ende schlug sie mir ins Gesicht. Ich kauerte am Boden und sagte nur, dass es mir schrecklich leid täte, dass es nie wieder vorkommen werde und ich den Schaden auch bezahlen könne. Da begann sie zu lachen. Ich verstand nicht, warum. Am Abend erklärte sie mir dann, dass sie mein nächstes Monatsgeld streichen und mir danach nur noch die Hälfte bezahlen würde. Wegen der Vase. Also arbeitete ich einen Monat lang für nichts. Ich konnte kein Geld heimschicken. Das tat mehr weh als jede Ohrfeige. Es fühlte sich an, als ob ich meine Kinder im Stich lassen würde.

Nach einem halben Jahr in Kuwait war ich sehr erschöpft und hielt es kaum noch aus. Ich hatte großes Heimweh und wusste nicht, wie lange ich noch durchhalten würde. Die Tage kosteten viel Kraft und ich fühlte mich zunehmend wie eine Gefangene. Der einzige Trost war weiterhin das bisschen Geld, das ich heimschicken konnte. Und die wenigen Telefonate mit meinen Kindern. Aber leider verboten mir die Hausherren, öfter als einmal pro Woche zu telefonieren. Sie sagten, es sei zu teuer. Weil ich meine Kinder so selten hörte, vermisste ich sie sehr oft.

An einem Abend war es so stark, dass ich es fast nicht aushielt. Ich musste unbedingt ihre Stimmen hören. Es war schon dunkel und die Kinder der Familie schliefen bereits. Die Hausherrin war an diesem Abend nicht da, aber aus dem Arbeitsraum des Hausherrn drang noch Licht. Ich ging zu ihm und erklärte ihm meinen Kummer. Mit verweinten Augen bat ich ihn darum, telefonieren zu dürfen. Er sagte nichts, schaute mich nur an. Dann stand er auf. Er kam zu mir und legte seine Hand um meine Hüfte. Mit der anderen strich er mir durch das Haar. Ich erstarrte, wollte weglaufen. Aber er hielt mich und fragte, ob ich mich nach einem Mann sehnen würde und wie sehr ich wirklich zum Telefon wollte. Mir rannen die Tränen über das Gesicht. Ich sagte, dass es nur eine Ausnahme sei und nie wieder vorkommen würde. Ich schwor es ihm. Er ließ mich los und meinte, dass es diesmal in Ordnung sei. Aber für das nächste Telefonat müsse ich mehr tun.

Als ich seinen Arbeitsraum verließ, zitterte ich am ganzen Körper. Am liebsten wäre ich sofort geflüchtet. Aber wohin? Was hätte ich denn tun sollen? Wenn ich mit jemandem über all die schrecklichen Dinge in diesem Haus gesprochen hätte, wäre ich sofort entlassen worden. Das war mir klar. Sie hätten

HAUSHALT BRUTAL: KUWAITERIN SCHLUG DIENSTMÄDCHEN ZU TODE – Eine Kuwaiterin schlug ihr asiatisches Dienstmädchen erst mit Gegenständen aus Metall und Holz zusammen. Dann warf sie die schwerverletzte Frau in eine Badewanne, wo das Opfer zehn Stunden lang lag, bevor es starb. Nun hat ein Gericht in Kuwait die brutale Frau zu sieben Jahren Haft verurteilt. 20/04/10–BLICK •

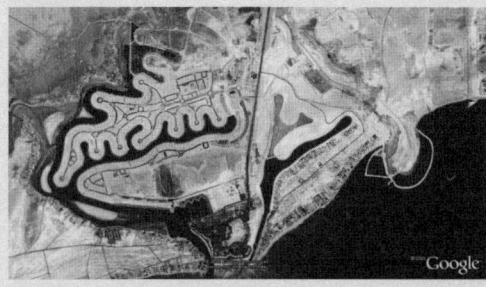 Kuwait leistet sich – wie andere Ölemirate auch – große Projekte für die Zeit nach dem Öl. Eines davon ist die Sabah Al Ahmad Sea City, mit der das Meer in Form von Hafenbecken in eine neu gebaute Stadt am Meer gebracht werden soll. Projektbudget: $ 27,000,000,000. 20/08/14–GLOBALDEFENCE •

KUWAITS REICHTUM – Die Boston Consulting Group zeigt in ihrem Global Wealth Report 2011 Kuwait in der Spitzengruppe. Diesem BCG-Bericht zufolge verfügen in Kuwait 8,5 % aller Haushalte über ein Millionenvermögen. Damit liegt der Ölstaat im globalen Vergleich auf dem fünften Rang. Hausangestellte aus dem Ausland machen 12,2 % der gesamten Einwohner Kuwaits aus. 25/08/14–WIKIPEDIA •

 Camp Arifjan is a US-Army installation located in the State of Kuwait which accommodates elements of US Air Force, US Navy, US Marine Corps and US Coast Guard. The camp was funded and built by the government of Kuwait. 08/06/12–WIKIP •

Camp Arifjan is about as luxurious a place you can find in the region as far as amenities on an actual operational military post. In addition to a movie theater, shopping areas including a modern PX building, fitness centers, outdoor stages hosting live bands, full food courts to include a donut shop and several fast food trailers, a library, DVDs you can check out and a lot of other stuff. 26/06/12–HUEYSGUNSIGHT •

Der Außenhandel der Schweiz steigt seit 20 Jahren kontinuierlich an. Bundesrätin Micheline Calmy-Rey hat am Sonntag Kuwaits Premier Sheikh Nasser Mohammad Al Ahmad Al Sabah einen offiziellen Arbeitsbesuch abgestattet. Der Besuch stand gänzlich im Zeichen der bilateralen Beziehungen und der Vertiefung der wirtschaftlichen Zusammenarbeit. Calmy-Rey sagte der Presse nach dem Treffen mit

dem Premier zufrieden, »die langjährigen bilateralen Beziehungen« zu Kuwait seien »exzellent«.

sich auf der Stelle eine neue Haushälterin besorgen können. Schließlich gab es genügend Interessierte. Dann hätte ich wieder zurück müssen, nach Indien. Meine Kinder und ich wären vor dem Nichts gestanden. Deshalb musste ich durchhalten.

EINKAUFEN

Nach acht Monaten hielt ich es kaum noch aus. Ich war so müde und traurig, schleppte mich nur noch von einem Tag zum nächsten. Jeden Abend überlegte ich mir, wie es weitergehen sollte. Irgendetwas musste sich einfach ändern. Denn so hatte ich keine Hoffnung mehr in mir. Ich hatte kaum noch Kraft. Die Ringe unter den Augen gingen nicht mehr weg. Ich hatte andauernd Kopfschmerzen und aß fast gar nicht mehr. Außerdem hatte ich große Probleme mit meinem Arm. An manchen Tagen konnte ich ihn gar nicht heben. Wovon das genau kam, wusste ich nicht. Ich wusste nur, dass es mit der Zeit immer schlimmer wurde. Und ich hatte keine Ahnung, wie lange mein Körper noch durchhalten würde.

An einem Sonntagabend, als ich mich gerade um den Abwasch kümmerte, verkündete der Hausherr dann völlig unerwartet, dass wir alle in die Schweiz reisen würden. Die Familie wollte dort Urlaub machen und Geschäfte erledigen. Vier Wochen wollten sie dort bleiben. Und ich sollte mitkommen, auf die Kinder aufpassen, kochen und putzen. Also stieg ich zum zweiten Mal in meinem Leben in ein Flugzeug, mir blieb nichts anderes übrig. Der Flug dauerte lange. Insgesamt 14 Stunden. In Istanbul mussten wir in ein anderes Flugzeug umsteigen. Als wir endlich in der Schweiz ankamen, war ich sehr müde. Ein Fahrer holte uns vom Flughafen ab und brachte uns direkt zum Apartment. Es lag in Zürich, direkt am See. Mit eigenem Steg, einem großen Garten und riesigen Fenstern. Es sah aus wie im Paradies.

Während die Frau gleich mit ihren Kindern in den Zoo ging, blieb der Mann im Apartment. Denn er wollte seinen Geschäftspartner empfangen. Ich musste in der Zwischenzeit acht Zimmer, Terrasse und Balkon putzen. Er sagte mir, dass ich dabei keinen Lärm machen solle, denn er wollte auf gar keinen Fall gestört werden.

Das Apartment war groß, deshalb brauchte ich lange, um alles sauber zu bekommen. Der Geschäftspartner war schon wieder weg, aber die Frau mit den Kindern noch nicht wieder da, als ich den letzten Raum putzte. Ich schrubbte gerade den Boden. Nach einiger Zeit richtete ich mich auf, um neues Wasser zu holen. Da stand der Hausherr plötzlich hinter mir. Ich erschrak. Anscheinend hatte er mich die ganze Zeit beobachtet. Ich hatte es nicht bemerkt. Er lachte mich an und fragte, wie es mir gehen würde. Mir wurde unwohl, denn so etwas hatte er mich noch nie gefragt. Ich antwortete »gut« und wollte so schnell wie möglich an ihm vorbei, aus dem Zimmer hinaus. Doch als ich mich mit dem Wassereimer an ihm vorbeidrängen wollte, versperrte er mir den Weg. Ich sagte, dass ich den Eimer nachfüllen müsse. Aber er flüsterte mir ins Ohr, dass er schon lange auf diese Gelegenheit gewartet habe. Zuerst griff er mir mit der Hand an meinen Oberschenkel. Dann begann er mich zu küssen. Es war abscheulich. Ich wusste nicht, was ich tun sollte. Er merkte anscheinend nicht, wie fürchterlich das für mich war. Dann griff er mir unter die Bluse. Das war zu viel für mich. Ich sagte ihm, dass ich sofort in die Stadt müsse, um noch Essen und Trinken zu kaufen. Schließlich war es schon fast Abend, und die Kinder würden bald Hunger bekommen, wenn sie erst einmal da wären. Ich drückte ihn zur Seite und lief hektisch zum Ausgang. Dabei schrie ich, dass es mir sehr leid tun würde. Er dürfe das nicht falsch verstehen. Aber schließlich sollten doch alle etwas zu essen haben. Ich war sicher, dass er mich auf der Stelle entlassen und vor die Tür setzen würde. Aber er stand nur stumm in dem Zimmer. Erst kurz bevor ich die Tür hinter mir schloss, sagte er etwas. »Gut, geh Essen kaufen. Aber glaube nicht, dass ich vergesse, wo wir waren. Wir machen ein anderes Mal weiter. Denk daran.« Ich schloss die Tür und flüchtete ins Freie. Was für ein Albtraum.

Dann war ich mitten auf der Straße, ich hatte keine Ahnung, wo ich war, oder wohin ich gehen sollte. Aber das war mir in diesem Moment auch egal. Ich wollte einfach nur so schnell wie möglich weg von diesem Mann, von dieser Familie. Ich lief einen Weg am See entlang, vorbei an großen Häusern und badenden Kindern. Ich atmete schnell, mir war heiß, aber ich ging ohne stehenzubleiben weiter. Den Weg säumten hohe Bäume, ich sah Spielplätze und kleine Wiesen. Manchmal gabelte sich der Weg, dann nahm ich einfach die Abzweigung, die breiter war. Nach einiger Zeit hatte ich mich weit von dem Haus entfernt. Ich wusste nicht mehr, wo ich war. Aber ich blieb trotzdem nicht stehen; zitterte noch immer. Ziel hatte ich keines, nur weg wollte ich. Ich ging einfach weiter. So schnell ich konnte.

Irgendwann auf diesem endlosen Weg, in diesem ganzen Chaos, zwischen all den unbekannten Gesichtern und Häusern, verstand ich plötzlich: Das war vielleicht meine beste Chance zur Flucht. Die beste Möglichkeit, um diesen Tyrannen für immer zu entkommen. Vielleicht die beste Möglichkeit, um ein neues Leben zu beginnen. Vielleicht auch ein besseres. Ich dachte an die letzten Monate, an meine Kinder, und ich dachte daran, dass es für sie keinen Unterschied machen würde, ob ich ihnen von Kuwait oder der Schweiz aus Geld schicken würde. Sehen konnte ich sie so oder so nicht. Und Haushälterinnen braucht man schließlich überall. Ich kannte in diesem Land zwar nichts und niemanden, aber ich hatte genug von meinem alten Leben. Von all den Demütigungen und Belästigungen. Es war genug, ich war müde. Und mit jedem Schritt, mit dem ich mich weiter von dem Haus entfernte, begann ich mehr an meine Möglichkeiten in dieser fremden Stadt zu glauben.

João

AUSROLLEN

Ich suchte den Horizont nach einer Kirchturmspitze ab. Aber da war keine. Nichts zu sehen. Ich hatte auch keine Ahnung, wann das nächste Dorf kommen würde. Ich wusste nur, dass mein Tank so gut wie leer war. Der Motor stotterte schon heftig. São Paulo lag ungefähr 500 Kilometer hinter mir. Was vor mir lag, wusste ich nicht. Und die Landstraße war wie leergefegt. Das letzte Dorf hatte ich vor ungefähr dreißig Minuten durchquert. Seitdem war weit und breit nichts zu sehen.

Mein Herz raste noch immer wie wild. Die Schießerei in Jabaquara – ich fragte mich, ob Elvira schon tot war, ob ich sie wirklich erschossen hatte. Das Ganze kam mir wie ein Traum vor. Ich überlegte mir, dass das PCC mittlerweile hinter mir her sein müsste. Denn es war ihnen wohl nicht egal, dass eine Favelabossin auf ihrem eigenen, dreckigen Boden verblutete. Auch ihre Schwiegersöhne wollten wohl Rache, mich abknallen oder sonst etwas mit mir anstellen. Wahrscheinlich brachen sie gerade die Tür meiner Wohnung auf, durchsuchten die Schränke und fragten meine Nachbarn aus. Vielleicht suchten sie auch vor den Clubs der Playboys nach mir. Sie waren bestimmt außer sich vor Wut und setzten alles daran, um mich so schnell wie möglich zu finden. Mir war klar, dass ich nie wieder einen Fuß nach São Paulo setzen konnte.

AM WEG — JOÃO

Aber daran konnte ich jetzt auch nichts mehr ändern. Es war geschehen. Auch, wenn ich es so nicht gewollt hatte. In diesem Augenblick brauchte ich zuerst einmal eine Kirche. Dort wollte ich um Schutz ansuchen und danach weitersehen. Ein Pfarrer würde mir bestimmt irgendwie helfen können.

Nach einiger Zeit war der Tank meines Wagens dann endgültig leer. Ich hörte die Pumpe nur noch Luft ansaugen. Kurz danach ging nichts mehr. Der Wagen rollte aus und ich stand mitten auf der Landstraße. Im Nirgendwo. Ohne fahrbaren Untersatz. Ich wusste, wenn ich noch am selben Tag eine Kirche finden wollte, würde ich eine Mitfahrgelegenheit brauchen. Aber beim Auto warten konnte ich auf keinen Fall. Die Gefahr, Diebe anzulocken, war zu groß. Deshalb ließ ich es einfach am Straßenrand stehen und ging die Landstraße entlang. Es war heiß. Der Asphalt warf die Sonnenstrahlen auf meinen Körper zurück und ich spürte den Schweiß über mein Gesicht laufen. Ich hatte nichts zu trinken, Tankstellen gab es keine. Am Weg versuchte ich zwei Stunden lang vergeblich, Autos anzuhalten. Aber niemand wollte stehenbleiben. Wahrscheinlich dachten sie alle, dass ich sie ausrauben wollte.

Dann hatte ich Glück. Ein bulliger LKW-Fahrer sah mich und lenkte seinen Laster an den Straßenrand. Er lehnte sich aus dem Fenster und fragte, was ich hier treiben würde. Nachdem ich ihm erklärt hatte, dass meine Karre den Geist aufgegeben habe und ich zum nächsten Dorf wolle, sagte er, dass es gute 50 Kilometer bis nach Birgui seien, er mich aber mitnehmen könne. Mir fiel an seinem Kennzeichen auf, dass er aus São Paulo war. Aber ich dachte mir nichts weiter dabei und stieg ein.

Während der Fahrt kamen wir ins Gespräch. Oder besser gesagt, der Fahrer war in Redelaune. Anscheinend hatte er schon seit längerem keinen Gesprächspartner mehr gehabt. Deshalb hörte ich nur zu. Er erzählte mir von seiner Arbeit und er erzählte mir von den Restaurants, in denen er am Weg gerne aß und von den Liedern, die sie dort spielten. Es war ziemlich langweilig und ich schlief dazwischen immer wieder für kurze Zeit ein. Dann kam er aber auf São Paulo zu sprechen.

AM WEG — JOÃO

Er sagte, dass er seine Firma dort habe. Wegen der Krise wäre er fast Pleite gegangen. Ich fragte ihn, wie er die Zeit überstanden habe. »In São Paulo gibt es so eine Organisation, die hat mich unterstützt. Sie haben mir geholfen, indem sie mir Geld und einen LKW geliehen haben. Sie nennen sich Hauptstadtkommando. Vielleicht hast du schon von ihnen gehört.« Mein Herz schlug schneller. Ich saß mit einem PCC-Mitglied in seinem Laster. Und ich hatte erst vor ein paar Stunden eine Favelabossin des Hauptstadtkommandos erschossen. Ich konnte es nicht glauben. Waren denn alle Bewohner São Paulos beim PCC? »Hast du schon von ihnen gehört?«, wollte er wieder wissen. Ich tat so, als würde ich das PCC nicht kennen. So, als hätte ich noch nie etwas von ihnen gehört. Ich lobte es sogar für seine Großherzigkeit, durch die das Unternehmen des Fahrers gerettet worden war. Zum Glück bemerkte er nichts. Ich hoffte nur, dass er mich nicht nach meiner Geschichte fragen würde. Aber er war zufrieden mit dem, was ich gesagt hatte und kurz darauf erzählte er auch schon wieder von sich. Ich atmete erst einmal durch.

Nach ungefähr einer Stunde erreichten wir endlich das Dorf Birgui. Der Fahrer ließ mich hinaus und wünschte mir alles Gute. Ich warf die Tür zu. Der LKW fuhr los und wurde schnell kleiner. Bald war er nur noch ein Punkt in der Ferne. Ich war froh, dass ich es bis hierher geschafft hatte.

BEICHTEN

Vom Dorfrand aus sah ich schon die Kirchturmspitze. Der Weg dorthin war kurz – ich musste nur der Dorfstraße folgen. Während ich der Kirche näher kam, fiel mir auf, dass auf der Straße keine Menschen waren. Das Dorf war tot. Niemand kam mir entgegen, niemand sah aus den Fenstern. Es gab keine Supermärkte, keine Spielplätze, nichts. Keine Menschen, keine Tiere. Nur ein gottverlassenes Haus neben dem anderen. Ich dachte mir, dass das ein gutes Zeichen war. Denn umso weniger Menschen es hier gab, desto geringer war die Gefahr entdeckt zu werden.

AM WEG — JOÃO

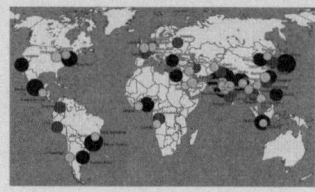

JUNGE MENSCHEN ZIEHEN IN DIE METROPOLEN – Noch vor wenigen Jahren war das Häuschen im Grünen der Traum vieler Deutscher. Heute ziehen sie lieber in die Großstädte und folgen damit dem globalen Trend. 2009 lebte erstmals mehr als die Hälfte aller Menschen weltweit in Städten. Langfristig wird der Trend zur Urbanisierung weiter zunehmen. Von 2010 bis 2025 rechnet die UN mit einem Anstieg der urbanen Bevölkerung um ca. ein Drittel. Ca. 50 % davon werden in Megastädten (Bild: Städte mit mehr als 10 Mio. Einwohnern) leben. 17/06/14–WELT ·

CHINAS INTERNAL MIGRANTS – Almost 40% of the rural population of China has migrated to bigger cities within the country (image: Zheijiang Village). But actually the Chinese Hukou registration system does not allow its internal migrants to work, receive adequate health benefits and schooling outside of their region, so these people live and work illegally in China, far from their home . 17/03/10–SOCIALVENTUREGROUP ·

CONTAINER-STANDARD UND -TRANSPORT – In genormten 20-Fuß-Containern werden täglich Millionen Tonnen Waren billig, schnell und weltweit über eine Kette von Verkehrsmitteln von den Produzenten zum Einzelhandel versendet. Transportkosten spielen bei diesen global gehandelten Produkten kaum noch eine Rolle. 11/05/13–WIKIPEDIA •

 Trotz lahmender Weltkonjunktur bleibt die Logistikbranche ein Wachstumsmarkt. Asien gilt als Wachstumsmotor. Heute bewältigt die Seefracht 98% der Warenströme zwischen den Kontinenten. 2003–SIEMENS •

Hanjin Boston: Länge: 300m, Breite: 43m, Bruttogewicht: 83.000 Tonnen. Im Hafen Hamburg wurden 2013 Schiffe mit Gütern im Gesamtgewicht von 139 Millionen Tonnen be- und entladen. 2,3 Mio. Container waren zwischen Hamburg und Russland, Skandinavien, Polen und den Baltischen Staaten unterwegs. Auch der Verkehr zwischen Hamburg und Asien hat zugelegt: Aktuell liegt er bei 4,9 Mio. Boxen. 27/02/14–WIKIMEDIA •

X-RAYS FIND MIGRANTS PACKED INTO TRUCKS – Mexico City: X-ray machines at checkpoints in southern Mexico are capturing the ghostly outlines of a clandestine business worth billions a year, people packed tighter than cattle and transported like consumer goods in tractor trailers to the US. 24/07/13–CNN •

Kiva Systems ist auf Roboter-Technologien spezialisiert, durch die Lager mit weniger Mitarbeitern betrieben werden können. Das US-Unternehmen wurde nun von Amazon für 775 Mio. US-Dollar gekauft. 20/03/12 – HZ/KIVA

Nachdem ich mehrmals an das Holztor der Kirche geklopft hatte, öffnete der Pfarrer. Er war ein drahtiger Mann mit brauner Kutte; bestimmt schon über 80 Jahre alt. Man sah ihm das Alter an. Er hatte tiefe Furchen im Gesicht und kaum noch Haare auf dem Kopf. Mit der rechten Hand stützte er sich auf einen Gehstock. Die meisten Zähne fehlten ihm. Ich war froh, dass die Kirche nicht leer stand.

Er stellte sich als Vater Marcelo vor und fragte, wie er mir helfen könne. Ich erklärte es ihm und nur fünf Minuten später saß ich schon auf dem Beichtstuhl, er mir gegenüber. Eine Holzwand mit dünnen Schlitzen trennte uns voneinander. Dann längere Stille. Wir waren alleine. Die Kirche war genauso verlassen wie das Dorf. Schließlich forderte er von mir, ihm von all meinen Sünden zu erzählen. Vor Gott. Ich bin bis dahin nur ein paar Mal, während meiner Kindheit, bei der Beichte gewesen. In São Paulo beichtete ich nie, obwohl ich dort viel zu erzählen gehabt hätte.

Ich war nicht sonderlich gläubig. Aber ich respektierte die Kirche. Und ich wusste, dass mir der Pfarrer nur helfen würde, wenn ich mich ihm anvertraute, wenn ich ehrlich mit ihm war. Also erzählte ich. Von den Anfängen in São Paulo, von der Krise, den langen Schlangen vor dem Arbeitsamt, meinem Nachbarn, dem Hauptstadtkommando, von Elvira und ihren Aufträgen, den Drogen, den Playboys und schließlich der Schießerei und meiner Flucht. Er hörte mir zu, ohne viel zu sagen. Fragen stellte er nur wenige. Manchmal verstand er etwas nicht, wollte Dinge genauer wissen oder hören, warum ich dies oder das getan hatte. Aber als ich nichts mehr zu sagen hatte, blieb er stumm. Ich wurde ungeduldig. Ich dachte, dass er vielleicht Angst vor mir hatte. Deshalb erklärte ich ihm, dass ich seine Hilfe bräuchte. Ich fragte ihn, ob ich mich bei ihm vor den Mitgliedern des Hauptstadtkommandos verstecken könne. Er antwortete darauf etwas in die Richtung von: »Du hast schreckliche Dinge getan, mein Sohn. Aber wenn du bereit bist, dich von deinen Sünden reinzuwaschen, dann werde ich dich aufnehmen. Ich vertraue dir. Gott wird dir vergeben.« Ich hatte zwar keine Ahnung, was er damit meinte, aber anscheinend wollte er mir Schutz in seiner Kirche geben. Ich dankte ihm und sagte, dass er mir damit das Leben retten würde und ich voller Reue sei.

Die nächsten Wochen verbrachte ich in einem kleinen Hinterzimmer der Kirche, in das kaum Licht fiel. Zu Beginn war ich andauernd nervös. Ich ging nie vor die Tür und wollte von niemandem gesehen werden. Denn wenn sich herumgesprochen hätte, dass Vater Marcelo einen Mann aufgenommen hatte, dann würde die Nachricht schnell die Runde machen. Und das konnte, wenn ich Pech hatte, für mich gefährlich werden. Aber Vater Marcelo half mir zum Glück dabei, nicht hinausgehen zu müssen. Er gab mir zu essen und stellte mir alle Räume zur Verfügung, die auch er nutzte. Manchmal wollte er, dass ich gemeinsam mit ihm bete. Dann setzte ich mich einfach neben ihn, faltete die Hände und wartete, bis er fertig war. Das war aber auch schon alles. Er drängte mich nie und gab mir Zeit zum Nachdenken. Als Gegenleistung half ich ihm beim Putzen und sorgte ein wenig für seinen Hund, gab ihm zu fressen und spielte mit ihm.

An manchen Abenden aßen wir gemeinsam. Weil die Sonne dann manchmal schon untergegangen war und die Kirche keinen Stromanschluss hatte, zündeten wir eine Kerze an. Wir konnten uns kaum sehen, so dunkel war es. An einem dieser Abende sprachen wir über meine Zukunft. Ich sagte ihm, dass ich nicht wüsste, wie es weitergehen solle. Ich konnte ja schließlich nicht ewig bei ihm bleiben. Aber ich wusste auch nicht, wohin ich gehen sollte. Da begann Vater Marcelo von einem Mann zu erzählen, den er vor einigen Jahren aufgenommen hatte. Er hatte bei ihm Zuflucht gesucht, weil sein Vater von Mitgliedern eines Dorfclans erschossen worden war. Auch ihm drohte die Hinrichtung. Er sagte, dass ich ihn an diesen Mann erinnern würde. Unsere Situation war anscheinend vergleichbar mies. Damals sammelte Vater Marcelo Spenden für ihn. An jedem Sonntag gab er in der Messe den Spendenkorb aus. Er sagte, dass die Kirche Geld für einen leidenden Bruder bräuchte. Die Leute hatten zwar nicht viel, aber sie vertrauten ihm. Dadurch kam in kurzer Zeit einiges zusammen. Mit den Spenden besorgte er dem Mann über einen befreundeten Pfarrer in São Paulo Papiere und Flugtickets nach Europa. Dort konnte der Mann ein neues Leben beginnen. Zunächst wohnte er bei einem Pfarrer in Madrid und sobald er Fuß gefasst hatte, zog er in ein kleines Zimmer in der Vorstadt. Dort musste er keine Angst davor haben, gefunden und hingerichtet zu werden. Er musste sich nicht an jeder Straßenecke davor fürchten, niedergeschossen zu werden. Und er konnte so auch keine Dummheiten machen, indem er versuchte, seinen Vater zu retten. Dazu war er einfach zu weit weg. Außerdem waren die Jobaussichten in Europa sowieso viel besser für ihn. Er hatte dort die Möglichkeit, Geld zu verdienen und sich etwas aufzubauen. Das Leben war sicherer, die Städte sauberer, die Wohnungen schöner. Am Ende sagte Vater Marcelo, dass wir das Gleiche nochmals versuchen könnten. Seine Kontakte zur europäischen Kirche seien noch immer sehr gut. Ich solle es mir überlegen, das waren seine Worte.

CAMOUFLAGE

Ich dachte fast eine ganze Woche lang über den Vorschlag von Vater Marcelo nach. Europa war weit weg. Sehr weit. Das war gut, weil ich dort vor dem Hauptstadtkommando sicher wäre. Und es war auch gut, weil es eben Europa war. Man hörte nur Gutes darüber. Keine Krisen, genug Geld, genug Arbeit, allen ging es gut, alle waren glücklich. Mehr oder weniger. Der Nachteil war, dass ich dort niemanden kannte. Ich wusste nicht, was ich dort machen und wohin ich gehen sollte. Meine Eltern und meinen Bruder würde ich vielleicht nie wiedersehen. Alles würde sich verändern. Aber alles hätte sich so oder so verändert. Denn wieder nach São Paulo gehen und weitermachen wie bisher konnte ich auf keinen Fall. Aber in Europa würde ich bestimmt ein besseres Leben finden ... Ja, ich entschied mich für Europa. Ich entschied mich für ein neues Leben. Weit weg von den Favelas, dem Hauptstadtkommando und seinen verdammten Mitgliedern.

AM WEG — JOÃO

PULL-FAKTOREN, DIE MIGRATION IN EIN LAND BEGÜNSTIGEN: Hochkonjunktur / Sicherheit / gutes Bildungs- und Gesundheitssystem / Toleranz / günstige Einwanderungsgesetze / Diaspora 24/08/14–WIKIPEDIA • 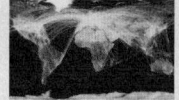 Verbindunsnetzwerk von Fluggesellschaften global, dem Dachverband ACI gehören 1650 Flughäfen in 177 Ländern an. 2009–BPB •

 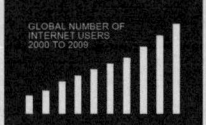 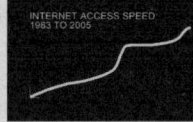 Anzahl von Mobiltelefonkonten weltweit (2000–2013) / Anzahl von Internetnutzern weltweit (2000–2009) / Entwicklung der durchschnittlichen Internet-Anschlussgeschwindigkeit (1983–2005). Networks have made it much faster and cheaper to cross the globe, virtually and in reality. The growth of global social networks and diasporas have made it much easier to move to another country and adapt to a society. 2009–IOM •

 **TREND: SMARTPHONES SETZEN SICH DURCH** – 2013 wurden weltweit erstmals mehr internetfähige Mobiltelefone als herkömmliche Mobiltelefone am Markt gekauft. Die Produzenten profitieren dabei vor allem von der starken Nachfrage in den Schwellenländern Asiens. 24/08/14–WIKI •

BRASILIENS FREIKIRCHE MACHT DEN GLAUBEN ZUM GESCHÄFT – Die Universalkirche des Königreichs Gottes hat 8.000 Kirchen in über 100 Ländern der Welt. Radio- und TV-Stationen gehören ebenso zu ihr wie Tourismus-Unternehmen und Verlage. Sie verkauft eigene Zeitungen und Musik-CDs. Die Universalkirche ist über ein Franchising-System organisiert, wie ein McDonald's-Restaurant. Die Franchisenehmer müssen monatlich eine feste Summe überweisen. Wer nicht zahlt, wird dichtgemacht. 14/06/10–FAZ •

Die Gläubigen einer brasilianischen Freikirche werden aufgefordert, Geld zu spenden. Manchmal wird die Kollekte direkt per Kreditkarte eingezogen. Erfolgreiche Prediger können sich so ihren Lebensunterhalt finanzieren. 14/06/10–FAZ

Gleich am nächsten Morgen erzählte ich Vater Marcelo von meiner Entscheidung. Er umarmte mich und sagte, dass ich das Richtige tue. Er wollte alles in die Wege leiten. Zwei Wochen würde es ungefähr dauern, bis alles bereit sei. Solange müsste ich mich noch gedulden.

Am nächsten Tag kam er dann noch einmal zu mir. Er fragte mich, ob Zürich für mich in Ordnung sei. Ich hatte keine Ahnung, wovon er sprach. Er erklärte mir dann, dass eine Stadt in der Schweiz so heißen würde. Er würde mir ein Flugticket dorthin besorgen, weil er einen Zürcher Pfarrer namens Roth kenne, der mir helfen könnte. Dieser Mann würde mich vom Flughafen abholen und mich die erste Zeit bei sich wohnen lassen. Er würde mir alles Nötige zeigen und mir helfen, Arbeit und eine Wohnung zu finden. Er war ein alter Freund von Vater Marcelo. Natürlich sagte ich ja. Was hätte ich denn sonst sagen sollen? »Nein, ich würde lieber nach Portugal gehen, weil ich die Sprache dort spreche«? Ich wollte einfach so schnell wie möglich raus aus Brasilien. Ich hatte das Land satt, genug von der Scheißgewalt, den Drogen und der Armut. Und es war mir egal, wie ich von dort wegkam und wo ich in Europa landete. Die Sprache konnte ich lernen. Ich konnte mich anpassen. Es gibt immer Wege, um zu überleben.

Dann erklärte mir Vater Marcelo noch etwas. »Ich hoffe, du hast kein Problem damit, dich als Pfarrer auszugeben. Denn der Plan ist, dich als Jungpfarrer zu tarnen, der zu Studienzwecken in die Schweiz geht. Pfarrer Roth kann Portugiesisch, deshalb werden die Beamten hoffentlich keinen Verdacht schöpfen.« Natürlich hatte ich kein Problem damit. Wenn es nötig gewesen wäre, hätte ich mich auch als Affe verkleidet. Ich wollte nur wissen, warum ich mich überhaupt tarnen musste. Ich fragte mich, warum ich nicht einfach als normaler Tourist einreisen konnte und ob das nicht für alle einfacher gewesen wäre. »Weil dich die Schweizer sonst nach drei Monaten schon wieder nach Hause schicken. Und wenn du nicht von selber gehst, suchen sie dich. Und wenn sie dich finden, zwingen sie dich, zu gehen oder sperren dich ein. Deshalb geben wir dir gefälschte Papiere. Gefälschter Pass, gefälschte

WAFFENHANDEL – Das Stockholm Intern. Peace Research Institute schätzt das Volumen des internationalen Waffenhandels auf 45 Milliarden US-Dollar jährlich. Die meisten Waffen werden in Entwicklungsländern gekauft. Weltweit sterben jährlich ca. 740.000 Menschen an den direkten und indirekten Folgen von Waffengewalt. 2012–SIPRI · LORD OF WAR – There are over 500.000 millions firearms in worldwide circulation. That is one firearm per every twelve people on the planet. The only question: How do we arm the other eleven? 2005–LORDOFWAR ·

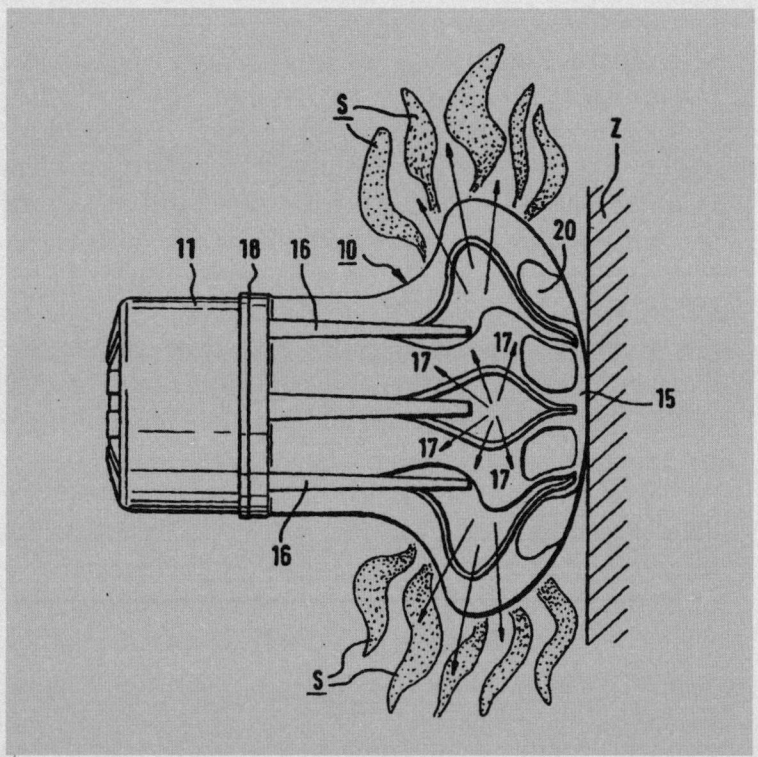

Schusswaffenmunition – Der weltweite Handel mit Schusswaffenmunition beläuft sich jährlich auf ein Volumen von 4,3 Milliarden US-Dollar und übertrifft damit erheblich die Geschäfte mit Schusswaffen (2,68Mrd.). Dennoch gibt es kaum internationale Regeln, wohin und wofür Munition geliefert werden darf. Wegen mangelnder Kontrolle gelangen große Mengen an Munition legal an Staaten in Krisenregionen, die sie danach illegal an Bürgerkriegsparteien weiterleiten. 30/05/12–OXFAM ·

Die 10 größten Waffenexport-Nationen (Umsatz in Millionen US-Dollar):

Russland	8.280
USA	6.150
China	1.840
Frankreich	1.490
Vereinigtes Königreich	1.390
Deutschland	970
Italien	810
Spanien	600
Ukraine	590
Schweden	510
Niederlande	300

Zeugnisse und so weiter. Wenn du erst einmal in der Schweiz bist, dann wirfst du sie einfach weg. So kannst du keine Probleme bekommen. Vielleicht sucht man dich, aber man wird dich nicht finden, denn du bist ein Geist. Gott vergib uns.« Das klang einleuchtend. Also würde ich mir eine Kutte umwerfen und eine Bibel bei mir tragen.

Ein paar Stunden später klopfte Vater Marcelo noch einmal an meine Tür. Er sagte, dass es ihm sehr unangenehm sei, aber er müsse mich um noch etwas bitten. Er wollte, dass ich Stellen aus der Bibel auswendig lernte. Nur zu Sicherheit. Falls die Schweizer Behörden bei der Einreise misstrauisch werden würden. Da begann ich zu lachen. Was für ein verrückter Plan das war! Ich dankte ihm und sagte, dass ich bis zu meinem Abflug täglich die Bibel studieren würde. Das war mir gar nicht unrecht: So lernte ich etwas und musste nicht die ganze Zeit mit meinen eigenen Sorgen über die Zukunft verbringen. Am Ende würde ich sie vielleicht sogar besser kennen, als er sie kannte.

Zwei Wochen später war dann alles organisiert. Ich hatte einen Pass und Zeugnisse. Mein neuer Name war Carlos Zacha. Ich war um vier Jahre älter als in Wirklichkeit und ich war offiziell im dritten Semester meiner Ausbildung. Ich fragte mich, wie Vater Marcelo so schnell an all diese Dokumente herangekommen war. Aber eigentlich konnte es mir egal sein. Ich war froh, dass er diese Wege kannte. Mein Flug ging in zwanzig Stunden vom Flughafen São Paulos. Bald mussten wir los. Noch ein letztes Mal durch die alte Stadt. Natürlich war ich nervös. Beim Gedanken an São Paulo bekam ich zittrige Hände. Das PCC, die Waffe, meine Schüsse in Elviras Körper, wie sie taumelte und schließlich fiel. Ich sah die Szenen zum hundertsten Mal wie einen Film vor meinen Augen ablaufen. Aber ich wollte mich einfach am Hintersitz des Taxis verstecken und mich so klein wie möglich machen. Bis zum Flughafen. Es würde schon gutgehen.

Sissoko

AUTOGARE

In Gao wollten alle nach Europa. Hauptsächlich junge Männer. Aber auch ein paar Frauen. Wie man dorthin kam, fand man leicht heraus. Denn es gab viele Menschen, die es einem erklärten. Natürlich nur für Geld. Als wir in Gao ankamen, stand gleich bei der Busstation einer. Er sagte, dass er den Weg nach Europa kenne. Ich gab ihm die geforderten fünf Dollar. Dafür erklärte er mir, dass ich zuerst in den Niger, nach Agadez, müsse. Von dort aus würden große Transporter nach Libyen abfahren. Ich fragte ihn, ob ich dafür Dokumente benötigen würde. Er schüttelte nur den Kopf. »Von Agadez an reist man als Illegaler. Dokumente brauchst du keine. Was du brauchst, ist Geld. Denn damit musst du die Soldaten am Weg durch die Wüste bestechen.« Ich hoffte, dass ich genug bei mir hatte. Meine Frau und ich hatten unsere letzten Ersparnisse zusammengekratzt und bekamen dann auch noch etwas von unseren Eltern – so kam ich auf 2.500 Dollar.

Zwei Stunden später saß ich mit 40 anderen Leuten im Bus nach Agadez. Wir legten 1.200 Kilometer auf einer holprigen Piste zurück. Weil die Straße voller Schlaglöcher war, konnten wir nicht schnell fahren. Trotzdem wurden wir hin- und hergeworfen. Die Fahrt zog sich länger als 24 Stunden hin, es war heiß und in dem Bus waren alle Plätze besetzt.

SCHWEIZER FACHKRÄFTEMANGEL – Der Fachkräftemangel in der Schweiz nimmt zu. 18% der Schweizer Unternehmen wollen nach ihren Angaben 2011 zusätzliches Personal einstellen. 26/01/11–KMU.ADMIN +++ Die Zulassung von erwerbstätigen Ausländern in der Schweiz erfolgt im Interesse der Gesamtwirtschaft. 26/01/11–AUG · BRAIN DRAIN AFRIKA – Entwicklungsorganisationen warnen davor, aus afrikanischen Staaten gerade jene qualifizierten Arbeiter abzuwerben, die zu Aufbau und Entwicklung dringend gebraucht würden. 12/06/14–RTL ·

CHINA IN AFRIKA – Der Staat China investiert seit Jahren Milliarden in Großprojekte in Afrika und generiert so zahlreiche Arbeitsplätze. Die chinesische Entwicklungspolitik gerät aber immer wieder in die Kritik, da sie autoritäre Regime unterstützt, wie z.B. Robert Mugabes Simbabwe, dessen Handel mit Peking 2011 um 62% wuchs. 13/01/11–FORMAT ·

Die Rallye Dakar, durchgeführt vom französischen Sport-Großunternehmen A.S.O., gilt als anspruchsvollste und gefährlichste Rallye der Welt. Seit Beginn der Rallye im Jahr 1978 starben mehr als 80 Menschen. Als die Rallye noch durch die Sahara führte, war die Region oft noch Wochen nach dem Rennen ohne Treibstoff. 2013–WISSEN.DE ·

Meine Reisegefährten hatten alle denselben Plan, das war eindeutig. Alle redeten von Europa. Von Tanten und Cousins in Paris, Toulouse oder Valencia. Sie redeten von ihren Ideen, Plänen und Träumen. Die meisten hatten eine Ausbildung; sie hatten einen Schulabschluss oder sogar studiert und hätten auch in Afrika überleben können. Aber sie wollten ein besseres Leben, weg von dem Elend, genauso wie ich.

Als wir in Agadez ankamen, dachte ich, das ist die traurigste Stadt, die ich jemals gesehen habe. Sie liegt am südlichen Rand der Sahara. Von dort an gibt es nur noch Sand. Überall sieht man bettelnde Kinder und hungernde Menschen. Viele von ihnen sind »Stranded People«, Männer, die sich die Weiterreise nach Europa nicht leisten können. Sie versuchen in Agadez einen Job zu finden, damit sie das Ticket bezahlen können. Aber dort gibt es kaum etwas. Die, die Glück haben, werden als Hausdiener ausgebeutet. Viele Frauen verdienen etwas als Prostituierte, einmal Sex mit ihnen kostet so viel wie eine Cola. Noch schlimmer ist es aber für die, die nichts finden. Sie beginnen irgendwann vor lauter Hunger den Straßenstaub zu essen. Sie verhungern oder werden krank. Dann bleiben ihre Leichen einfach liegen. Niemand kümmert sich darum. »Stranded People« sind lebende Tote.

Wer von Agadez weiter bis nach Europa will, muss zum Autogare. Dort verkaufen die Schlepper die Fahrscheine für den Transport durch die Sahara. In der Regel fahren täglich vier bis fünf LKWs ab. Ich habe für mein Ticket 350 Dollar bezahlt. Ein bärtiger Mann mit Inter-Mailand-Trikot hinter dem Schalter hat es mir verkauft. Er sagte, dass der Laster am nächsten Tag um fünf Uhr morgens abfahren würde. Mit mir sollten noch 130 weitere Menschen auf den LKW kommen.

Mein Laster fuhr also bereits am nächsten Tag ab. Das war Glück. Denn so musste ich nur eine Nacht in Agadez bleiben. Ein Hotel konnte ich mir nicht leisten. Deshalb schlief ich im Autogare. Für ein wenig Geld bekam man dort einen Platz auf dem Boden, unter freiem Himmel. Innerhalb des Geländes lag ich Schulter an Schulter mit den anderen Auswanderern. Es waren bestimmt 400, die dort schliefen. Einige

Die 30. Rallye Dakar wurde aufgrund von Drohungen einer regionalen Terrorgruppe der Al Qaida abgesagt, die regelmäßig Entführungen und Anschläge durchführt und sich durch Drogen- und Waffenschmuggel finanziert. 04/01/08–FAZ

hatten ein Leinentuch als Unterlage; viele von ihnen lagen aber einfach im Staub. Und manche dieser staubbedeckten Auswanderer waren schon mehrere Wochen dort, weil ihnen noch etwas Geld für ihr Ticket fehlte.

Als der Himmel am nächsten Morgen hell wurde, brachen wir auf. Ich packte meine Sachen und ging zum Parkplatz. Dort wartete bereits der LKW. Was für ein Gefährt das war: Ein alter Mercedes-Militärlaster, der Lack komplett abgesplittert, die Karosserie rostete vor sich hin und eine Stange hing schief von der Bodenplatte herab. Die Plane war an manchen Stellen aufgerissen und der Auspuff neben der Fahrerkabine war nur mit einem Streifen Klebeband festgemacht. Ich fragte mich, ob man damit wirklich die Sahara durchqueren konnte.

130 Passagiere luden gerade ihr Gepäck auf und suchten sich einen Platz. Überall saßen sie. Im Laderaum, auf dem Dach, über der Fahrerkabine. Es gab kaum genug Platz für alle. Und umso mehr Menschen den LKW bestiegen, desto mehr sah es danach aus, als ob er all dem Gewicht nicht standhalten würde. Ich fragte mich, was passieren würde, wenn der Motor mitten in der Wüste den Geist aufgeben würde. Würde man uns zur Hilfe kommen? Würde man uns überhaupt finden? Hatten wir Telefon oder Ersatzteile dabei? Natürlich würde mir diese Fragen niemand beantworten. Schließlich waren wir Illegale ... Als der Motor anlief und wir aus dem Autogare hinausrollten, versuchte ich die schlechten Gedanken zu verdrängen. Von jetzt an waren wir auf dem Weg. Es würde schon gut gehen. Immerhin hatten vor mir schon zehntausende von Auswanderern die Wüste durchquert. Ich schickte ein Stossgebet in den Himmel und dachte, jeder Kilometer, den wir zurücklegen, bringt mich einen Kilometer näher an Europa.

DURCH DIE WÜSTE

Von Agadez nach Tripolis sind es ungefähr 3000 Kilometer. Wenn alles nach Plan lief, sollten wir zwei Wochen brauchen. Die ersten Stunden der Reise gingen problemlos vorüber. Die Sonne ging auf, es wurde warm, wir waren voller Hoffnung.

AM WEG — SISSOKO

Nach ungefähr einer halben Tagesreise kamen wir dann aber zum ersten Wachposten. Dort warteten fünf Soldaten. Sie hatten Gewehre und deuteten unseren Fahrern, dass wir anhalten sollten. Wir stoppten und gleich danach schrien sie, dass wir sofort vom Wagen herunterkommen und uns in den Sand knien sollen. Sie klangen wütend, obwohl wir überhaupt nichts Falsches getan hatten. »Soso, das sind also die Auswanderer, die es sich leisten können, nach Europa zu gehen.« brüllte uns der eine mit Zigarette im Mund entgegen. »Falls es euch noch niemand gesagt hat: Ihr seid die Glücklichen. Bald werdet ihr in Europa sein und in einer Woche mehr Geld verdienen, als wir hier in einem Jahr. Deshalb finden wir es nur gerecht, wenn ihr uns an eurem Glück teilhaben lasst. Und zwar im Voraus.« Nur weil wir versuchten, nach Europa zu kommen, wollten sie unser Geld! Und das schon nach sechs Stunden. Sie gingen vom einen zum nächsten und hielten die Hand hin. Man musste ihnen ein paar Scheine in die Hand drücken. Keiner wusste so recht, wie viel. Wenn sie fanden, dass es nicht genug war oder dachten, dass jemand noch mehr Geld hatte, packten sie ihn am Arm und zerrten ihn in ihre Hütte. Während wir alle am Boden knieten, hörten wir dann das Schnalzen eines Gürtels. Sie schlugen damit direkt auf den nackten Rücken. Einmal, zweimal, dreimal. Manche bekamen mehr als zehn Schläge. Die Männer unterdrückten ihre Schreie. Man hörte sie nur leise wimmern. Nachdem sie wieder an ihren Platz gebracht wurden, saßen sie mit gesenktem Kopf da. Die Soldaten gingen zum nächsten und hielten wieder die Hand hin. Das Ganze dauerte über eine Stunde. Insgesamt holten sie bestimmt 15 Leute in ihre Hütte. Ich wollte auf keinen Fall geschlagen werden. Deshalb gab ich dem Soldaten 30 Dollar. Damit gab er sich zufrieden.

Nach dieser ersten Kontrolle hatten schon einige all ihr Geld verloren. Aber uns standen noch 13 weitere Tage und Nächte bevor. Ihnen drohten bei allen weiteren Kontrollen Schläge. Manche fürchteten sogar, vom Fahrer in der Wüste zurückgelassen zu werden, weil sie pleite waren. Angeblich kam das manchmal vor.

AM WEG — SISSOKO

Weil klar war, dass Soldaten und Gauner immer wieder versuchen würden, uns das Geld abzunehmen, überlegte ich mir, wie ich es retten könnte. Es in meinem Rucksack zu verstecken, hatte keinen Sinn. Denn der Rucksack war am Dach und ich konnte meinen Reisegefährten nicht trauen. Auch die Unterhose war kein guter Platz. Die Soldaten hatten nämlich keine Scheu davor, dorthin zu greifen. Ich musste es an einem Ort platzieren, wo es unmöglich gefunden werden konnte. Dann fiel mir wieder ein, was mir einer der Auswanderer in Agadez über sein Geldversteck erzählt hatte. Es war, seinen Erzählungen nach, die beste Methode, um sein Geld zu schützen. Ich würde es einfach essen. Bevor wir zum nächsten Posten kamen, wollte ich den Großteil meiner Geldscheine so klein wie möglich zusammenfalten und schlucken. In meinem Magen würde das Geld sicher sein. Da konnten sie mich noch so hart schlagen. Und beim nächsten Toilettengang würde ich es wiederbekommen.

Nach drei Tagen Fahrt waren wir alle übermüdet. In den Nächten war an Schlaf nicht zu denken. Die Fahrer hielten nicht an. Sie wechselten sich ab – der eine fuhr tagsüber und der andere in der Nacht. Wenn der eine fuhr, schlief der andere, und umgekehrt. Das bedeutete für uns, dass wir so gut wie nie vom Laster kamen. Nur manchmal gab es kurze Pausen. Zum Beispiel, wenn einer der Fahrer einmal musste, oder sie sich einen Tee zubereiteten. Für diejenigen, die am Dach saßen, war das besonders hart. Sie kämpften schon tagsüber mit dem unregelmäßig schaukelnden LKW. Sie mussten immer aufpassen, nicht abgeworfen zu werden. Aber in den Nächten, wenn sie müde wurden, war es besonders gefährlich. Denn wer einschlief, drohte herunterzufallen. Dann war nicht damit zu rechnen, dass die Fahrer anhielten. Man wäre verloren gewesen. Denn alleine in der Wüste zu sein, bedeutete den sicheren Tod.

Das verstanden wir alle endgültig, als wir zwei Tage vor Tripolis auf einen stehenden LKW trafen. Unser Fahrer hielt an um nachzusehen, was passiert war. Vielleicht brauchte der andere Wagen Ersatzteile. Wir blieben beim LKW. Nach kurzer Zeit kamen die beiden aber schon wieder zurück. Sie sagten nichts und fuhren einfach weiter. Wir fragten uns, warum sie nichts taten. Aber als wir an dem Wagen vorbeifuhren, verstanden wir es. Für die Passagiere kam jede Hilfe zu spät. Die Achsen des Wagens waren vor vielleicht zwei Wochen gebrochen. Seitdem schien hier niemand vorbeigekommen zu sein. Der Proviant ging ihnen irgendwann aus. Alle Passagiere verdursteten. Als wir den LKW entdeckten, waren nur noch hundert verwesende Leichen übrig. Sie waren rund um den Laster verteilt. Es war ein schrecklicher Anblick. Ich dachte mir, dass es uns auch so ergehen könnte. Noch waren wir schließlich nicht in Tripolis. Wieder schloss ich die Augen und betete.

BOATPEOPLE

Nach 15 Tagen hatten wir endlich Tripolis erreicht. Ich weiß nicht mehr, wie viele Wachposten und Kontrollen wir über uns ergehen lassen mussten. Es waren zu viele. Kaum jemand hatte noch Geld. Fast alle hatten offene Wunden von all den Schlägen. Einige Passagiere waren krank, einige bekamen Fieber und Durchfall. Der ganze Laster stank und viele steckten sich gegenseitig an. Am Ende haben wir aber alle überlebt. Es grenzte an ein Wunder.

Nachdem wir in Tripolis angekommen waren, trennten sich die Wege. Alle suchten ihr Glück auf unterschiedlichen Routen. Viele mussten das Geld für die Bootsüberfahrt nach Europa noch verdienen. Sie mussten wohl noch ein paar Monate in Tripolis bleiben, Arbeit finden und Geld sparen. Ich hatte aber noch genug, weil ich mein Geld immer wieder in meinem Magen versteckt hatte. Das sollte reichen. Damit musste ich einen Schlepper finden und bezahlen, der mich auf seinem Boot nach Europa bringen konnte. Allerdings fand ich schnell heraus, dass Tripolis dafür kein geeigneter Ort war. Dort gab es kaum Boote, die nach Europa fuhren. Zu viele Kontrollen, zu viel Polizei. Es war nicht so einfach, an Informationen zu kommen. Und erst nach ungefähr fünf Tagen erfuhr ich, dass der Hafen in Zuwahra ein besserer Ort war. Von dort legten angeblich viele Boote ab. Die Stadt war nahe an der Grenze zu Tunesien, nicht weit von Tripolis entfernt. Nur mit weniger Polizeikontrollen. Noch am selben Tag nahm ich den Bus dorthin.

In Zuwahra traf ich schnell die richtigen Leute. Man musste sich nur einige Zeit am Hafen herumtreiben, dann wurde man automatisch angesprochen. An jenem Abend, an dem ich ankam, setzte ich mich auf einen kleinen Mauervorsprung. Ich beobachtete das Meer. Meine Gedanken waren wieder einmal bei meiner Familie, bei meiner Frau. Ich dachte auch an unseren Nachbarn, überhaupt an Kati und die Menschen dort. Ich war so in meinen Gedanken verloren, dass ich die zwei Männer hinter mir zunächst gar nicht bemerkte. Erst als mich der eine an der Schulter berührte, riss er mich aus meinen Tagträumen. Die beiden wollten wissen, was ich hier mache und ob ich vielleicht Interesse daran hätte, nach Europa zu fahren. Es kostete 1.500 Dollar. Das Boot würde noch in derselben Nacht ablegen. Es waren noch sechs Stunden bis dahin. Ich dachte kurz nach, dann gab ich ihnen das Geld. Natürlich hätten sie mich hereinlegen können. Aber ich vertraute ihnen, weil sie mir ihr Boot gezeigt hatten und ihr Wort gaben.

Sechs Stunden später war ich am Hafen. Es war so dunkel, dass man die eigene Hand kaum vor Augen sah. Vor dem Boot standen schon viele Leute. Da waren Männer, Frauen, Kinder und Babies. Vielleicht insgesamt sechzig. Damit hatte ich nicht gerechnet. Das Boot war vielleicht für 30 Passagiere ausgelegt. Es sah schon recht alt und mitgenommen aus. Ich wurde wieder unruhig, wie schon in Agadez. All die Geschichten, die ich am Weg gehört hatte, fielen mir wieder ein. Geschichten von alten Booten, die so voll waren, dass die Menschen hinausfielen; von Booten, die mitten auf dem Meer untergingen und von Booten, die schon nach kurzer Zeit von der Marine aufgehalten wurden.

Dann war es Zeit einzusteigen und abzulegen. Die Schlepper drängten die Menschen in das Boot. Sie hatten es eilig.

AM WEG — SISSOKO

For more than four decades, Muammar Gaddafi's image adorned countless buildings, billboards, railings and lamp-posts in whole Libya, the country he ruled for 42 years until protests broke out in 2011. 20/10/11 – GUARDIAN/FLICKR:SLUDGE G

LIBYEN FOLTERT ILLEGALE – 2006 hat Human Rights Watch Libyen wegen Gefangennahme, körperlicher Misshandlung und Folter von Migranten in staatlichen Haftanstalten verklagt. Drei dieser libyschen Gefängnisse wurden von Italien finanziert. 2006–HRW •

+++ Ein Freundschaftsvertrag zwischen Italien und Libyen regelt nun die Drosselung der Migrantenströme nach Italien durch die enge Zusammenarbeit in der Grenzüberwachung. Der Vertrag sieht auch vor, Flüchtlingsboote auf hoher See zu stoppen und zur Rückkehr nach Libyen zu zwingen. Im Gegenzug wurden Investitionen Italiens in die libysche Energiebranche vereinbart. 17/05/10–SZ •

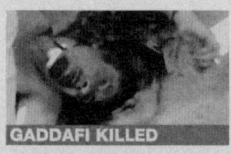

GADDAFI TOT, EUROPA VERSCHIEBT AUSSENGRENZE – Die

Sicherung der Außengrenzen Europas wird bis an den Rand der Sahara vorverlagert. Die Zusammenarbeit mit den Herkunfts-und Transitländern ist dabei zu einem zentralen Bestandteil geworden. Diverse Drittstaaten werden als Grenzwächter in die europäische Migrationspolitik integriert. Oft als Bedingung für Entwicklungshilfegelder. 11/06/10 – MONDE •

≋ FRONTEX

EUROPA MACHT DIE SCHOTTEN DICHT – Die EU rüstet ihre Außengrenzen auf: Zäune und Mauern gehören mittlerweile zu ihrem festen Repertoire. Gleichzeitig ist Frontex an den verschiedensten Grenzabschnitten präsent, um Eindringlinge bereits vor der Wohlstandsinsel Europa zu stoppen.
18/07/11 – BOELL •

The Ceuta border fence is a separation barrier between Morocco and the autonomous City of Ceuta, Spain. Its stated purpose is to stop illegal immigration and smuggling. Construction of the € 30 million razor wire barrier was financed by the EU. It consists of parallel 3 meter fences topped with barbed wire plus watchposts. Underground cables connect spotlights, noise and movement sensors, and video cameras to a central control booth. 24/08/14 – REALFICIONFILM/WIKIPEDIA •

Hundreds of Africans stormed Spain's North African enclave of Melilla in two attempted mass crossings on 18th of March 2014. Experts state that the intensification of europes border protection didn't decrease the number of illegal border crossings, but lead to changing routes of illegal migrants and increased human trafficking. 18/03/14 – WN

Wahrscheinlich fürchteten sie, entdeckt zu werden. Ich zögerte, hatte Angst. »Was, wenn wir untergehen, wenn das Boot auf offenem Meer einfach auseinanderfällt?«, schoss es mir durch den Kopf. Ich konnte ja nicht einmal schwimmen. Ich musste mich zusammenreißen. Wieder dachte ich an meine Frau und unsere Zukunft. Wenn sich die Dinge für uns zum Besseren verändern sollten, dann gab es in diesem Moment nur einen Weg. Und der führte auf dieses Boot. Ich musste es versuchen. Ja, die Gefahr zu sterben war da. Aber es war das Risiko wert. Denn am Ende dieser Reise würde ein richtiges Leben in Europa auf mich warten. Jetzt musste ich stark sein, später würde ich dafür belohnt werden. Ich machte also einen großen Schritt in das schaukelnde Boot und suchte mir einen Sitzplatz auf den morschen Holzlatten. Links von mir saß eine Frau mit Baby in den Armen. Rechts von mir ein abgemagerter Junge in einem Fußballtrikot. Immer mehr Menschen stiegen ein. Sie hatten Mühe damit, das Gleichgewicht zu halten. Als alle an Bord waren, wurde ich von Körpern umringt. Es waren so viele, dass ich zwischen ihnen hindurch nicht einmal mehr das Wasser sehen konnte.

Als wir auf das Meer hinausglitten, war das Boot übervoll. Einige Passagiere mussten stehen. Die Babies schrien noch immer, einige Frauen weinten. Wir kippten hin und her. Der Wellengang war stark. Das kalte Wasser drang regelmäßig über die Bordwände in das Boot und umspülte unsere Füße. Die Überfahrt auf die Insel Lampedusa sollte zehn Stunden dauern. Wir hatten alle Angst. Über dem Meer lag eine tiefe Dunkelheit. Wir tauchten in sie ein. Und keiner von uns wusste, ob wir sie jemals wieder verlassen würden.

Bidemi

FLIEGEN

Nachdem ich meinen Platz im Flugzeug gefunden hatte, musste ich erst einmal tief durchatmen. In den letzten Stunden war einiges passiert. Warri war mittlerweile weit entfernt. Nur fünf Stunden zuvor war ich aufgebrochen. Ein Fahrer holte mich aus dem House for Abused Muslims ab und brachte mich zum Flughafen nach Port Harcourt. Mit seinem neuen Toyota-Pick-Up dauerte die Fahrt nur etwas mehr als zwei Stunden. Und das, obwohl die Straßen in schlechtem Zustand waren. Ich fragte mich wirklich, wie sich Madame Hope all das leisten konnte. Mir Geld zu leihen war das eine. Aber dann auch noch die Flugtickets plus einen Chauffeur zu bezahlen, damit er mich zu einem 200 Kilometer weit entfernten Flughafen brachte, das war etwas anderes. Aber mir sollte es recht sein. Ich war einfach nur dankbar für all ihr Vertrauen. Dankbar dafür, dass sie mir ermöglichte, dieses Land mit meinem Baby zu verlassen. Und dankbar für die Chance, in Europa vielleicht Fuß fassen zu können. Vielleicht war sie ja eine reiche Frau mit gutem Herz, dachte ich mir.

Während der Fahrt nach Port Harcourt sprach ich mit dem Fahrer. Er erklärte mir den Plan, den Madame Hope extra für mich gemacht hatte. Anscheinend hatte sie sich wirklich um jedes Detail meiner Reise gekümmert. Zuerst sollte ich von Port Harcourt nach Paris fliegen. Dort hatte ich einen dreistündigen Aufenthalt. Von dort aus ging es nach Mailand, wo der Freund von Madame Hope auf mich warten sollte. Dieser Freund würde mich bei sich wohnen lassen. Und er würde mir auch einen Job geben. Als mir der Fahrer davon erzählte, konnte ich es kaum glauben.

Alles war bereit. Alle notwendigen Dokumente waren innerhalb der letzten drei Tage ausgestellt und mir übergeben worden. Ohne, dass ich auch nur einen einzigen Dollar dafür bezahlen musste. Als wir in die Stadt einfuhren, ging sie der Fahrer noch einmal alle mit mir durch: Pass, Visa, Geburtsurkunde, Staatsbürgerschaftsnachweis und der HIV-Pass. Alles was ich benötigte, war in meiner Tasche. Wozu ich noch kurz vor meiner Abreise den HIV-Test machen musste, wusste ich nicht. Aber sich ein bisschen Blut abnehmen zu lassen tat ja nicht weh. Und es war auch gut zu wissen, dass ich nicht positiv war. Denn ich hatte mit John nie darüber gesprochen.

Als mich der Fahrer am Flughafen von Port Harcourt aussteigen ließ, wünschte er mir noch viel Glück. Er rief noch, dass ich Nigeria und Madame Hope keine Schande bereiten solle. Und dass ich trotz meines neuen Lebens nicht vergessen dürfe, wo ich herkomme. Zwei Stunden später saß ich auch schon im Flugzeug. Neben mir sah und hörte ich Menschen aus Frankreich, Spanien und Italien. Auch ein paar Nigerianer gab es. Aber die Mehrzahl waren Europäer. Das Flugzeug startete. Wir beschleunigten und hoben ab. Bald hatten wir die Wolkendecke durchbrochen. Es war ein schönes Gefühl, Nigeria hinter mir zu lassen und aufzubrechen. Zumindest in diesem Moment.

UGO

Als ich in Mailand ankam, war ich sehr müde. Während des Fluges hatte ich kaum geschlafen, weil ich so nervös gewesen war. Und weil das Baby Probleme gemacht hatte. Es bewegte sich, ich hatte leichte Krämpfe und musste ständig auf die Toilette. Die Zeit während des Zwischenaufenthalts in Paris

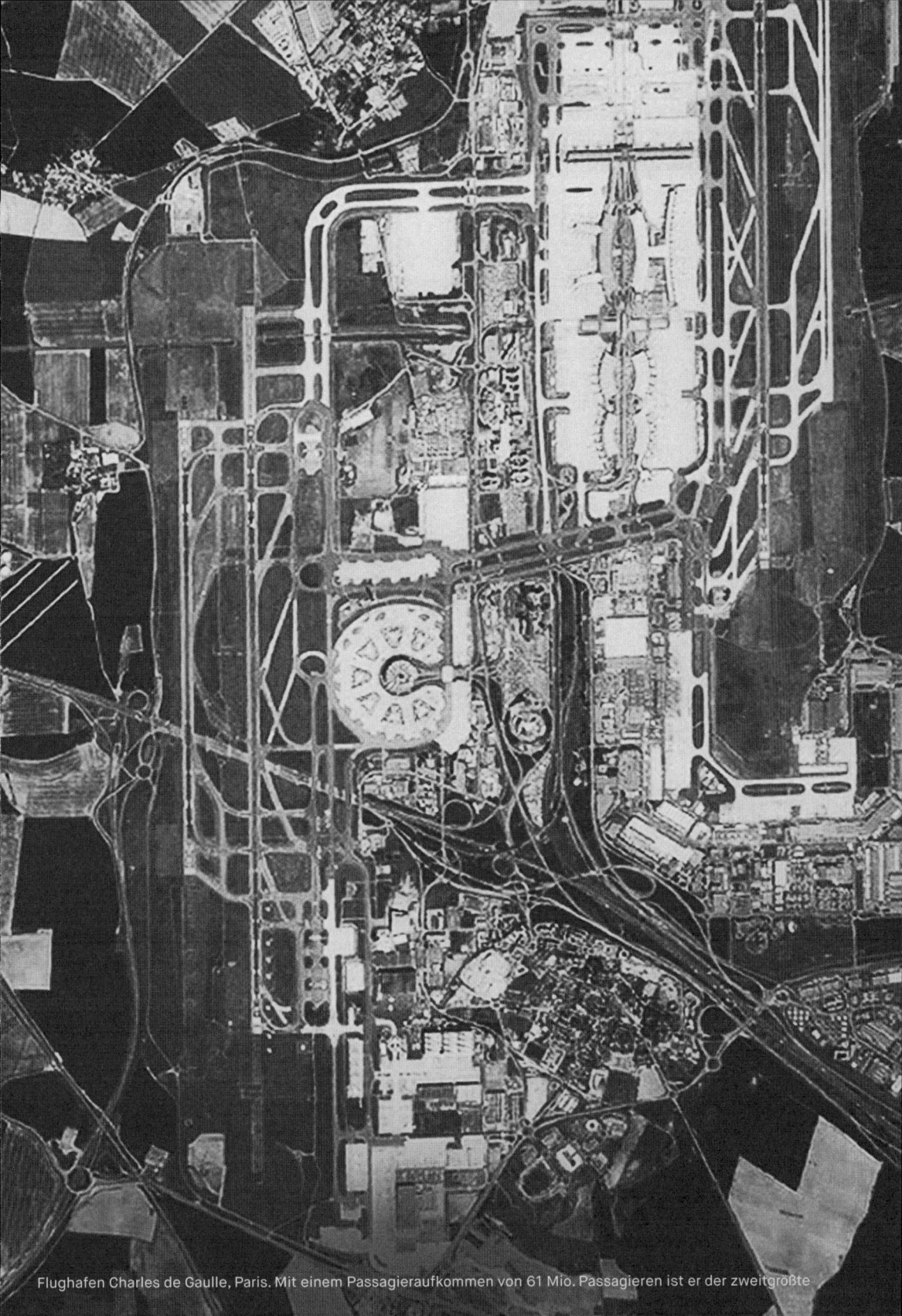

Flughafen Charles de Gaulle, Paris. Mit einem Passagieraufkommen von 61 Mio. Passagieren ist er der zweitgrößte

Passagierflughafen Europas. Im weltweiten Vergleich der Flughäfen steht Paris-CDG auf Rang 7 (2011). Der Flughafen ist mit ca. 600 Unternehmen und etwa 75.500 Beschäftigten einer der wichtigsten Wirtschaftsstandorte Nordfrankreichs. 26/06/09–BOSTON •

WORLD AIR TRANSPORT IN 2012 – Three billion people used air transport in 2012. Total scheduled passenger traffic grew by 4.9%. This is a reflection of positive economic results worldwide. The Asia & Pacific region was the world's largest air transport market in 2012. 2012–ICAO • +++ Die illegale Einreise auf dem Luftwege erwies sich 1991–93 in steigendem Maße als Einfallstor für illegale Einwanderung nach Deutschland. 2014–BPB • ASYLSPITZEL AM FLUGHAFEN – Die britische Asylbehörde setzt an Flughäfen weltweit Beamte ein, welche potentielle Asylsuchende ohne Chance auf Asyl abfangen sollen. Das Vorgehen zeigt einen deutlichen Rückgang der Einreiseverweigerungen an den See- und Flughäfen des Vereinigten Königreichs und wird vermehrt auch von den anderen Ländern der EU praktiziert. 2009–BFM.ADMIN •

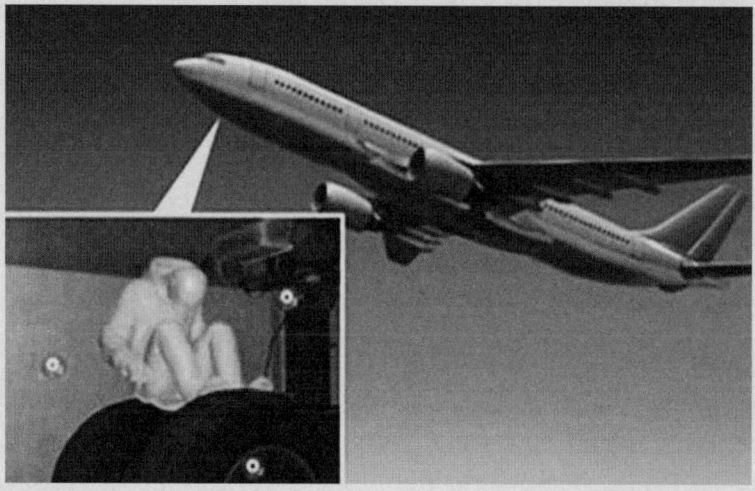

The US Federal Aviation Administration has identified 96 individuals around the world who have tried to reach another country by travel in plane wheel wells. Of these, more than three quarters have failed. They either get crushed or frozen to death. The overwhelming majority of cases involve men from developing countries trying to get to Europe or North America. 13/09/12–BBC •

HEATHROW SHOPPING – Heathrow Airport offers Personal Shopping Consultants, available in the departures lounges and easily recognisable by their green uniforms. 2013–HEATHROW •

Heathrow Airport, Customs Information: Although there are no limits on the amount of alcohol and tobacco you can bring in from the EU, a Customs Officer is more likely to ask about your goods if you bring more than: 800 cigarettes or 400 cigarillos or 200 cigars or 110 litres of beer or 10 litres of spirits or 90 litres of wine. 2013–HEATHROW •

verbrachte ich deshalb im hintersten Eck des Flughafens. Ich wollte mit niemandem sprechen und niemanden sehen. Einfach allein sein wollte ich. Vielleicht hätte ich mir etwas gegen die Schmerzen besorgen sollen. Kräuter oder etwas Ähnliches. Dafür hat mir Madame Hope schließlich ein wenig Geld mitgegeben. Aber ich dachte, dass ich es besser sparen sollte. Vielleicht würde ich es später nochmals dringender benötigen.

Als ich dann in Mailand war, spürte ich die Schmerzen aber kaum noch. Denn ich war sehr aufgeregt; wahrscheinlich aufgeregter, als ich jemals zuvor gewesen war. Der Grund war einfach: Ich hoffte, den Freund von Madame Hope zu finden. Denn ohne ihn wäre ich verloren. Doch als ich in die Ankunftshalle kam, sah ich bereits von weitem einen Mann mit einem Schild in der Hand. Darauf stand mein Name. Mir fielen tausend Steine vom Herzen. Er stand neben einem Treppenabgang, trug ein buntes Hemd und Sonnenbrille. Während ich mich durch die Menschenmassen in der Halle kämpfte, fragte ich mich, ob er wohl Englisch sprechen würde. Dann stand ich vor ihm. Er war um einiges größer als ich, ziemlich dick und hatte schwarze, mit Gel zurückgestrichene Haare. Ich sagte ihm meinen Namen, er gab mir die Hand und begrüßte mich mit »Welcome to Italy, Madame«. Es war der Freund von Madame Hope.

Während er mich zu seinem Auto führte, stellte er sich vor. Sein Name war Ugo und er wohnte schon sein ganzes Leben lang in Mailand. Madame Hope hatte er bei einem seiner Nigeria-Urlaube vor einigen Jahren kennengelernt. Seitdem besuchte er sie jedes Jahr. Er schwärmte von ihr, von ihrer Güte und Menschenliebe. Ich konnte ihm nur zustimmen. Schließlich war sie der Grund dafür, dass ich in diesem Augenblick in Italien sein konnte.

Als wir dann losfuhren, wollte Ugo wissen, was mich nach Italien gebracht hatte. Es war nicht einfach, ehrlich zu sein. Aber ich erzählte ihm trotzdem von all den Ereignissen in den letzten Wochen und Monaten. Von John und der Sharia, meinen Eltern und der Glaubensgemeinde, meiner Schwangerschaft und der Flucht. Von Madame Hope. Am Ende hatte ich

AM WEG — BIDEMI

Tränen in den Augen und konnte nicht mehr weitersprechen. Er stellte keine Fragen mehr – und ich war froh darüber, dass er wusste, wer ich war.

Nach vielleicht einer halben Stunde Fahrt kam er dann auf das Geld zu sprechen. Er sagte, dass mir Madame Hope 50.000 Dollar geliehen hätte. Ich nickte. Er legte eine Pause ein und erklärte mir dann, dass die Abmachung zwischen ihm, Madame Hope und mir sei, dass ich so lange für ihn arbeiten sollte, bis die Schulden abbezahlt seien. Wieder nickte ich, obwohl ich etwas anderes in Erinnerung hatte. Hatte Madame Hope nicht gesagt, dass ich so lange für ihn arbeiten sollte, bis ich Fuß gefasst hatte? Das war doch ein Unterschied. Egal, dachte ich. Ich wollte in diesem Moment keine Umstände machen. Deshalb fragte ich auch nicht, was für eine Arbeit das genau war, von der er sprach. Ich erinnerte mich dunkel, dass der Fahrer am Weg nach Port Harcourt etwas von Putzen und Kochen gesagt hatte. Ich dachte mir, dass es wohl so etwas sein müsse. Was sollte es denn sonst sein? Ugo erklärte mir weiter, dass er mir vertrauen würde. Zur Sicherheit wollte er aber meinen Pass und die anderen Dokumente an sich nehmen. Nur als Versicherung. Man wüsste schließlich nie. Er erzählte, dass er schon einmal schlechte Erfahrungen bei einer ähnlichen Geschichte gemacht hatte. Als er einmal jemandem blind vertraute, wurde er bestohlen. Deshalb wollte er dieses Mal eben auf Nummer sicher gehen. Er versicherte mir: »Aber glaub mir, das hat gar nichts mit dir zu tun. Du hast nichts falsch gemacht.« Ich verstand, was er meinte. Und ich konnte auch verstehen, dass er sich absichern musste. Schließlich kannte er mich nicht. Was, wenn ich ihn bestohlen hätte? Dann hätte er nichts gegen mich in der Hand gehabt. Er machte einen guten Eindruck. Deshalb holte ich die Mappe mit meinen Dokumenten heraus und legte sie ihm auf den Rücksitz.

Als wir bei Ugos Haus ankamen, war es schon dunkel. Wir parkten gerade. Er zeigte mir von seinem Wagen aus das Fenster meines Zimmers in seinem Haus. Es sah freundlich aus. Gleich daneben war eine Bar. Das überraschte mich. Ich fragte ihn, ob ihn die Bar nicht stören würde. Es würde in der

Nacht doch bestimmt laut werden. Er lachte und antwortete, dass er in der Nacht meistens selbst dort sei. Schließlich sei es seine Bar. Das war mir in dem Moment ein bisschen peinlich. Aber für Ugo war es kein Problem. Er stieg aus, nahm die Dokumente vom Rücksitz und öffnete mir die Tür. Was für ein höflicher Mensch, dachte ich. Gleich danach nahm mich Ugo an der Hand. Vielleicht etwas zu fest; ich zuckte leicht. Aber ich dachte mir nichts dabei.

Er führte mich in seine Bar und sagte: »Komm, es gibt noch etwas Arbeit«. Wir gingen durch die Tür. Er umschloss meine Hand fester. Es tat weh. Ich wollte sie wegziehen, aber er hielt sie fest umklammert. Wie eine Zange. Ich sah ihn an, aber er ignorierte meinen Blick.

Nach den ersten Schritten in die Bar hinein wurde ich unruhig. Dieser Ort schien keine normale Bar zu sein. Es roch nach einem Gemisch aus Alkohol und Putzmittel und das schwache, rötliche Licht ließ die Ecken des Raumes im Dunkeln. Hinter der Bar stand eine Frau im Bikini. Sie tanzte zur Musik und fuhr sich immer wieder mit der Zunge über die Lippen. Ein Mann stand vor ihr und griff sie an. Ich bekam es mit der Angst zu tun. »Ugo, was ist das für eine Bar?«, fragte ich ihn. Meine Stimme war ganz zittrig. Ich fühlte mich an diesem Ort nicht wohl und wollte so schnell wie möglich wieder weg. Aber Ugo schien das nicht zu bemerken. Er grüßte einen Mann in Lederjacke, lachte einem anderen zu. Seine Schritte wurden schneller. Und meine langsamer. Ich versuchte ihn zu stoppen. Aber er zerrte mich weiter durch Gruppen von betrunkenen Männern durch den Raum. Vorbei an der Bar, einer kleinen Bühne und ein paar Sofas, durch eine Tür, hinein in ein Hinterzimmer. Als wir drinnen waren, griff er mir an den Kopf, riss mich an den Haaren und stieß mich von sich weg. Ich schrie. Daraufhin bekam ich eine Ohrfeige und er fauchte: »Halts Maul, Schlampe«.

In dem Zimmer standen bereits fünf Frauen in der Ecke. Sie waren alle schwarz. Es war dunkel. Dann begann Ugo zu reden. »Madame Hope und ich haben eure Tickets bis hierher bezahlt. Glaubt mir, das war nicht billig. Aber wir haben ein großes Herz. Wir sind hilfsbereite Menschen. Italien wird euch ein besseres Leben bieten. Aber natürlich ist das nicht umsonst. Deshalb will ich, dass ihr das geliehene Geld jetzt zurückbezahlt. Denn schließlich ist das Leben kein Wunschkonzert«. Ich schaute die anderen an, keine sagte etwas. Unsere Taschen waren alle leer. Deshalb versuchte ich ihm zu erklären, dass ich mit Madame Hope etwas anderes vereinbart hatte. Dafür bekam ich die nächste Ohrfeige. »Willst du mir damit sagen, dass ich lüge? Dass ich hinter dem Rücken der wundervollen Madame Hope lüge? Du solltest aufpassen, Mädchen, manchmal ist man besser still«. Ich wusste nicht, was ich tun sollte. Ich stand unter Schock. Wo war ich da hineingeraten? Ich blieb wie versteinert in der Ecke stehen, mein ganzer Körper zitterte, ich weinte, aber ich versuchte die Tränen zu unterdrücken. Ugo sprach weiter: »Ich weiß, natürlich könnt ihr die 50.000 nicht auf der Stelle bezahlen. Wie denn auch? Deshalb verlange ich, dass ihr so lange hier bleibt, bis eure Schulden abbezahlt sind. Versteht bitte, dass ich euch nicht einfach gehen lassen kann. Woher sollte ich denn sonst wissen, ob ihr mir das Geld jemals zurückbezahlt. Ich hätte keine Garantien. Außerdem werdet ihr es hier gut haben. Ihr sorgt für meine Kunden und lasst sie an eurer Schönheit teilhaben. Ihr verwöhnt sie und reitet sie ein bisschen.« Ugo bewegte seine Hüfte vor und zurück und lachte dabei laut auf. »Das ist alles. Glaubt mir, die 50.000 sind schneller verdient, als ihr denkt. Und dann bekommt ihr eure Dokumente wieder und könnt gehen. Wohin ihr wollt!«

STRASSENSTRICH

Zuerst mussten wir hinter der Bar arbeiten. Zum Eingewöhnen, wie sie sagten. Nach einer Woche zog man uns von dort ab und machte uns zu Prostituierten. Ein Mitarbeiter von Ugo erklärte uns die neuen Regeln. Er zeigte uns, wo wir an den Abenden auf die Freier warten sollten, wie viel es kostete und wohin wir mit ihnen gehen sollten. Wir mussten alles tun, was sie von uns verlangten. Oral, anal, Schläge, Fesseln, Drogen, mit oder ohne Kondom. Wenn wir Freier verloren, dann erhöhten sich unsere Schulden. Wenn wir etwas Falsches machten, dann erhöhten sich die Schulden auch und wenn wir zu lange wegblieben, dann erhöhten sie sich ebenfalls. Ich hatte das Gefühl, als wäre es gar nicht möglich, die Schulden abzubezahlen, um wieder frei zu kommen. Man hätte sich noch so oft prostituieren können. Sie hätten immer einen Weg gefunden, um einen dort zu behalten. Nur wenn man als Nutte unbrauchbar wurde, ließen sie einen gehen. Das sah ich in der ersten Woche an der Bar. Dann warfen sie die Frauen weg, wie einen Müllsack. Sie wurden einfach an der Straße ausgesetzt. Die meisten von ihnen waren todkrank oder so drogenabhängig, dass sie keine Nacht alleine überleben konnten.

Ich war im vierten Monat schwanger. Obwohl das andauernde Erbrechen noch vor meinem Abflug aufgehört hatte, fühlte ich mich nicht besonders gut. Ich machte mir große Sorgen um mein Baby. Denn das Leben in Mailand war nicht gut. Das Essen war schlecht, wenn es überhaupt etwas zu essen gab, und zum Arzt konnte ich auch nicht. Das kleine Kellerzimmer bei Ugo musste ich mit vier anderen teilen, es war dreckig und die Wände schimmelten. Und dann hätte ich auch noch Sex mit anderen Männern haben sollen. Das waren schreckliche Aussichten.

An unserem ersten Abend gaben sie uns enge Röcke, High Heels und eine kleine Handtasche. Sie verlangten von uns, dass wir uns auf die Straße stellten, solange die Bar noch leer war. Und so standen ungefähr 20 Frauen auf vielleicht hundert Meter verteilt. Wie Früchte im Supermarktregal, an denen man sich bedienen konnte. Ich hatte Angst. Denn ich hatte so etwas noch nie gemacht. Und ich fürchtete um mein Baby. Denn ich wusste nicht, was für Männer mich kaufen und was sie von mir verlangen würden.

Es fuhr ein Auto nach dem anderen vorbei, es war kalt und stank nach Abgasen. Manchmal hielt ein Fahrer an, ließ das Fenster hinunter und sagte etwas zu einer Frau. Dann stieg die Frau in sein Auto. Oder sie gingen zusammen in ein Hinterzimmer der Bar. Nach einer halben Stunde waren sie

 Zürcher Sexboxen: Dank der Überführung des Straßenstrichs in den kontrollierten Rahmen eines Strichplatzes sowie den Maßnahmen von Polizei, Sozialwesen und Gesundheit und baulicher Vorkehrungen will die Stadt Zürich die Arbeitsbedingungen der Prostituierten verbessern und die Immissionen für die Anrainer geringer halten. 26/11/12–20MIN •

GRÖSSTES PUFF DER WELT IN ÖSTERREICH – Am Rand von Wien soll das größte Laufhaus der Welt fur 16 Millionen Euro entstehen. Geplant sind 147 Zimmer auf rund 11.000 Quadratmetern. 80 bis 120 Prostituierte sollen dort rund um die Uhr arbeiten. 03/11/12–OE24 • +++ Die Arbeitserlaubnis für Striptease-Tänzerinnen gehört zu den wenigen Möglichkeiten für Frauen aus Ländern außerhalb der EU, in der Schweiz legal einer Arbeit nachzugehen. 2013–FIZ •

SEXSKANDAL IN DER TÜRKEI – In der Türkei sind sechs ranghohe Mitglieder einer oppositionellen Partei inmitten eines öffentlich gewordenen Sexskandals zurückgetreten. Die Abgeordneten der Nationalistischen Aktionspartei seien auf einem kompromittierenden Videos zu sehen gewesen, die im Internet veröffentlicht worden seien, meldeten türkische Medien. 21/05/11–WELT •

LE SCANDALE

Die Journalistin Tristane Banon stellte Strafanzeige wegen versuchter Vergewaltigung gegen Dominique Strauss-Kahn, den ehemaligen Direktor des Internationalen Währungsfonds (2007–2011). In einem Interview berichtet Banons Mutter, Anne Mansouret, wie Strauss-Kahn ihre Tochter in eine spärlich möblierte Wohnung bestellt und über sie hergefallen sein soll. 04/07/11 – FAZ •

ANKLAGE WIRFT BERLUSCONI »SYSTEM DER PROSTITUTION« VOR – Dem Ex-Regierungschef Italiens drohen mehrere Jahre Haft. Die Anklage wirft ihm ein »umfassendes System der Prostitution« vor, das von Vertrauten und Freunden Berlusconis organisiert worden sei. Junge Frauen seien für Sex in bar bezahlt oder mit beruflichen Versprechungen honoriert worden. Dort sei die seinerzeit noch minderjährige Marokkanerin mit dem Künstlernamen Ruby Rubacuori (Bild oben) »fester Bestandteil« gewesen. 05/03/13 – SZ •

SEXISMUS UND FRAUENDISKRIMINIERUNG IN DER WERBUNG – Sexismus und Frauenfeindlichkeit stellen in der Werbung nach wie vor die größten Probleme dar. Vier Verstöße waren dieses Jahr dermaßen schwerwiegend, dass der Werberat einen sofortigen Stopp des Sujets bzw. der Kampagne verlangte. 22/01/10 – STANDARD •

Ein Verbot von sexistischer Werbung konnte sich in der Schweiz noch nicht durchsetzen. Fachkreise sind aber über die Verbreitung und die Konsequenzen für die Gleichberechtigung von Mann und Frau besorgt.

wieder zurück. Dafür durfte man 30 Euro verlangen. Wer viele Kunden hatte, bekam so in einer Nacht vielleicht 150 Euro. Wenn man Abend für Abend verdiente, konnte man also theoretisch in etwas mehr als einem Jahr frei sein.

Bei mir hielt lange niemand. So lange, bis es bereits dunkel war. Vielleicht wegen meines Bauches. Es war mir egal, denn es war besser so. Die Zeit verging, die Autos rauschten vorbei. Aber dann fuhr doch noch einer an den Straßenrand. Er kurbelte das Fenster hinunter und sah mich von seinem Auto aus an. Der Mann war vielleicht um die 50. Er hatte braune Haare, Brille und trug ein blaues Hemd. Ich wusste nicht, ob er mich kaufen oder nur anschauen wollte. Noch stand er ungefähr 40 Meter entfernt, die Scheinwerfer waren auf mich gerichtet. Ich wartete ab. Aber nicht lange. Denn vor der Bar standen ein paar von Ugos Männern. Sie beobachteten uns. Ich dachte, ich gehe lieber zu diesem Typen und tue so, als ob ich mich für ihn interessieren würde. Denn Schläge wollte ich auf jeden Fall vermeiden. Die hätten mein Baby verletzen können.

Der Mann sagte etwas. Dann deutete er, dass ich näher kommen solle. Er wollte, dass ich einsteige. Ich öffnete die Tür und setzte mich neben ihn. Ich sah ihn an. Er sagte nichts, sondern fuhr einfach los. Nach fünf Minuten blieb er auf einem verlassenen Parkplatz am Straßenrand stehen. Ich dachte nur: »Jetzt musst du stark sein. Lass es einfach über dich ergehen. Bring es hinter dich.« Aber anstatt mich anzufassen, fragte er mich, ob ich Englisch sprechen würde. Ich nickte. Er wollte wissen, ob ich schwanger sei. Ich nickte wieder. Er musste es am Bauch erkannt haben. Der Mann sagte, dass ich auf keinen Fall auf dem Straßenstrich bleiben könne. Es sei dort viel zu gefährlich für mein Baby und mich. Dann wollte er wissen, woher ich komme. Ich zögerte. Er war ein Fremder, ich wusste nichts über ihn. Ich wollte ihm nicht einfach alles erzählen, nicht schon wieder ins offene Messer laufen. Als er bemerkte, dass ich meinen Mund nicht aufmachte, sagte er, dass er Arzt sei. Er meinte, dass man mir in einem Frauenzentrum in der Nähe helfen könne. Aber ich vertraute ihm noch immer nicht. »Ich kann nicht weg. Ich habe Schulden und muss arbeiten, um sie abzubezahlen. So einfach ist das. Wollen sie jetzt Sex oder nicht?« Er schaute mich lange an. Dann gab er wieder Gas. Während wir durch die Stadt fuhren, sprach er mit mir: »Ich weiß nicht, woher Sie sind, oder wie lange Sie schon hier sind. Aber es sieht nicht so aus, als ob sie freiwillig am Straßenstrich stehen würden. Sie sind schwanger. Tun sie das ihrem Kind nicht an. Es gibt Orte, an die sie gehen können. Auch ohne Geld.«

Dann wurde es wieder still. Wir fuhren weiter die dunkle Straße entlang. Ich begann zu weinen. Im Fenster sah ich mein Spiegelbild. Mein Gesicht sah müde aus, die Tränen rannen mir über mein Gesicht. Er hielt an. Wieder fragte er mich danach, wie ich nach Italien gekommen sei. Diesmal erzählte ich. Nur einige Bruchstücke, nicht mehr, denn dann ging mir die Kraft aus. Ich flehte ihn um Hilfe an. Was hätte ich sonst tun sollen? Vielleicht war er meine letzte Chance, um Ugo und seinen Kunden zu entkommen. Der Mann verstand meine Lage. Und wieder sagte er, dass ich nicht weiter auf dem Strich bleiben könne. Er verstand auch, dass mich Ugo in der Stadt suchen und finden würde, wenn ich in ein Frauenheim flüchtete. Wenn also schon Flucht, dann in eine andere Stadt. Oder am besten gleich in ein anderes Land. Außerhalb von Italien wäre ich vor diesen Typen am ehesten sicher. In Frankreich, Österreich oder der Schweiz könnte ich um Asyl ansuchen und mein Baby gesund zur Welt bringen. Das war sein Vorschlag.

Ohne dass ich ja oder nein sagte, brachte er mich zum Bahnhof. Dort nahm er mich an der Hand und zog mich in die Halle. Wir sahen gemeinsam auf die große Anschlagtafel. Mein Herz raste. Ich hatte Angst, einem von Ugos Typen zu begegnen. Was, wenn mich jemand erkannt hätte? Vor lauter Nervosität konnte ich die Auslandszüge nicht sehen. Er fand sie dann für mich. Der nächste Zug ging in einer halben Stunde. Sein Ziel war die Schweiz. Der Mann kaufte mir ein Ticket und sagte, dass ich dort sicher sei. Während er mich zum richtigen Gleis brachte, erklärte er mir, dass ich gleich nach meiner Ankunft einen Polizisten um Hilfe bitten solle. Er würde mir zeigen, wo ich um Asyl ansuchen könne. Alles weitere würde sich ergeben. Die Menschen in der Schweiz würden für mich sorgen. Als er das sagte, nahmen wir gerade die letzten Treppen zum Bahnsteig hinauf. Es ging alles so schnell. Der Zugführer schloss bereits die Türen. Bevor ich einstieg, drückte er noch meine Hand und wünschte mir Glück. Als der Zug abfuhr, sollte ich ihn zum letzten Mal sehen.

AM WEG — BIDEMI

Gulisa

VISUMANTRAG

Während ich die ersten Kleidungsstücke im Koffer verstaute, dachte ich darüber nach, wohin wir gehen sollten. Die Entscheidung musste durchdacht sein. Denn ich wollte am Ende nicht in einem Land neu anfangen, in dem die Voraussetzungen noch schlechter waren als in Tiflis. Ich wusste, dass ich in den Westen musste, am besten nach Zentraleuropa. Denn in Russland oder im Osten der EU hatte ich nichts verloren. Dort waren die Bedingungen wohl ähnlich schlecht wie daheim in Georgien. Wenn ich das Risiko schon auf mich nahm und auswanderte, dann gleich dorthin, wo die Chancen auf ein gutes Leben am besten standen.

Ich fragte mich, ob ich irgendwo in Europa Verwandte, Freunde oder Bekannte hätte. Das hätte es leichter gemacht. Sie hätten mir helfen können – mir ein Zimmer oder einen Job verschaffen. Aber mir fiel niemand ein. Ich kannte nur Menschen in Georgien. Deshalb versuchte ich herauszufinden, wo es die besten Jobmöglichkeiten für mich gab. Ich hatte Wirtschaft studiert. Und auch wenn mein Abschluss schon fünf Jahre her war – er hatte noch immer Gültigkeit. Ich war eine der Besten in meinem Jahrgang gewesen.

Und während ich nachdachte, erinnerte ich mich daran, dass wir während meines Studiums oft über die Schweiz gesprochen hatten. Dort gab es angeblich viele Bankinstitute und Versicherungen, Zürich war eine »Global City«. Viele Banker und Makler kamen aus dem Ausland, um dort zu arbeiten. Ich fand noch mehr Positives über die Stadt im Internet. Man konnte überall lesen, dass man in Zürich viel verdiente und das Lebensniveau für alle hoch sei. Auch das Sozialsystem schien besser zu sein als viele andere in Europa. Die Schulen schienen exzellent zu sein und die Lebenserwartung lag bei über 80 Jahren. In Georgien sind es zehn Jahre weniger. Ich hatte über kein anderes Land Vergleichbares gehört. Außerdem hatte ich in meiner Schulzeit ein paar Brocken Deutsch gelernt. Und Englisch sprach ich fast fließend. Warum also nicht dort nach Arbeit suchen. Vielleicht wartete in der Schweiz ja ein besseres Leben auf mich und meine Kinder. Und falls es dort nichts werden sollte, konnte ich noch immer wo anders hingehen. Frankreich, Österreich oder Deutschland. Schließlich wäre ich dann schon in Zentraleuropa.

Ich informierte mich zuerst online über die Einreisebedingungen und Vorschriften. Denn ich wollte auf legalem Weg in die Schweiz. Das war sicherer. Für meine Kinder und für mich. Aber so wie es aussah, schienen sie sehr streng zu sein. Laut Gesetz durften Georgier nämlich nur in der Schweiz leben und arbeiten, wenn sie für ihren Arbeitgeber unerlässlich waren. Ansonsten gab es kein Visum für mehr als 90 Tage.

Am liebsten hätte ich ja von Georgien aus eine Stelle gesucht. Aber das schien mir fast unmöglich. Wie hätte jemand auf mich aufmerksam werden, wie hätte ich zu Bewerbungsgesprächen kommen sollen? Die Reise war sehr teuer und das Risiko abgelehnt zu werden, wäre hoch gewesen. Das konnte ich mir nicht leisten.

Ich suchte trotzdem um ein Visum für langfristigen Aufenthalt an. Unter Zweck des Aufenthalts gab ich Erwerbstätigkeit an und bei Dauer des geplanten Aufenthalts zwei Jahre. Ich schickte alles an die Schweizer Botschaft und hoffte auf mein Glück. Bereits zwei Wochen später kam die Rückmeldung. Sie konnten mir das Visum nicht ausstellen. Meine Angaben waren zu unbestimmt und mein Kapital zu gering.

DIE GLOBAL CITY – Als Global City werden Städte bezeichnet, die im Zentrum eines neuartigen transnationalen Städtesystems stehen. In ihnen sind die wichtigsten Finanzmärkte, Zentralen von Banken und multinationalen Konzernen, sowie Rechts-, Finanz- und Unternehmensberatungen konzentriert. 1996–S. SASSEN •

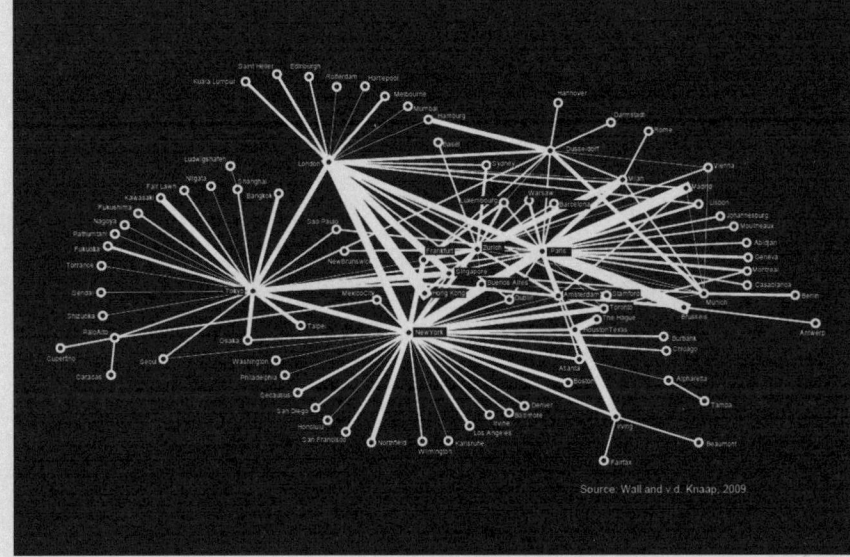

By showing that 84 % of the multinational network occurs between cities and not within them, and that approximately 70 % of European and North American ties extend beyond their own supra-regions, scientists support the claim that cities have become dissociated from their local geographies. 02/06/10–IBORO •

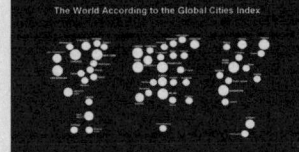

DIE GLOBAL CITY IST EIN BRUTALER ORT – Die amerikanische Stadtsoziologin Saskia Sassen ist eine der führenden Kritikerinnen der Global City: »Als das ökonomische System multinationaler Unternehmen zu Beginn der 1990er Jahre expandierte, benötigte es immer mehr Raum in den Zentren großer Städte rund um die Welt. Besonders in den Global Cities entwickelte es bald einen höchst aggressiven Hunger nach Territorium. Die Mietpreise steigen von da an unaufhaltsam, ganze Städte werden von Großkonzernen erdrückt.«. 21/06/12–WOZ •

Der Prime Tower ist das 126 Meter hohe Symbol für die rasante Entwicklung von Zürich-West. Die Türen stehen aber nur wenigen offen, die hohen Mietkosten sind ein effizienter Selektionsfilter. 44% der Mieter auf dem ehemaligen Industriearel im Kreis 5 sind Wirtschafts- und Beratungsfirmen sowie Anwaltskanzleien. 33% der Büroflächen sind an Finanzdienstleistungsunternehmen vermietet. Diese Firmen garantieren sichere Mieteinkommen. Damit gehört Zürich nun auch zu jenen Städte, die moderne Hochhäuser aufziehen und damit vor allem ihre ökonomische Potenz zeigen. 12/12/11–TAGZ ·  The Business Bay Executive Towers is a complex of 12 towers in Business Bay development in Dubai. The project cost 520 million euros; the towers were built from 2005 until 2009. Construction was going on non-stop and Dubai was using 24% of all the cranes in the world. 24/12/08–PICSOC · DUBAI'S SLUMDOG WORKERS – Dubai's incredible growth wouldn't have been possible without the millions of immigrant construction workers, many of whom work in shifts round the clock, earning less than £120 a month and sleeping eight or more in a room on the floor. 09/02/14–FAZ · **DIE SCHWEIZER SIND DIE REICHSTEN** – In der Schweiz ist das Vermögen pro Einwohner so hoch wie nirgendwo sonst. 513.000 $ konnte der Schweizer im Durchschnitt anhäufen. Aber die Schweiz ist auch eines von wenigen Ländern, in dem sich die Schere zwischen Arm und Reich im letzten Jhdt. nicht geschlossen hat. 09/10/13–20MIN ·

Satellitenaufnahme eines Walmart-Parkplatzes, Wichita, Kansas, USA. Seit 2010 berechnen Analysten der Schweizer Investmentbank UBS Walmarts zukünftige Gewinne, indem sie Autos auf Walmart-Parkplätzen mit Hilfe von Satellitenbildern zählen und diese anschließend mit einem mathematischen Modell hochrechnen. 16/08/10–CNBC ·

In the USA, the last weekend of November begins with Black Friday. Stores open early, offering extreme discounts; shoppers queue for hours, waiting for the spree to start. In 2008, Walmart worker Jdimytai Damour was trampled to death by 2.000 shoppers as they smashed through the store's glass doors. 03/12/12–COLORS ·

Und obwohl ich insgeheim mit dieser Absage der Schweizer Behörden gerechnet hatte, schmerzte sie mich dann doch sehr.

So schnell wollte ich aber nicht aufgeben. Deshalb sah ich mir noch einmal die Visummöglichkeiten an. Ich überlegte mir, dass ich als Tourist einreisen könnte, um nach Arbeit zu suchen. Hätte ich erst einmal etwas gefunden, könnte ich offiziell eine Aufenthaltsbestätigung beantragen.

Um das Visum zu erhalten, musste man wieder eine Reihe von Angaben machen: Eigenkapital, Arbeitsvertrag, Hotelbuchungsbestätigungen, Reiseroute und so weiter. Sie wollten alles ganz genau wissen. Weil ich Angst davor hatte, dass sie meinen Antrag wieder zurückweisen würden, ging ich diesmal auf Nummer sicher. Ich besorgte alle Dokumente und buchte ein Hotel für nur einen Tag. Ich schrieb, dass ich von dort aus quer durch die Schweiz reisen wolle und deshalb keine weiteren Unterkünfte angeben könne. Den Nachweis der Beschäftigung bekam ich von einem guten Freund, der ein kleines Unternehmen hatte. Er schrieb mir eine gefälschte Bestätigung. Nach einer Woche hatte ich so alle Dokumente zusammen. Wieder schickte ich den Visumantrag an die Schweizer Botschaft und wieder bekam ich eine schnelle Rückmeldung. Diesmal war sie positiv. Ich durfte also mit meinen Kindern legal einreisen und mich für drei Monate im Land aufhalten. Ich war erleichtert, denn das war ein großer Schritt.

Es gab nur noch ein Problem: Ich wusste nicht, wie ich in die Schweiz kommen sollte. Der Weg von Georgien bis dorthin ist weit. Die Flugtickets für meine Kinder und mich wären zu teuer gewesen. Auch mit der Hilfe meiner Eltern. Deshalb musste ich einen anderen Weg finden.

ROADTRIP

Drei Tage später standen wir vor dem Haus meiner Eltern, um uns von ihnen zu verabschieden. Ich hatte Tränen in den Augen. Zu gehen fiel mir alles andere als leicht. Vor mir war das Haus, in dem ich aufgewachsen war. Hier hatte ich meine ersten Schritte gemacht, Geburtstagsfeste gefeiert und mich von meiner Mutter trösten lassen, nachdem mich mein erster Freund verlassen hatte. So viele Erinnerungen waren damit verbunden. Und überhaupt, in Tiflis wohnten all meine Verwandten und Freunde. Zu gehen, um nach einem besseren Leben für meine Kinder und mich zu suchen, hieß automatisch, all diese Menschen zurückzulassen, sie vielleicht nie mehr wiederzusehen. Das tat mir weh. Aber es gab nur diese eine Möglichkeit, nur diese eine Chance. Saakaschwili war der Präsident – und er würde für die Georgier nur wenig tun. An etwas anderes konnte ich nicht mehr glauben. Die Situation würde sich nicht bessern, die Arbeitslosigkeit nicht zurückgehen, das Leben nicht einfacher werden. Es war Zeit zu gehen. Das war mir klar. Deshalb sah ich ein letztes Mal auf die graue Fassade des Hauses meiner Eltern. Ein letztes Mal in ihre alten Augen. Ich umarmte sie. Dann mussten wir los. Meine zwei Kinder schrien laut. Sie verstanden nicht, warum wir gingen. »Vielleicht können sie mir in ein paar Jahren verzeihen«, ging mir durch den Kopf.

Ich packte meine Kinder in das Auto, stieg selbst ein und fuhr los. Meine Eltern hatten mir ihren alten Lada geschenkt. Er tat seit mehr als 10 Jahren gute Dienste für sie. Auf dieses Auto war Verlass. Sie glaubten, dass ich mit ihm die 4.000 Kilometer in die Schweiz schaffen konnte.

Ich wollte die Route über Russland nehmen. Denn dort erwartete ich insgesamt weniger Grenzposten und Hindernisse. Die Straßen sollten uns von Georgien über Russland, die Ukraine, Ungarn und Österreich bis in die Schweiz führen. Die kritischen Punkte waren die Grenzübertritte, denn ich hatte keines der teuren und aufwändig zu beantragenden Transitvisa. Deshalb war es mein Plan, die Grenzen über kleine Landstraßen und Waldwege zu passieren. Dafür hatte ich mir im Voraus Karten besorgt. Sie sollten uns vor Ort weiterhelfen. Und ich hatte im Internet recherchiert. Es gab eigene Seiten für illegale Grenzübertritte. Dort war genau aufgeführt, wann, wo und wie man die Grenzen überqueren kann, ohne gefasst zu werden. Nach all diesen Vorbereitungen fühlte ich mich bereit aufzubrechen.

AM WEG — GULISA

Gleich zu Beginn unserer Reise mussten wir das Kaukasusgebirge durchqueren. Das war die einzige Möglichkeit, um von Georgien nach Russland zu kommen. Die Grenzen im Gebirge waren nicht allzu gut bewacht. Das machte es leichter. Dafür mussten wir aber über die Berge. Und das ist immer gefährlich.

Als wir die ersten Serpentinen hinauffuhren, war es bereits dunkel. Die Kinder schliefen unter dicken Decken. Aber ich war hellwach. Mein Puls ging schnell. Wir kletterten die Bergketten höher und höher hinauf. Die Luft wurde merkbar kühler und das Motorengeräusch des Ladas durchdrang die Nacht, wie eine Säge ein Stück Holz. Es war kalt. Auch innerhalb des Autos. Denn ich durfte das Fenster nicht schließen, um entgegenkommende Autos besser hören zu können. Außerdem war es stockdunkel und die Straße wurde nicht beleuchtet. Selten habe ich so eine dunkle Nacht erlebt. Das Licht durfte ich aber nicht einschalten, es hätte uns verraten. Und obwohl sich meine Pupillen mit der Zeit weiteten, ahnte ich die Straße mit ihren Kurven und Hindernissen mehr, als ich sie wirklich sah. Auf der einen Seite des kleinen Ladas der Abgrund, auf der anderen die steil ansteigenden Felswände. Die Angst davor, einen Fehler zu machen, war groß. Denn eine Kurve zu übersehen oder auf einer der Eisplatten die Kontrolle zu verlieren, hätte unseren Tod bedeuten können. Deshalb fuhr ich sehr langsam, bestimmt nicht schneller als 30 Stundenkilometer. Wir krochen vorwärts. Meter für Meter, Serpentine für Serpentine. Mein Körper zitterte, ich fror.

Gegen drei Uhr nachts, als wir gerade irgendwo im Kaukasusgebirge waren, hörte ich plötzlich ein herannahendes Auto. Am Anfang nur leise. Aber dann wurde das Motorengeräusch immer lauter. Ich wurde nervös. Was, wenn das eine Patrouille war? Sie hätten uns sofort wieder heimgeschickt. Aber ich wollte auf keinen Fall, dass die Reise an diesem Punkt endet. Deshalb suchte ich nach einem Versteck. Wir hatten Glück, denn rechts von der Straße breitete sich gerade ein flaches Stück Wald aus. Das war die einzige Möglichkeit. Ich lenkte nach rechts, mitten in das Unterholz und fuhr so schnell wie

Russlands Präsident Putin kündigte an, dass illegale Migranten nicht länger im Land geduldet und bei Verstoss gegen das Migrationsgesetz für drei bis zehn Jahre aus Russland verbannt würden. Illegale Immigranten können in Russland jeden Moment inhaftiert und für eine spätere Ausweisung in Internierungslager gebracht werden. 28/03/15–NEWSMAXWORLD

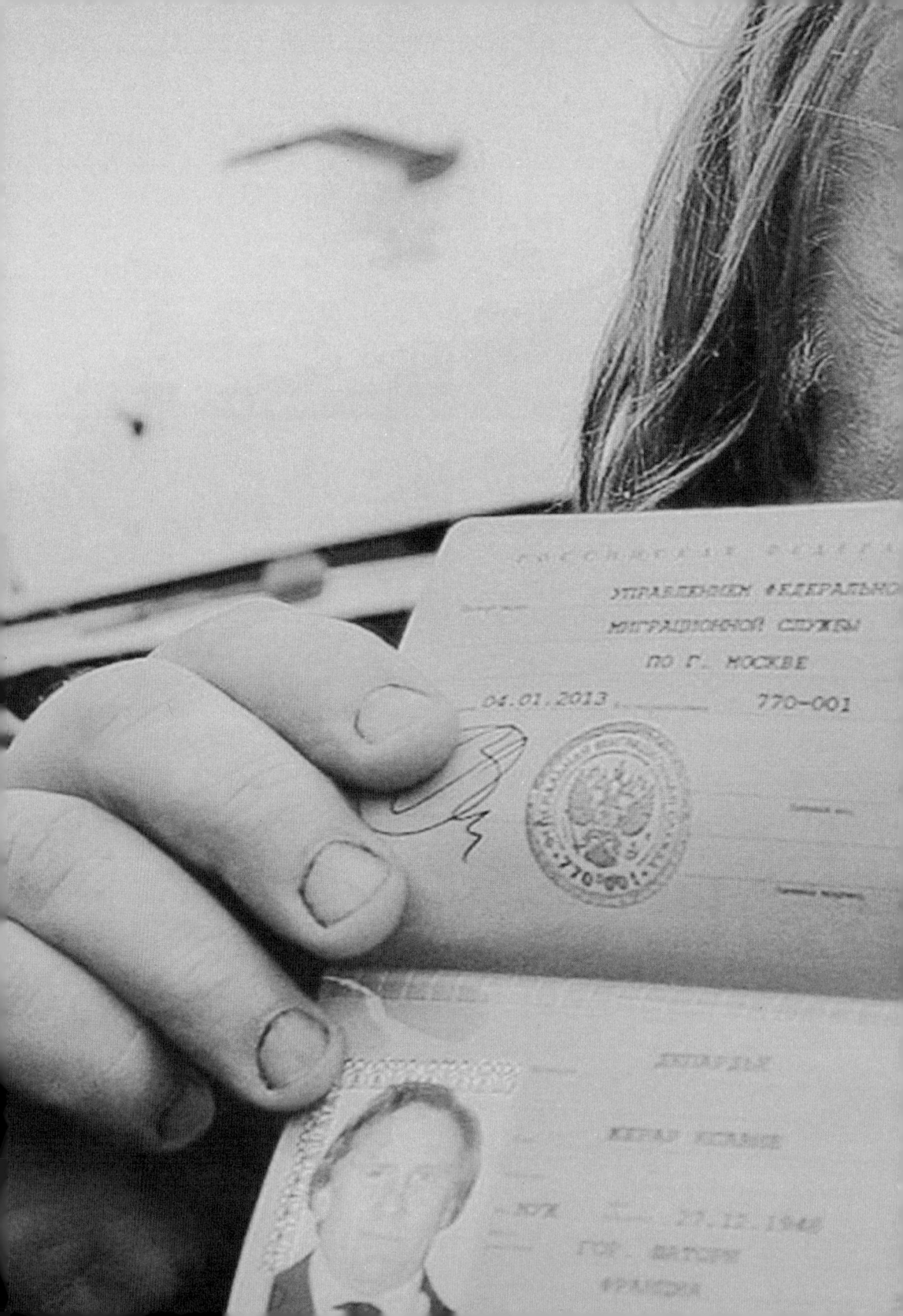

Former french actor Gerard Depardieu decided to avoid high taxes in France by becoming the citizen of Russia. He got a new passport right from the hands of the Russian president at Mordovia airport in Saransk. 06/01/13 – DRUGOI

möglich zwischen den Bäumen hindurch. Wir wurden hin- und hergeworfen. Ich fürchtete um die Reifen und die Achsen des alten Ladas. Im Gestrüpp hängen zu bleiben hätte das Ende bedeuten können. Nach ca. 50 Metern bremste ich und stellte den Motor ab. Einen Moment lang hörte ich nur meinen Atem. Nur ein paar Atemzüge, dann wurde das Motorengeräusch im Hintergrund wieder lauter. Am Fahrersitz machte ich mich so klein wie möglich. Plötzlich tauchte ein Lichtkegel auf der Straße auf. Wir waren so nah, dass ich den Fahrer sehen konnte. Aber ich wusste nicht, ob wir von der Straße aus zu sehen waren. Es war ein Jeep, der langsam die Serpentine entlangglitt. Es sah nach einem Militärfahrzeug aus, denn sie hatten einen Scheinwerfer am Dach. Damit durchleuchteten sie stichprobenartig den Wald, ließen Baumstämme aus der Dunkelheit hervortreten und wieder im Schwarz der Nacht versinken. Einmal rechts von der Straße, einmal links davon. Ich hielt die Luft an. Zwanzig, dreißig Sekunden. Dann verschwand der Lichtkegel hinter der nächsten Kurve. Es war kaum zu glauben. Sie hatten uns nicht entdeckt.

 Den Morgen nach dieser Nacht werde ich nie vergessen. Die Sonne ging auf, es wurde allmählich wärmer und ich war glücklich darüber, dass wir das Gebirge hinter uns gelassen hatten. Wir waren immer noch planmäßig unterwegs. Die Patrouille hatte uns nicht aufhalten können. Ich sah den kommenden Grenzüberquerungen nun auch voller Optimismus entgegen. Wer sollte uns schon aufhalten können, wenn es nicht einmal die Russen geschafft hatten? Von da an, waren wir der Schweiz um ein gutes Stück näher gekommen.

SCHLEICHWEG

Auf dem Weg von Russland in die Ukraine hatten wir keine Schwierigkeiten, alles lief nach Plan. Das einzige Problem war meine andauernde Müdigkeit. Denn wir hielten nur selten an, sodass ich kaum Schlaf bekam. Pausen machten wir nur manchmal auf den Parkplätzen von Raststationen. Dort stellte ich das Auto ab, wo man es nicht sofort sah, versperrte die

Türen und versuchte ein wenig zu schlafen. Meistens gelang es mir aber nicht. Denn ich machte mir Sorgen um die Kinder – obwohl sie hinter mir saßen. Und ich hatte Angst, dass uns Polizisten finden würden. Deshalb wachte ich schon bei den leisesten Geräuschen auf.

Das Autofahren war nach diesen kurzen Pausen sehr schwierig für mich. Auf der ukrainischen Autobahn schlief ich deshalb mehrmals hinter dem Lenker ein. Es waren aber nie mehr als zwei, drei Sekunden. Nur einmal kam ich so von der Spur ab. Nachdem mein Kopf hinuntersackte, war ich aber sofort wieder hellwach. Danach kaufte ich mir an der nächsten Tankstelle einen Energy-Drink und eine Packung Zigaretten. Eigentlich rauchte ich nicht. Aber die Kombination wirkte Wunder gegen die andauernde Müdigkeit.

Mein Plan war eigentlich, von der Ukraine über die ungarische Grenze in die EU einzureisen. Von Ungarn aus wäre es dann leicht gewesen, in die Schweiz zu kommen. Denn die Grenzen sind von da an offen. Kurz vor der ungarischen Grenze hatte ich dann aber einen Platten. Zum Glück hatte ich Reserverad und Wagenheber dabei. Und die nächste Raststation war auch gleich in der Nähe. Nachdem ich die Ausfahrt genommen hatte, stellte ich das Auto vor einem ukrainischen Restaurant ab. Ich holte Ersatzreifen und Werkzeug aus dem Kofferraum und legte alles auf den Boden. Dann starrte ich die Teile an. Mehr konnte ich nicht tun. Das Problem war, dass ich schon lange keinen Reifen mehr gewechselt hatte. In Tiflis besaß ich ja nicht einmal ein Auto.

Wahrscheinlich sah ich ziemlich ratlos aus. Denn nach einiger Zeit kam ein Mann vorbei und fragte mich, ob ich Hilfe benötigen würde. Zuerst verstand ich ihn nicht, weil er Ukrainisch sprach. Dann wechselte er aber ins Georgische. Ich war überrascht, denn ich hätte hier keinen Georgier erwartet. Er stellte sich als Sergey vor und erzählte, dass er in Georgien groß geworden sei, jetzt aber in der Ukraine leben würde. Er verdiente sein Geld damit, Holz über die ukrainische Grenze nach Ungarn zu bringen. Nachdem er mein Kennzeichen und meinen verzweifelten Blick gesehen hatte, dachte er, dass ich

__EU GRENZSCHUTZ__ – An der europäischen Außengrenze ist schon lange moderne Überwachungstechnik im Einsatz. Seit den 1970er Jahren werden Nachtsichtgeräte und tragbare seismische Bodensensoren eingesetzt. 1997 kamen mit dem Integrated Surveillance Intelligence System hochauflösende Kameras, Bewegungsmelder, Infrarotkameras und seismische Sensoren. 02/08/11 – HEISE •

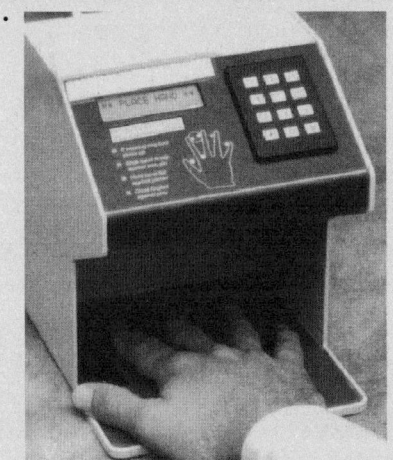

Die EU-Kommission hat ihre Pläne zum neuen Grenzmanagement präsentiert. Mit dem Programm „Smart Borders" soll verhindert werden, dass Personen länger als erlaubt in der EU bleiben. Dafür sollen alle Nicht-EU-Bürger bei der Einreise ihre Fingerabdrücke abgeben. Diese werden samt Zeitpunkt und Ort der Ein- und Ausreise in einem System gespeichert, auf das auch die Polizei europaweit Zugriff bekommen soll. Das neue Überwachungssystem richtet sich dadurch auch gegen Flüchtlinge. 01/03/13 – PROASYL •

Freeze!

ROBOTER AUF FLÜCHTLINGSJAGD – Die EU verknüpft Frontex stärker mit dem Militär und stellt den Einsatz von Militärflugzeugen, -schiffen und Drohnen in Aussicht. Weiters investiert sie 20 Mio. Euro in den Grenzroboter Talos, ein unbemanntes Fahrzeug, ausgestattet mit Kameras und Radar, dass illegale Migranten durch verbale Befehle zum Stehenbleiben bringen soll. 06/03/14–SOSMITMENSCH · +++ Nach aktuellen Zahlen des Friedensforschungsinstituts SIPRI ist der globale Rüstungsmarkt zwischen 2007 und 2011 um 24 % gewachsen. 14/10/13–SPIEGEL ·

»Dream Act« macht Einwanderern Hoffnung: Für viele von ihnen könnte die jahrelange Unsicherheit zu Ende gehen. Unter bestimmten Bedingungen dürfen sie eine zweijährige Arbeitserlaubnis beantragen. Auch wenn es ein Schachzug sein könnte, mit dem sich der Präsident Wählerstimmen sichern will, freuen sich AktivistInnen. 18/08/12–ARD ·

Im »Parque EcoAlberto« in Hidalgo, etwa zwei Stunden von Mexiko City und 100 Kilometer von der tatsächlichen Grenze zu den USA entfernt, werden Besucher zu illegalen Auswanderern. In einer vierstündigen Tour können die Teilnehmer für 18 US$ durch eine Simulation den illegalen Grenzübertritt in die USA am eigenen Leib erfahren. 27/06/13–STANDARD ·

vielleicht Hilfe benötigen könnte. Natürlich nahm ich sie sehr gerne an. Mit ihm war der Reifen dann in zehn Minuten gewechselt. Anscheinend machte er so etwas öfter.

Während des Reifenwechsels dachte ich mir, dass ich Sergey etwas zur ungarischen Grenze fragen sollte. Denn ich ahnte, dass sie sehr gut bewacht sein würde. Und ich wollte dort auf keinen Fall mit meinen Kindern erwischt werden. Er überquerte die Grenze wohl mehrmals im Monat auf abgelegenen Landstraßen und wusste bestimmt, wo die Grenzposten am häufigsten patrouillierten. Als der neue Reifen montiert war, fragte ich ihn deshalb um Rat. Ich erklärte ihm meine Lage und erzählte von den letzten Tagen. Danach fragte ich ihn, ob er wisse, welche Straßen die sichersten seien. Seine Antwort war ernüchternd. Er sagte, dass die Grenzwachen im Moment überall kontrollieren würden. Auch auf den kleinen Landstraßen und Waldwegen. Er wisse nicht, woran das liege. Aber es sei nun einmal so. Deshalb würde er mir empfehlen, nach Rumänien auszuweichen und von dort aus die Grenze nach Ungarn zu überqueren. Dort gäbe es genügend schlecht bewachte Straßen. Zum Beispiel zwischen Carei und Satu Mare. Ich solle einen der Wege zwischen den vielen Feldern nehmen. Das wäre eine sichere Sache, sagte er. Dann gab er mir die Hand und ging zu seinem Wagen zurück.

Ich beschloss, seinem Rat zu folgen, stieg mit meinen Kindern wieder ein und fuhr los. Und nur kurz nach der ukrainisch-rumänischen Grenze war ich in Carei. Das Dorf bestand lediglich aus ein paar Häusern. Fast alle hatten einen Acker. Ich parkte mein Auto am Dorfrand, neben einer verfallenen Scheune. Dort wartete ich so lange, bis es dunkel wurde. Weil es aber, als wir dort ankamen, erst Nachmittag war, sah ich mir in der Zwischenzeit die Feldwege an. Es gab einige davon. Immer zwischen zwei benachbarten Grundstücken führte einer hindurch. Auch in Richtung Grenze gingen einige. Am Horizont war bereits Ungarn zu sehen. Dazwischen nur ein bisschen Acker. Das war alles. Keine Grenzposten weit und breit, nur ein paar Bauern bei der Arbeit. Und die sollten schon bald Feierabend machen.

AM WEG — GULISA

Dann, kurz nach Mitternacht, brachen wir auf. Den Kindern sagte ich, dass sie keinen Ton von sich geben dürften. Ich ließ den Motor an und fuhr bis zum Straßenende. Dort bog ich auf einen der Feldwege ab. Weit entfernt waren die Lichter einiger weniger Häuser zu sehen. Ansonsten war es stockdunkel, fast wie im Kaukasus. Und wieder löschte ich das Licht und tastete mich fast blind vorwärts. Zum Glück gab es hier aber keine gefährlichen Abgründe, sondern nur flachen Acker. Der alte Lada schwankte auf und ab. Vor mir tanzte der Horizont, hob sich und senkte sich wieder. Ich fuhr langsam, denn ich wollte nicht zu laut sein. Unter uns knirschte die Erde, während die Grenze immer näher rückte. Nach einigen Minuten war sie vielleicht nur noch 200 Meter entfernt. Dann 150 Meter, dann nur noch 100. Ich hielt es kaum aus. Noch immer war kein Mensch zu sehen. Und dann endlich, nach zehn Minuten hatten wir wieder Schotterweg unter den Reifen. Der Acker war überquert – die Grenze war passiert. Wir waren in Ungarn. Niemand hatte uns bemerkt. Aber ich durfte mich nicht zu früh freuen, denn wir waren noch nicht in der Schweiz. Noch war nicht alles gut, wir mussten noch aufpassen. Und so fuhr ich weiter die Wege zwischen den Feldern entlang. Bis zum nächsten Dorf und von dort aus auf die Autobahn. Bald waren wir im Inneren Ungarns. Allmählich ließ die Anspannung nach. Wir hatten es fast geschafft. Das Tor Europas war durchquert. Jetzt lagen nur noch offene Grenzen vor uns. Ich jubelte still hinter dem Lenker. Von jetzt an würde alles nur noch leichter werden. Das Schlimmste war überstanden, und die Schweiz rückte immer näher.

Neuland

Neuland – Verortung

	AJAR	DEVI	JOÃO
Neuland	Empfangszentrum [Schweiz] Pizzadienst [Schweiz] Eheschließung [Schweiz]	Lügenmärchen [Schweiz] Putzen [Schweiz] Lähmung [Schweiz]	Pick-Up [Schweiz] Dealen [Schweiz] Ausschaffungshaft [Schweiz]

Ajar

EMPFANGSZENTRUM

Das Erste, was ich bemerkte war die kalte Luft. Denn gleich nachdem ich ausgestiegen war, blies dieser kalte Wind in mein Gesicht. Es schneite. So etwas kannte ich nicht. Und genauso wie ich diesen Schnee zum ersten Mal spürte, sah ich auch diesen Bahnhof zum ersten Mal – diesen Ort, diese Stadt. Blasse Menschen drängten sich an mir vorbei. Schirme gingen auf, Kragen wurden hochgezogen. Am Nachbargleis fuhr gerade ein Zug ein. Auf großen Schildern stand der Name der Stadt in einer fremden Sprache. Damit konnte ich aber nicht viel anfangen. Ich hatte keine Ahnung wo ich war. Keine Ahnung, wohin ich gehen sollte. Deshalb hörte ich auf meinen Bauch. Ich folgte dem Strom der Menschen. Ich lief mit ihnen den Bahnsteig entlang. So lange, bis wir eine Halle erreicht hatten. Dort gab es eine große Metallwand. Darin sah ich zum ersten Mal seit langem wieder mein Spiegelbild. Mein Körper war voller Dreck. Mein Gesicht war drahtiger. Und es war schwarz, voller Flecken. Ich sah aus, als hätte ich den Staub meiner gesamten Reise am Körper. Ich blickte mich um, sah auf die Tafeln und ging ein paar Schritte in eine Richtung.

Viel weiter kam ich aber nicht. Denn plötzlich standen drei Polizisten vor mir. Sie sagten etwas. Ich verstand es nicht. Dann wiederholten sie ihre Frage auf Englisch. Sie wollten meine Papiere sehen, einen Pass oder Ausweis. Zum Glück reichte mein Englisch für eine Antwort. »Papiere? Ich habe leider keine Papiere. Ich komme aus dem Irak und bin gerade angekommen.« Gleich nachdem ich meinen Satz beendet hatte, griff mir der eine an den Arm. Der andere erklärte mir, dass sie mich an einen Ort bringen würden, wo ich mich waschen, ausruhen und registrieren könne. Für mich klang das gut. Ich war froh darüber, Menschen gefunden zu haben, die mir helfen wollten.

Sie brachten mich dann in ein Empfangszentrum für Asylsuchende. Die Fahrt dorthin war lang. Das große Gebäude war nicht in der Stadt. Es war irgendwo im Wald. Zwischen Bäumen und Waldwegen. Am Weg dorthin wurden die Menschen immer weniger und die Straßen immer leerer.

Gleich nach meiner Ankunft stellte sich einer der Mitarbeiter bei mir vor. Er brachte eine Landkarte mit und zeigte mir, wo die Schweiz liegt. Dafür war ich ihm dankbar. Denn endlich wusste ich, wo ich war. Wie weit ich von daheim weg, wie weit ich gereist war. Danach erklärte er mir, was in den nächsten Tagen passieren sollte. Fingerabdrücke nehmen, ein Gesundheitscheck, Registrierung, Interviews. Außerdem sagte er noch, dass ich nicht mehr als 60 Tage in dem Zentrum bleiben würde. Das war das Maximum. Danach müssten sie mich an einen anderen Ort bringen. Mir war das alles recht. Hauptsache, sie gaben mir zu essen und bedrohten mich nicht mit Gewehren. Aber danach sah es dort wirklich nicht aus.

Ich teilte mir mein Zimmer dort mit neun anderen Menschen. Sie kamen alle aus den unterschiedlichsten Ländern. Afghanistan, Sudan, Eritrea, Tibet. Es gab auch einige Iraker. Sie flüchteten, genauso wie ich, vor dem Krieg und der Gewalt, bis in die Schweiz.

Das Zentrum war ziemlich überfüllt. Einer erzählte mir, dass bis vor kurzem sogar einige Bewohner auf der Straße vor dem Gebäude übernachten mussten. Und weil im Empfangszentrum so viele Menschen zusammenkamen, tauchten immer wieder Probleme auf. Einige waren aggressiv, schlugen sich oder stahlen. Obwohl es wirklich nicht nötig gewesen wäre. Denn für uns wurde gut gesorgt. Drei Mahlzeiten am Tag und ein warmes Bett. Wir mussten nur ab und zu putzen. Das war alles.

Die Tage vergingen, an denen nichts geschah. Ich vertrieb mir die Zeit, so gut es ging. Tischtennis, Spaziergänge, mit den anderen reden. Viel mehr konnte man aber auch nicht tun. Ich wurde etwas unruhig, fragte mich, ob sie mich vergessen hätten oder etwas nicht stimmte. Man weiß ja nie. Dann, nach einer Woche, wurde ich aber doch zum ersten Mal interviewt. An einem Morgen holten sie mich aus meinem Zimmer und führten mich durch den Trakt der Mitarbeiter. Vorbereiten konnte ich mich nicht. Zuerst hatte ich keine Ahnung, was sie von mir wollten. Wir gingen in den obersten Stock des Gebäudes, dreimal um die Ecke, wieder einen langen Gang entlang. Dann klopften wir an eine Tür. Jemand öffnete; in dem Büro warteten schon zwei Männer hinter dem Schreibtisch. Ihre Gesichter waren kaum zu erkennen, denn der Raum war ziemlich dunkel. Nur eine Schreibtischlampe erhellte das Zimmer. Durch das Fenster drang wenig Licht, weil es noch früh am Morgen war. Dann musste ich mich setzen.

Gleich zu Beginn fragten sie mich, in welcher Sprache ich das Gespräch führen wolle. Danach begannen sie, Fragen zu stellen. Sie wollten alles Mögliche von mir wissen. Woher ich komme, wie ich aufgewachsen bin, warum ich mein Land verlassen habe und so weiter. Der eine Mann fragte mich, der andere neben ihm tippte alles in einen Computer. Wort für Wort. Während ich sprach, sah mich der eine sehr genau an. So, als würde er jedes Wort aus meinem Mund bewerten. Sofort nachdem ich mit meiner Antwort fertig war, kam auch schon die nächste Frage, und die nächste, und die nächste. Schlag auf Schlag.

Mit der Zeit wurden die Fragen immer seltsamer. »Was hast du im Irak in deiner Freizeit gemacht? Wie hieß dein Nachbar? Wie groß war deine Freundin? Welche Farbe hatte deine Hose am Tag deiner Flucht?« Das absurdeste Zeug wollten sie wissen. Mein erstes Interview dauerte bestimmt drei Stunden. Pause gab es nur eine. Es war ermüdend. Ich konnte

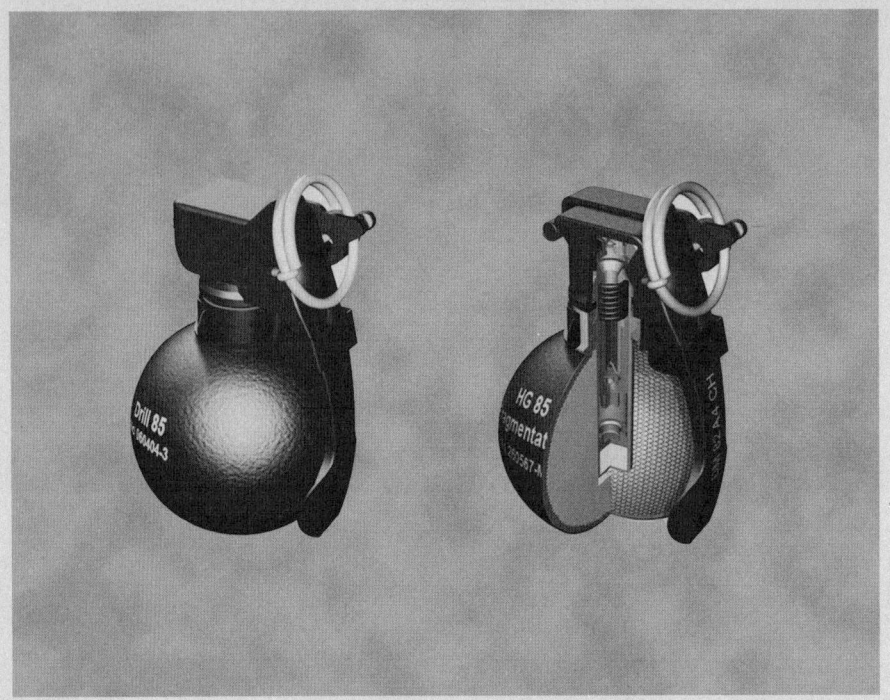

SCHWEIZER WAFFEN IM SYRISCHEN PULVERFASS – Granaten vom bundeseigenen Rüstungsbetrieb Ruag in Bern sollen in Syrien aufgetaucht sein. Ein Reporter, der die Rebellen beim Kampf begleitete, entdeckte und fotografierte die Waffen am Donnerstag in der syrischen Ortschaft Marea. 01/07/12–TAGZ • **KEIN KONTINGENT IRAKISCHER FLÜCHTLINGE** – Der Schweizer Bundesrat hat einen kürzlich gestellten Antrag von Außenministerin Micheline Calmy-Rey abgelehnt, ein Kontingent von 500 irakischen Flüchtlingen aufzunehmen und einem entsprechenden Begehren des UNO-Flüchtlingshilfswerks Folge zu leisten. 16/05/07–HUMANRIGHTS •

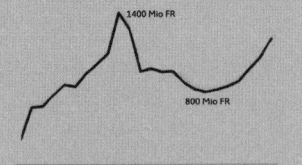

KOSTEN-EXPLOSION! DIE MILLIONENSCHWERE ASYLPOLITIK TREIBT DIE SCHWEIZ TIEFER IN DIE ROTEN ZAHLEN – Die Asylkosten explodieren: Für 2013 budgetiert der Bund 169 Millionen Franken mehr. 97 Millionen Nachtragskredit kommen hinzu. Macht eine Viertelmilliarde extra! 07/10/12–BLICK •

Seit November dient die Zivilschutzanlage bei dem Solothurner Bürgerspital vorübergehend als Asylheim. Das Nebeneinander von Asylsuchenden und Spitalsmitarbeitern gestaltet sich angespannt. Um dem Unsicherheitsgefühl zu begegnen, können sich Mitarbeiter deshalb in der Nacht von einem Securitas-Mann zu ihrem Auto begleiten lassen. 19/04/12–SOLOTZ

Ausbildungsprogramm der Securitas. Das resolute, oft unprofessionelle und gewaltbereite Auftreten privater Sicherheitsfirmen fördert laut Schweizer Fanarbeitern Ausschreitungen vor Fußballspielen. Auch andere Stimmen finden: Künftig soll klub- oder stadioneigenes Personal die Anhänger kontrollieren. 23/02/13 – TAGBLATT •

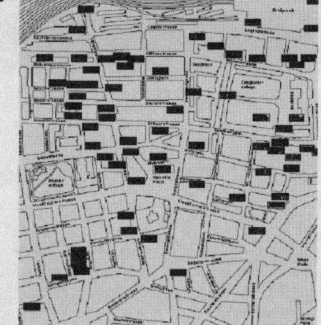

<u>ÜBERWACHUNG DER STADT ZÜRICH</u> – Täglich zeichnen hunderte von Videokameras in der Stadt Zürich das öffentliche Leben auf. Sie dienen zur Verhaltenskontrolle, Beweissicherung und Einsatzplanung in Krisenfällen. Die meisten der Kameras sind dabei auch noch untereinander vernetzt.

17/02/09 – TAGESANZEIGER •

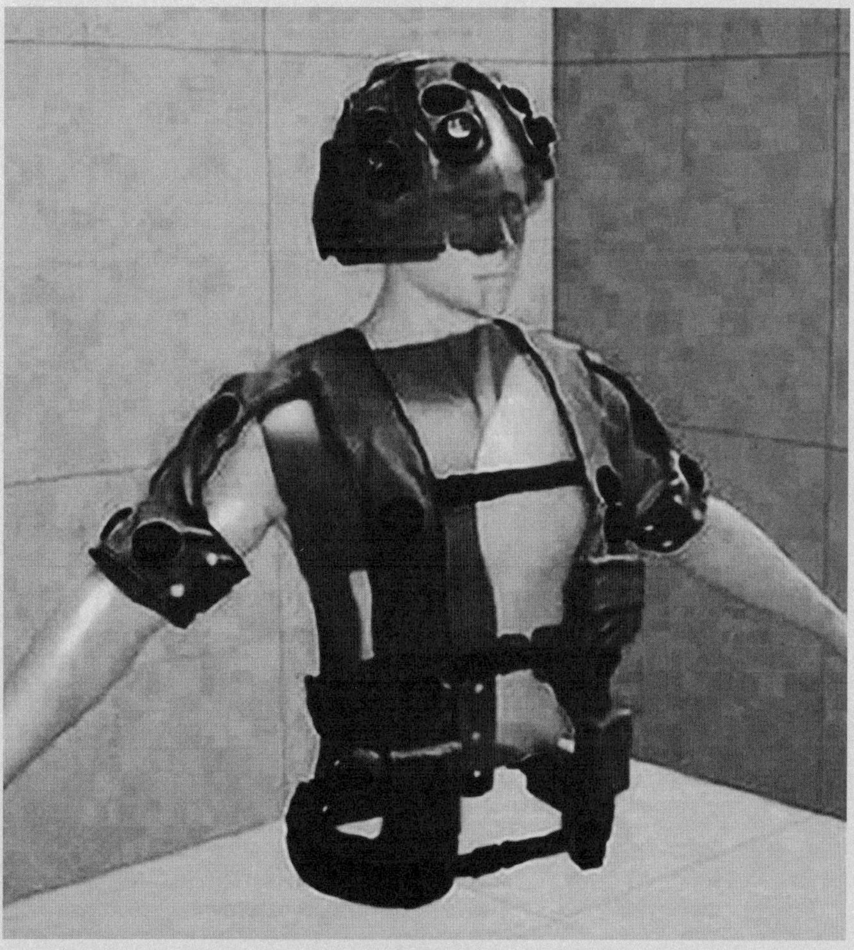

GladiatorTM ist ein neues Schweizer High-Tech-Trainingssystem des Ruag-Konzerns, das für die realitätsnahe Ausbildung von Spezialeinheiten, Polizeieinsatzkräften und Kampftruppen vom Gruppen- bis zum Brigadelevel entwickelt wurde. Es ermöglicht gleichzeitiges Feuern und Bewegen in den unterschiedlichsten Ausbildungsszenarios. 30/11/09 – RUAG •

mich kaum konzentrieren und brachte immer wieder Details durcheinander, versuchte mich zu korrigieren oder setzte neu an. Es war schwierig, über all die Dinge zu sprechen. Noch einmal alles zu erzählen, alles vor sich zu sehen und zu fühlen. Aber die Mitarbeiter hatten Verständnis. Sie meinten, dass all das nötig sei. Nur so könnten sie über mein Asylgesuch entscheiden. Ganz verstand ich das aber nicht. Schließlich kam ich direkt aus dem Krieg. Aber bitte.

Ich blieb die vollen zwei Monate in dem Empfangszentrum. Die Tage waren lang, die Zeit zog sich endlos hin. Und dann kam natürlich auch noch die Ungewissheit über die eigene Zukunft dazu. All das machte mich müde. Ich wurde immer träger, ging kaum noch raus, eine Schwerfälligkeit legte sich über mich, mein Körper und auch mein Kopf waren am Ende wie wolkenverhangen.

Sie riefen mich bestimmt noch vier oder fünf Mal zu sich. Bei jedem Mal musste ich wieder alles von neuem erzählen. Und jedes Mal stellten sie kritischere Fragen. Die letzten beiden Male verwirrten sie mich so sehr, dass ich danach völlig durcheinander war. Sie warfen mir vor zu lügen. Sie sagten auch, dass ich keinen Pass habe, der irgendetwas bezeugen könnte. Und die Geschichte, die ich ihnen erzählt habe, würde jedes Mal ein wenig anders klingen. Nach 60 Tagen sagte mir dann jemand, dass ich kein Asyl bekommen würde. Weil meine Daten in Griechenland aufgenommen worden waren, musste dort über meinen Asylantrag entschieden werden. Sie erklärten mir, dass ich dorthin zurück müsse. Es gäbe nur diese eine Möglichkeit, wenn ich in Europa bleiben wolle. Entweder würde ich freiwillig gehen, oder unter dem Zwang der Schweizer Behörden, das konnte ich mir aussuchen.

Die Vorstellung, wieder nach Griechenland zurückzukehren, machte mir Angst. Meine Erinnerungen an das Land waren noch nicht verheilt. Die Wunden auf meinem Rücken platzten manchmal auf, die Brutalität der Polizisten ging mir immer wieder durch den Kopf. Ich wollte auf keinen Fall dorthin zurück. In Griechenland herrschte Chaos, die Ämter waren hoffnungslos überfüllt, es gab kaum Arbeit und die Gefängnisse waren überfüllt – größtenteils mit illegalen Einwanderern. Dort gab es keine Zukunft für mich. Wenn ich versucht hätte, in Griechenland Fuß zu fassen, hätten mir nur wieder Haft und Folter gedroht. Am Ende hätten sie mich vielleicht noch zurück in den Irak geschickt. Zurück in den Krieg und die Gewalt. Griechenland wäre die Hölle gewesen, es hätte mein Ende bedeutet, das war mir klar. Deshalb entschied ich mich noch in jenem Moment dafür, in der Schweiz zu bleiben. Unabhängig davon, ob es erlaubt war oder nicht. Unabhängig davon, ob es den Behörden recht war oder nicht.

PIZZADIENST

Drei Jahre später war ich noch immer in derselben Stadt. Nachdem sie mir erklärt hatten, dass ich gehen müsse, flüchtete ich aus dem Zentrum. Abzuhauen war leicht, denn wir durften das Gelände des Empfangszentrums tagsüber verlassen. Gleich nachdem sie meinen Asylantrag abgelehnt hatten, ging ich zum Tor hinaus. Ich folgte dem Verlauf der Straße. Ich sah mich andauernd um, fürchtete, dass sie mich verfolgen würden. Aber niemanden kümmerte es. Ich irrte durch die Gegend, verlief mich, hatte keine Ahnung, wo ich war. Nach ein paar Stunden kam ich in eine Stadt. Ich hoffte dort jemanden anzutreffen, der kurdisch aussah. Ich wollte um Hilfe bitten. Aber die ersten Tage vergingen, ohne dass ich jemanden ansprach. Nur europäische Gesichter. Ich wollte nicht mit ihnen reden, denn ich hatte Angst davor, dass sie mich bei der Polizei melden würden.

Während dieser Tage war es noch immer Winter. Es war kalt, besonders nachts. Geschlafen habe ich unter Brücken und in Parks. Tagsüber wärmte ich mich manchmal in Kirchen oder Kaufhäusern auf. Ich hatte keine andere Wahl, es war die einzige Möglichkeit die ich hatte.

Nach drei Tagen Umherirren fand ich schließlich ein kurdisch-schweizerisches Kulturzentrum. Ich konnte die Schrift über dem Eingang lesen und dachte, dass man mir dort vielleicht helfen könnte. Einen Versuch war es immerhin wert.

Und die Menschen waren tatsächlich hilfsbereit. Sie hörten sich meine Geschichte an. Sie nickten mir geduldig zu und gaben mir zu essen. Nachdem ich fertig war, fragte ich ganz direkt: »Was soll ich tun? Ich habe keinen Platz zum Schlafen, weiß nicht wohin«. Sie dachten kurz nach, besprachen sich, riefen jemanden an. Und nur eine halbe Stunde später stellten sie mir Sajab vor. Er war auch Iraker. Aber er war schon vier Jahre in der Schweiz. Und er hatte schon seit Längerem eine Aufenthaltsbewilligung. Weil er legal im Land war, durfte er auch legal arbeiten. Die ersten Jahre hatte er als Küchenhilfe Geld verdient. Jetzt wollte er aber seinen eigenen Laden aufmachen. Dort wollte er Pizza und Pasta verkaufen. Einen Zustellservice sollte es auch geben. Eigentlich untypisch für einen Iraker. Aber er meinte, dass dieses Geschäft in der Schweiz funktionieren würde.

Auf jeden Fall stand ihm noch die gesamte Arbeit bevor, denn er hatte gerade erst ein altes Lokal übernommen. Er hatte noch keine Einrichtung, keine Küche, keine Speisekarte, nichts. Viel Geld hatte er auch nicht. Er brauchte jede helfende Hand, die er bekommen konnte. Deshalb fragte er mich noch gleich im Kulturzentrum, ob ich nicht für ihn arbeiten wolle. Er sagte, dass er mir zwar nichts bezahlen könne, dafür würde er mir aber das Essen und ein Zimmer zur Verfügung stellen. Seine Wohnung sei groß genug. Ich könne dort im Gästezimmer wohnen und wir würden gemeinsam am Pizzalokal arbeiten. Ich dachte nicht zweimal nach. Natürlich sagte ich ja.

Drei Jahre später arbeitete ich noch immer für Sajab. Nachdem wir das Lokal fertiggestellt hatten, bot er mir an, für ihn als Fahrer zu arbeiten, auch ohne Bewilligung. Mittlerweile waren wir Freunde und ich mochte seine Idee. So verdiente ich regelmäßig Geld und konnte mir vielleicht schon bald eine eigene Wohnung leisten.

Die Arbeit als Pizzalieferant war anstrengend. Sajabs Laden hatte bis in die frühen Morgenstunden geöffnet. Ich musste immer bereit sein, denn es konnten in jedem Moment Bestellungen eingehen. Bei jedem Wetter und beinahe zu jeder Tageszeit. Es war anstrengend, aber brachte Geld.

Auf meinem Moped brachte ich Pizza, Nudeln und Tiramisu so schnell wie möglich zu den Kunden. Und jede Fahrt auf dem Roller war ein Risiko. Denn ich hatte weder Führerschein, Pass, noch eine Aufenthaltsgenehmigung. Eine Polizeikontrolle hätte mein Ende bedeutet. Dann hätte ich meinen Job vergessen können. Sie hätten mich vielleicht eingesperrt oder mir meinen Job weggenommen. Deshalb schlug mein Herz immer etwas schneller, wenn ich einen Polizeiwagen neben mir sah. Ich wurde aber nie kontrolliert. Eigentlich ein kleines Wunder. Vielleicht lag es daran, dass ich einen Helm trug. Denn der versteckte mein kurdisches Gesicht. Er verhinderte, dass jemand auf die Idee kam, dass ich ein Illegaler war.

Aber nicht nur auf dem Moped war es gefährlich. Auch zu Fuß musste ich vorsichtig sein. Denn es gab überall Polizeistreifen. Ich wusste von anderen Kurden, dass sie Iraker manchmal für einige Tage verhafteten, weil sie keine Papiere hatten. Ausschaffen durften sie uns zwar nicht, einsperren aber schon. Angeblich wollten sie uns so loswerden. Deshalb sah ich mich immer nervös in der Gegend um. Ich blickte vor mich, hinter mich, auf die andere Straßenseite und in die Querstraßen. Den Blicken der anderen Menschen wich ich so gut wie möglich aus. Wenn ich schließlich einen Polizisten sah, drehte ich mich unauffällig um oder bog in die nächste Seitengasse ein. Große Straßen versuchte ich zu meiden. Außerdem war ich immer alleine unterwegs. Denn mit anderen Kurden in einer Gruppe herumzulaufen, wäre zu gefährlich gewesen. So fiel man schneller auf und lief Gefahr, kontrolliert zu werden. Außer Haus ging ich wegen all dem nur, wenn es auch wirklich nötig war. Ich verbrachte die freien Tage lieber daheim vor dem Fernseher oder auch manchmal mit Sajab im Lokal. Das war sicherer.

EHESCHLIESSUNG

Nach fünf Jahren in der Schweiz verliebte ich mich in eine Frau. Sie war eine Stammkundin der Pizzeria von Sajab. Ungefähr einmal pro Woche bestellte sie Spaghetti Carbonara von zu Hause aus. Ich freute mich immer, wenn ich ihr etwas liefern durfte. Sie war sehr attraktiv und immer freundlich. Ihre Stimme war sanft. Wenn ich sie schon sah, ging es mir besser. Dann fühlte ich mich nicht mehr wie jemand, der sich verstecken musste, sondern wie ein Mensch. Bei ihr hatte ich das Gefühl, respektiert zu werden, unabhängig von einem Pass oder sonstigen Papieren. Und das, obwohl ich sie überhaupt nicht kannte. Aber so ist wohl die Liebe. Ich überlegte mir bei jeder Fahrt zu ihr, wie ich es ihr sagen könnte. Trotzdem blieb ich lange stumm. Erst nach einem halben Jahr tat ich etwas. Ich lieferte ihr zu den Spaghetti Rosen und einen Brief mit. Sie verstand es. Und anscheinend mochte sie mich auch. Denn bei der nächsten Lieferung bat sie mich herein. Einen Monat später waren wir ein Paar, ich zog zu ihr und nach einem Jahr wollten wir heiraten. Ich war so glücklich wie schon lange nicht mehr.

Für die Heirat in der Schweiz brauchte ich aber offizielle Dokumente. Deshalb kontaktierte ich meine Verwandten in Kurdistan. Sie halfen mir, indem sie mir eine Identitätskarte besorgten. Nach einem Monat war sie da. Zusammen mit ein paar anderen Dokumenten gingen wir damit zum Zivilstandsamt. Natürlich hatte ich Angst. Denn es war das erste Mal seit meiner Zeit im Empfangszentrum, dass mich die Behörden sahen. Das erste Mal seit fünf Jahren, dass ich mich zu erkennen gab. Als wir dem Beamten sagten, dass wir heiraten wollten, nickte er erfreut. Als wir aber weiter erklärten, dass ich über keine Aufenthaltsbewilligung verfügte, verlor er sein Lächeln. Er sah uns skeptisch an und sagte nichts. Wahrscheinlich dachte er, dass wir eine Scheinehe planten. Das machten viele Illegale, um sich auf einfache Art und Weise eine Aufenthaltsbewilligung zu verschaffen. Und nur einen Moment später trat ein, was ich schon insgeheim befürchtet hatte. Er griff zu seinem Telefon und kontaktierte jemanden. Und er sandte meine Identitätskarte in das Labor der Polizei. Wir konnten nichts tun. Wochen nach dem Vorfall erklärte uns jemand, dass der Beamte dazu keine Befugnis gehabt hätte. Aber damals waren wir gegen seinen Übereifer machtlos.

EHEVERBOT FÜR SANS-PAPIERS – Seit 2011 können in der Schweiz nur noch Menschen heiraten, die ihren Aufenthalt durch eine Bewilligung o. ä. nachweisen können. Damit gilt ein faktisches Eheverbot für Sans-Papiers und ihre PartnerInnen. Von 3500 Ehen, die 2008 in Zürich überprüft wurden, stellten sich 500 als Scheinehen heraus. 10/06/10–HRW · **MENSCHENRECHTE, ARTIKEL 16, ABSCHNITT 1** – Heiratsfähige Männer und Frauen haben ohne jede Beschränkung auf Grund ihrer Rasse und Herkunft, ihrer Staatsangehörigkeit oder ihrer religiösen Orientierung das Recht, zu heiraten und eine Familie zu gründen. Sie haben bei der Eheschließung, während der Ehe und bei der Auflösung die gleichen Rechte. 2014–UN · **DATING WORLD** – Alle ukrainischen und russischen jungen Frauen, die Sie auf unserer Seite »Dating World« sehen, möchten eine Ehe eingehen. Vergessen Sie nicht, dass Millionen von attraktiven, schönen und sehr gebildeten Frauen, die in der ehemaligen Sowjetunion leben, einen liebevollen Mann aus dem Westen suchen. 25/08/14–DAW ·

Der internationale Sextourismus hat sich in den letzten Jahren von Südostasien in den Nordosten Brasiliens ausgeweitet. Dabei hat die Mädchen-Prostitution erschreckende Ausmaße angenommen. Tourismus – eine vom IWF empfohlene Entwicklungsstrategie – wird als Lösung sozialer

Probleme propagiert und soll Geld einbringen. Ein Kartell hat in Brasilien dementsprechend eine Tourismus-Struktur geschaffen und zieht hohe Gewinne aus dem Prostitutionsgeschäft mit Minderjährigen. 1994 – HELLBERND

Die darauffolgenden Wochen waren schwer. Und enttäuschend. Denn nicht nur das Amt unterstellte uns eine Scheinehe, sondern auch Freunde. Viele glaubten nicht, dass wir aus Liebe heiraten wollten. Sie verdrehten hinter unseren Rücken die Augen und sprachen schlecht über uns. »Die heiraten nur, damit er endlich eine Bewilligung bekommt und nicht mehr Pizzen ausliefern muss. Die lieben sich doch gar nicht. Sie tut ihm ja nur einen Gefallen.« Das war frustrierend. Am liebsten hätte ich der ganzen Welt ins Gesicht geschrien, wie sehr ich meine Frau liebte.

Nach einem weiteren Monat kam schließlich die nächste Enttäuschung. Ein Brief vom Urkundenamt. Sie schrieben, dass meine Identitätskarte eine Fälschung sei. Wir konnten es nicht glauben. Schließlich war die Identitätskarte echt. Meine Verwandten in Kurdistan hatten sie am Amt ausstellen lassen. Wir konnten nicht fassen, dass man uns das Leben so schwer machte. Ich fragte mich, was die Schweiz eigentlich gegen mich – gegen uns – hatte. Ich war genauso ein Mensch wie alle anderen hier. Warum hatten wir dann nicht auch genau die gleichen Rechte? Nur weil ich dieses Blatt Papier nicht besaß? Lächerlich. War es unser Fehler, dass wir uns ineinander verliebt hatten?

Aber wir wollten nicht aufgeben. So viel stand fest. Deshalb beschlossen wir, uns einen Anwalt zu suchen. Er sollte uns helfen; denn genug war genug. Mit ihm forderten wir eine gerichtliche Feststellung meiner Personalien. So sollte meine Identität bewiesen werden, damit wir heiraten durften. Natürlich mussten wir den Anwalt bezahlen. Es war eine schwierige Zeit. Der Alltag war hart. Wir arbeiteten viel, um die Anwaltskosten wieder hereinzuholen. Aber wir hofften, dass es sich am Ende auszahlen würde.

Während wir auf die Entscheidung des Gerichts warteten, passierte dann, wovor ich mich immer gefürchtet hatte. Eines Tages stand plötzlich die Polizei vor unserer Tür. Wir verabschiedeten gerade Freunde. Bevor wir die Tür wieder schließen konnten, waren sie schon in der Wohnung. Sie beschuldigten mich des illegalen Aufenthalts, legten mir

Handschellen um die Handgelenke und führten mich ab. Es passierte von einem Moment auf den nächsten. Zum Nachdenken blieb keine Zeit. Zuerst zwängten sie mich in ihr Auto und danach in eine Zelle. Ich wusste nicht, wie lange sie mich hier behalten würden. Niemand sagte mir, was sie vorhatten. Mit jedem Tag wurde ich nervöser. Ich hatte Angst, meine Frau nicht mehr wiederzusehen; Angst davor, einfach ausgeschafft zu werden. Als ich in der Zelle war, wurde es immer schlimmer. Ich schlief kaum noch und machte mir große Sorgen. Ich fragte bestimmt zehnmal am Tag, aber sie ließen mich mit meinen Fragen alleine. Und so kreisten meine Gedanken immerfort um dasselbe Thema – denn ich wusste von anderen Kurden, dass sie einen sehr plötzlich und ohne Vorwarnung ausschaffen konnten. Man wurde weggesperrt, an einen anderen Ort gebracht und schließlich ausgeflogen. Fragen stellten sie dabei keine, Anhörungen gab es nicht. Sich zu wehren war zwecklos, die Entscheidung über einen war gefallen; es gab nur noch eine amtliche Anweisung, die es auszuführen galt. Ich hätte es einfach nicht ausgehalten, wenn sie mich so von meiner Frau getrennt hätten.

Zum Glück konnte meine Frau aber bereits nach drei Tagen eine Freilassung erzwingen. Zusammen mit einer sozialen Organisation und unserem Anwalt holte sie mich heraus. Ein Schock war es trotzdem. Dass sie mich von einem Tag auf den nächsten einfach so abführen und wegsperren konnten, hatte ich mir davor nur in meinen Albträumen ausgemalt.

Das Gericht forderte dann noch zusätzliche Dokumente von mir. Also rief ich wieder meine Verwandten in Kurdistan an. Ich bat sie wieder darum, alle Papiere zu besorgen. Sie taten es und nur drei Wochen später hatten wir alles beisammen. Eine Woche darauf standen wir im neu renovierten Stadthaus, um zu heiraten. Jetzt konnte uns niemand mehr hindern. Endlich hatten wir es geschafft, trotz all der Hindernisse, die uns in den Weg gelegt worden waren. Vor mir der Standesbeamte, neben mir meine neue Frau. Es war ein regnerischer Tag, aber in mir war es trotz allem hell. Denn ich wusste, dass von jetzt an alles einfacher werden würde. Von diesem

Moment an durfte ich legal hier leben, legal hier lieben. Mit meiner Frau zusammen sein und mit ihr Kinder haben. Und ich hatte die Hoffnung, von da an als gleichwertiger Mensch behandelt zu werden; in einem Land, das mir bis dahin verboten hatte, innerhalb seiner Grenzen zu existieren.

NEULAND — AJAR

Devi

LÜGENMÄRCHEN

Ich ging den ganzen Abend die Straßen entlang. Wohin ich wollte, wusste ich nicht. Ich setzte einfach einen Fuß vor den anderen, Schritt für Schritt. So vergingen die Stunden, bis es schließlich dunkel wurde. Langsam brach die Nacht herein. Es wurde kälter. Und mit jeder Minute wurde mir unwohler. Ich wusste nicht, wo ich schlafen sollte.

Aber ich hatte Glück. Denn noch bevor sich die Straßen endgültig leerten, sah ich einen kleinen indischen Imbiss. Er lag unauffällig in einer Nische zwischen zwei Mietshäusern. Was sie verkauften, sah nach Samosa und Naan aus. Soviel war hinter den Glasscheiben und all dem Dampf zu erkennen. Auch die Verkäufer schienen Inder zu sein. Vor dem Imbiss standen nur wenige Leute. Ich wollte dort um Hilfe bitten.

Meine Landsleute brachten mich dann zu einem großen Gebäude etwas außerhalb der Stadt. Im dunklen Nachthimmel waren nur die Umrisse der Hausmauern zu erahnen. Ich hatte keine Ahnung, wo ich war. Gleich nach meiner Ankunft bekam ich zwar ein Bett in einem Zimmer, aber niemand von den Mitarbeitern erklärte mir, was ich dort sollte. Erst die anderen Bewohnerinnen halfen mir. Sie sagten, dass die Schweiz hier darüber entscheiden würde, ob ich im Land bleiben dürfe oder nicht. Eine holte mich dann zu sich und erklärte mir noch mehr. »Ich verrate dir etwas. Es ist wichtig. Hör zu: Du darfst nur hier bleiben, wenn dein Leben in Indien bedroht ist. Nur dann bekommst du Asyl. Wenn dich daheim aber niemand umbringen will, dann hast du Pech gehabt. Dann schicken sie dich sofort wieder nach Hause. Also überlege dir gut, was du ihnen erzählst.«

Das waren keine guten Nachrichten. Denn so wie es aussah, hatte ich mit meiner Geschichte in diesem Land keine Chance. Mein Leben war nie direkt bedroht worden; in Indien wollte mich niemand töten ... Ich wollte aber trotzdem unbedingt bleiben – nicht wieder zurück in die Fabriken Indiens, nicht wieder zurück in die Armut. Ich war mir sicher, dass man in der Schweiz Haushälterinnen wie mich gut gebrauchen könnte. Es musste einfach so sein. Und das Geld, das ich hier verdienen würde, würde meinen Kindern daheim sehr helfen, damit sie weiter zur Schule gehen konnten. Denn wenn sie ihre Ausbildung erst abgeschlossen hätten, würden sie es einmal besser haben. Sie sollten später nicht in den Fabriken arbeiten müssen. Sie sollten einen Job haben, der ihnen ein gutes Leben ermöglicht. An diese Idee klammerte ich mich.

Weil meine wahre Geschichte nicht reichen würde, musste ich mir also etwas anderes einfallen lassen, um trotzdem in der Schweiz bleiben zu dürfen. Ich musste lügen. Es ging nicht anders. Ich erzählte den Beamten, die über mein Asylgesuch entscheiden sollten, ein Märchen. Einfach irgendetwas, das ich mir aus den Geschichten der anderen zusammengereimt hatte. Ich sagte, dass ich in Indien politisch aktiv war und deshalb verfolgt und bedroht werden würde. Ich erzählte ihnen, dass ich auf keinen Fall zurück könne, dass es zu gefährlich sei, sie mich umbringen würden und so weiter. Aber, was soll ich sagen, ich bin keine gute Lügnerin. Dafür habe ich wohl kein Talent. Sie fragten mich nämlich nicht nur einmal nach meiner Geschichte, sondern öfter. Und sie wollten immer alles ganz genau wissen. Ich musste immer wieder genau dieselben Dinge erzählen. Aber ich machte Fehler. Ich vergaß und vermischte die Details. Ich verstrickte mich in Widersprüchen. Es war zu kompliziert, immer wieder auf die gleiche Art und Weise zu lügen und immer wieder genau das Gleiche zu erzählen. Sie merkten schnell, dass ich nicht die Wahrheit sagte. Außerdem meinten sie, dass Indien groß genug sei und ich problemlos in eine andere Region gehen könne, falls ich wirklich bedroht werde.

Obwohl allen klar war, dass ich log und die Schweiz verlassen musste, konnte ich lange bleiben. Denn ich legte immer wieder Einspruch ein und forderte, dass mein Fall nochmals geprüft wird. Ich wusste, dass meine Chancen gering waren. Aber ich wollte nicht aufgeben. Ich wollte unbedingt in der Schweiz bleiben, um hier mein Glück zu versuchen. Denn in Indien, da hätte ich nichts gehabt. Die Schweiz war in diesem Moment meine einzige Chance. Aber das verstand leider keiner. Die endgültige Entscheidung dauerte länger als zwei Jahre. Man verlegte mich von einem Heim ins nächste: Oerlikon, Bülach, Hinteregg. Aber am Ende hieß es trotzdem: Nein, ich dürfe nicht hier bleiben.

PUTZEN

In diesen zwei Jahren, während ich auf die Entscheidung über meinen Antrag wartete, konnte ich aber nicht nur im Asylheim sitzen und nichts tun. Denn meine Kinder waren auf mich angewiesen. Für sie musste ich Geld verdienen. Um das zu können, musste ich aber zuerst die Sprache lernen. Denn wie hätte ich mich sonst verständigen sollen? Deshalb besuchte ich ein halbes Jahr lang Deutschkurse. Sie wurden von der Behörde und sozialen Organisationen gratis angeboten. Dort lernte ich aber nicht nur Deutsch. Ich traf auch viele Menschen, Schüler und Lehrer. Sie waren an meiner Situation interessiert. Ich erzählte ihnen, wie ich in die Schweiz gekommen war. Und ich erzählte ihnen von meiner Vergangenheit und meinen Sorgen. Diese Leute verstanden mich. Und sie wollten mir helfen. Es waren Inder, Schweizer und auch andere. Über sie kam ich zu meinem ersten Job als Putzfrau. Ich arbeitete für die Bekannte einer Freundin. Bei ihr putzte ich einmal pro Woche. Es brachte nicht viel – aber es war ein

Anfang. Und ich war froh, auch ohne Aufenthaltsgenehmigung etwas verdienen zu können. Erlaubt war das nicht, aber ich hatte keine andere Wahl.

Eine Person kannte dann die nächste und die wiederum die nächste. Es gab viele Leute in Zürich, die eine Putzfrau brauchten. Ich schrubbte ihre Böden, staubte ihre Regale ab, wusch die Wäsche und putzte die Klos. Manchmal passte ich auch auf ihre Kinder auf. Es war unglaublich, wie beschäftig die Leute mit ihrer Arbeit – oder was auch immer sie den ganzen Tag trieben – waren. Sie verließen ihre Häuser früh und kamen erst spätabends wieder. Dann sahen sie meist recht fertig aus. Kein Wunder, dass sie keine Zeit und Energie für die Reinigungsarbeiten und ihre Kinder hatten.

Ich versuchte, die Arbeit immer so gut wie möglich zu machen. Denn ich wusste, dass ich nur so eine Chance hatte, weiterhin dort arbeiten zu dürfen. Außerdem hoffte ich, so vielleicht weiterempfohlen zu werden. Und das funktionierte auch. Nach ein paar Monaten hatte ich bereits einige Kunden beisammen. Bestimmt fünf oder sechs pro Woche. Das brachte zwischen 800 und 1000 Franken im Monat.

Ich war sehr glücklich damit, wie die Dinge liefen, weil ich beinahe das gesamte Geld heimschicken konnte. Ausgaben hatte ich sonst fast keine, denn ich konnte gratis im Asylheim wohnen, solange mein Fall in Bearbeitung war. Ein bisschen was von dem Geld legte ich auch zur Seite. Ich wusste nämlich, dass ich es später brauchen würde. Denn ich glaubte weiterhin nicht daran, dass mir die Schweiz Asyl geben würde.

Und so kam es dann auch. Die Behörden erklärten mir, dass ich die Schweiz verlassen müsse. Als sie mir diese entscheidende Absage nach zwei Jahren zukommen ließen, war es aber nicht weiter tragisch. Denn ich hatte mich darauf vorbereitet. Ich hatte alles durchdacht. Innerhalb der zwei Jahre hatte ich als Haushälterin Fuß gefasst und genügend Geld gespart. Und ich kannte einige Leute, die mir dabei helfen wollten, ein kleines Zimmer zu finden und unterzutauchen. Damit ich weiterhin in der Schweiz bleiben und Geld verdienen konnte. Dazu war ich fest entschlossen.

NEULAND — DEVI

Trotzdem wurde das Leben von da an schwerer. Besonders deshalb, weil ich mich um eine Wohnung kümmern musste. Ich zog zuerst in ein kleines Zimmer am Stadtrand. Eine Freundin unterschrieb den Vertrag. Sie bezahlte auch offiziell die Miete für die Wohnung. Aber natürlich gab ich ihr jeden Monat das Geld dafür zurück. Nach einem halben Jahr wurde es ihr dann aber zu riskant. Sie sagte, dass sie mir die Wohnung nicht länger illegal zur Verfügung stellen könne. Sie hatte von einer Nachbarin gehört, dass die Behörden in letzter Zeit Kontrollen durchführen würden. Ich verstand sie. Schließlich machte sie sich strafbar, indem sie mir half. Entdeckt zu werden, wäre teuer gewesen. So viel Geld hatte sie nicht. Und schließlich musste sie auch ihre eigene Familie ernähren.

Zum Glück fand ich aber immer Menschen, die mir mit der Wohnung helfen wollten. Auch wenn es nicht für lange Zeit war. Denn oft wurde es ihnen nach ein paar Monaten zu gefährlich. Deshalb zog ich innerhalb von sechs Jahren ganze 22 Mal um. Fast alle vier Monate hieß es, die alte Wohnung zu verlassen und eine neue zu finden. Auch wenn ich nicht viele Sachen hatte, war das anstrengend. Immer wieder an einem neuen Ort anfangen, sich neu einrichten, wieder an die neue Umgebung gewöhnen. Und dann musste man auch immer aufpassen. Die Nachbarn konnten misstrauisch werden oder einen gar verraten, wenn sie bemerkten, dass man illegal hier war. Der Hausmeister oder sonst jemand konnte immer vor der Tür stehen und Fragen stellen. Wenn es klopfte, wurde ich deshalb jedes Mal nervös. Ich ging dann zur Tür, sah durch den Spion und hoffte, dass es nur die Nachbarin sein würde. Wenn es jemand war, den ich nicht kannte, öffnete ich nicht. Dann schaltete ich alle Lichter ab und tat so, als ob niemand zu Hause wäre. Ich hatte immer Angst davor, entdeckt zu werden. Aber nicht nur daheim, auch auf der Straße. Eine Polizeikontrolle wäre mein Ende gewesen. Wenn sie mich entdeckt hätten, hätte ich gehen müssen. Schließlich durfte ich offiziell gar nicht in der Schweiz sein, ich hatte ja keine Aufenthaltspapiere und keine Arbeitsgenehmigung. Deshalb war ich außerhalb der Wohnung immer sehr vorsichtig. Lange Wege und öffentliche Plätze musste ich vermeiden. Überall dort, wo auch nur die kleinste Gefahr bestand, von der Polizei gesehen zu werden, ging ich einfach nicht hin. Wenn ich hinaus musste und eine Streife sah, drehte ich mich um und ging in die andere Richtung. Ich versuchte so unauffällig wie möglich zu bleiben. Ich musste unsichtbar sein. Immer und überall; draußen zu sein war anstrengend ...

So vergingen ganze zwölf Jahre. Ich fuhr täglich von einem Haus zum nächsten, um zu putzen und auf Kinder aufzupassen. Die Arbeit wurde mit den Jahren immer anstrengender. Denn freie Tage gab es nur selten. Die Ringe unterhalb meiner Augen wurden größer, ich kam am Morgen immer schwerer aus dem Bett und fühlte mich am Ende des Tages völlig kaputt. Auch die andauernde finanzielle Unsicherheit machte mir zu schaffen. Immer musste ich mich fragen: Wird mir dieser Kunde mein Geld geben? Es kam einige Male vor, dass mir die Leute weniger als abgemacht bezahlten. Man konnte sich dann nicht beschweren. Wenn ich protestiert hätte, hätten sie mich durch eine andere Putzfrau ersetzt oder mir angedroht, zur Polizei zu gehen. Wie das eine Mal, als ich dem Hausherren sagte, dass er mir noch Geld schulden würde. Seine Antwort: »Liebe Frau, was wollen sie eigentlich? Mehr Geld? Für das, was sie tun? Oder wollen sie mir sagen, dass ich sie ausbeute? Das halte ich für Schwachsinn. Sie verdienen mehr als genug. Und überhaupt, seien sie lieber vorsichtig. Die Polizei könnte schneller erfahren, dass sie illegal hier sind, als ihnen lieb ist. Also bitte, geben sie sich mit dem Lohn zufrieden. Und falls ihnen das nicht passt, können sie ja gehen. Wir haben genug Alternativen, die auch mit weniger Geld glücklich sind.« Das war mein letzter Tag dort. Als ich die Tür hinter mir schloss, musste ich weinen.

Manchmal wurde ich auch von einem Tag auf den nächsten entlassen. Verträge gab es schließlich nicht. Sie sagten, dass sie sich meine Arbeit nicht länger leisten könnten. Oft ging es so plötzlich, ich konnte mich auf niemanden verlassen. Aber ich versuchte durchzuhalten. Und Gott sei Dank hatte

Die Emanzipation und stärkere Beteiligung der Frau an der sogenannten »produktiven« Wirtschaft wurde und wird zu

einem großen Teil durch illegale Hausarbeiterinnen aus dem Ausland ermöglicht. In der Schweiz leben mehr als 40.000
Hausarbeiterinnen ohne Aufenthaltsbewilligung, Tendenz steigend. Diese Menschen tragen zu Wohlstand bei, indem

sie berufstätigen Familien Hausarbeit und Kinderbetreuung abnehmen und so insbesondere den Frauen, deren traditionelle Rolle Hausarbeit und Kindererziehung war, eine kontinuierliche berufliche Karierre ermöglichen. Die Vereinbarkeit von Familie und Beruf ist deshalb auf Leiharbeiter, befristet Beschäftigte, auf Abruf Tätige, die erst gar keine Familie gegründet oder sie seit Jahren nicht mehr gesehen haben, angewiesen, welche die moderne Frau im Alltag entlasten. 20/10/12 – ZEIT •

UNTERWEGS ZUR PERFEKTEN PUTZFRAU – Esther, Liliane und Rosymira haben den sechswöchigen Intensivkurs zur Haushaltshilfe absolviert, den die BAT in Lausanne anbietet. Von den Kursteilnehmerinnen stammen viele aus Afrika, meist sind sie Sans-Papiers. 18/07/13 – SRC • VON WEGEN VEREINBARKEIT – Die Familien lösen sich stetig weiter auf, jedes achte Ehepaar in Deutschland lebt in einer Fernbeziehung. Ein Mitgrund: Frauen werden heute reibungslos in die Wirtschaft integriert; die feministische Bewegung wollte es so, Hausarbeit war Unterdrückung. Aber warum sollten die Frauen an den Fließbändern unserer Leistungsgesellschaft eine freiere Entscheidung getroffen haben als Mütter, die daheim arbeiten? 20/10/12 – ZEIT • FRAUEN STÜRMEN DIE SCHWEIZER BÖRSE – Heute läuteten im Zürcher Finanz-Epizentrum fünfzig Geschäftsfrauen den Milliarden-Tausch ein. Und das mit einer klaren Botschaft. Im Nervenzentrum der Schweizer Wirtschaft machten die Corporate Women Directors International auf die Tatsache aufmerksam, dass schweizer Frauen noch immer benachteiligt werden. 12/03/13 – TAGZ •

Where is best to be a working woman in the rich world? The Economist has compiled its own "glassceiling index" to show where women have the best chance of equal treatment at work:

1	New Zealand	8	Portugal	15	Germany
2	Norway	9	Poland	16	Greece
3	Sweden	10	Denmark	17	Italy
4	Canada	11	France	18	Czech Republic
5	Australia	12	United States	19	Switzerland
6	Spain	13	Belgium	20	Japan
7	Finland	14	Austria	21	South Korea

JUNGE SVP FORDERT: KEIN ASYL FÜR WIRTSCHAFTSFLÜCHTLINGE! – »Denn sie schaden der Schweiz und belasten unsere Sozialsysteme. Wenn wir diese Flüchtlinge erst einmal in unser Land lassen, drohen wir, von einer Welle überrollt zu werden«. 12/05/11–NZZ •

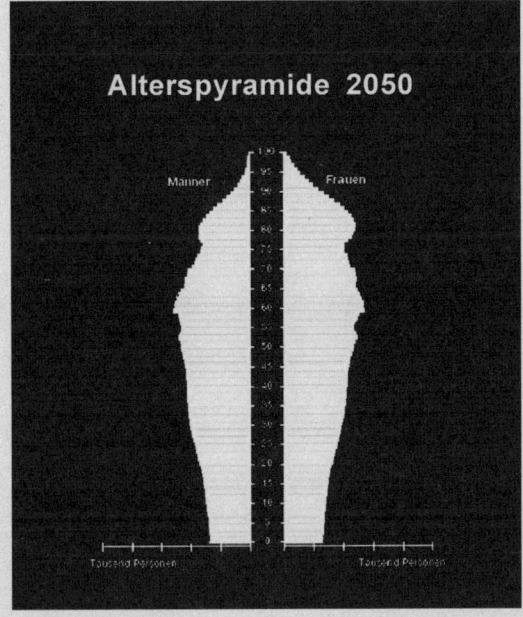

DEMOGRAFISCHE HERAUSFORDERUNG DER ERSTEN WELT – Der Anteil jüngerer Menschen in den Industriestaaten wird ab- und der Anteil älterer Menschen zunehmen. Diese Entwicklung wirft Probleme für die sozialen Sicherungssysteme auf, die auf der Annahme beruhen, dass immer eine ausreichende Anzahl von Erwerbstätigen vorhanden ist, um eine (kleinere) Anzahl von Kindern und Älteren, nicht (mehr) erwerbstätigen Menschen zu versorgen. Berechnungen der UN zeigen dabei, dass die demografische Schrumpfung und Alterung der Bevölkerung durch Zuwanderung nicht verhindert werden kann, wenn diese in einem politisch verträglichen Rahmen bleiben soll. 07/09/10–SPIEGEL •

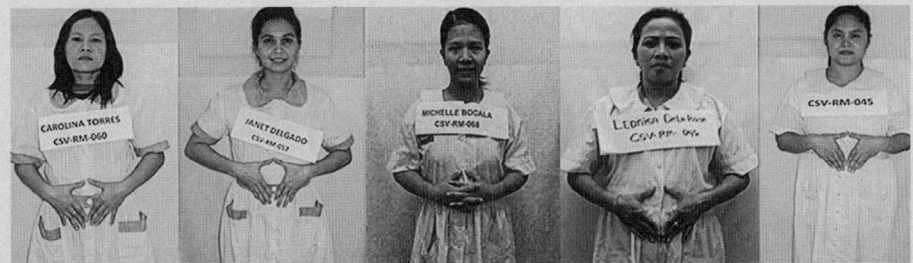

EXPERIENCED MAIDS READY TO SERVE YOU! – Are you looking for a more

efficient maid? We strongly recommend experienced Filipino maids! *****
Ready biodata available. ***** Video interview with certain biodata *****
Telephone interview. Don't miss the chance to call us under 03/62 011 186.

04/06/11 – ASIANMAIDWEB ·

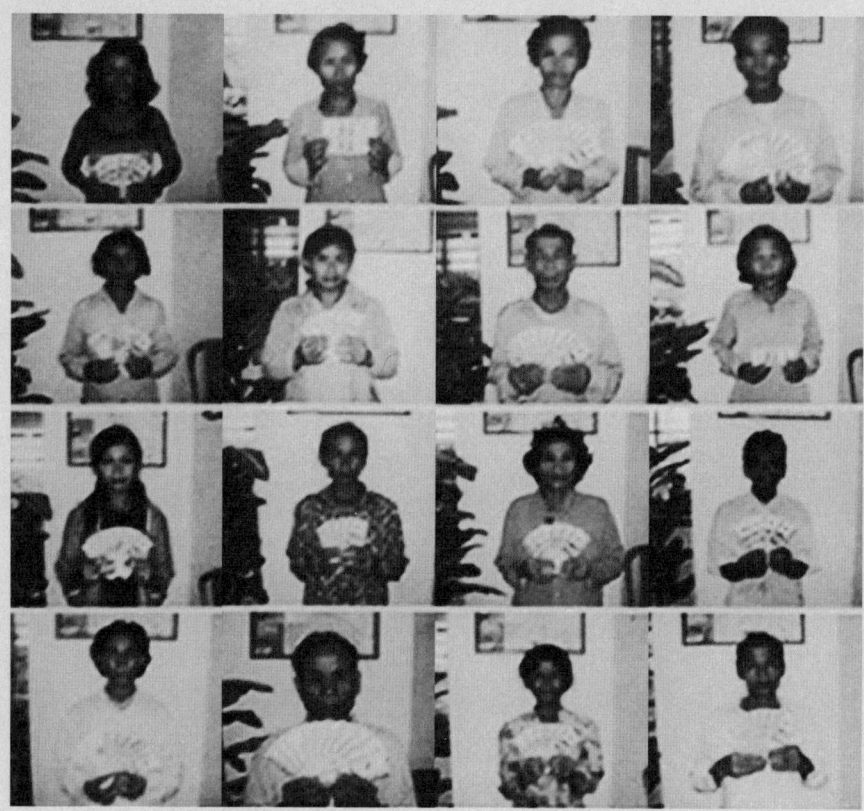

Images of a maid agency in Phnom Penh, Cambodia show migrant workers receiving upfront cash loans as "incentive" for migrating to Malaysia. The migrants must work there without a salary for 6–7 months in order to repay loans. 11/11 – HRW ·

+++ Der SVP-Politiker Ruprecht erwägt in einem Antrag den Ausschluss von Menschen ohne Aufenthaltsgenehmigung aus der Grundversicherung. 2010 – EKM.

ADMIN · **PRIVATISIERUNG DES GESUNHEITSWESENS: BREITER WIDERSTAND KOMMT** – In der Schweiz kommt heuer eine Vorlage zur Abstimmung, welche einen großen Schritt Richtung amerikanischen Gesundheitssystems fordert. Nach den Vorstellungen der Krankenversicherungslobby sollte die freie Arztwahl abgeschafft und der Leistungskatalog gekürzt werden. 22/01/08 – SP-PS ·

Abfindungen von US-Versicherungs-CEOs:
Bill McGuire, CEO United Health .... 1.6 Mrd. US$
John W. Rowe, CEO Aetna Insurance .... 22.2 Mrd. US$
Mike McAllister, CEO Humana Insurance .... 3.3 Mrd. US$ 22/01/08 – SP-PS ·

ich die meiste Zeit genug Kunden, die meine Arbeit schätzten. Es kam nur selten vor, dass ich eine Woche lang gar nichts verdiente. Und das war gut so, denn ich wollte weiterhin Geld nach Hause schicken.

LÄHMUNG

Nach zwölf Jahren in der Schweiz ging es mir schlecht. Ich konnte nur noch unter starken Schmerzen arbeiten. Mein Arm machte wieder Probleme. An manchen Tagen konnte ich ihn kaum heben, so weh tat er mir. Das machte die Arbeit fast unmöglich. Und mit der Zeit wurde es immer schlimmer. Jede Bewegung ließ tausend Nadeln in meine Haut fahren. Ich musste meinen Kunden immer öfter absagen. Einige von ihnen nahmen sich deshalb eine andere Putzfrau. Das Geld wurde immer weniger und am Ende konnte ich die Miete kaum noch bezahlen. Meine Ersparnisse waren bald aufgebraucht. Ich hatte bereits Schulden bei der Frau, die die Wohnung für mich gemietet hatte.

Nachdem ich dann einmal zwei Wochen lang nicht putzen konnte, ging ich zu einer gesundheitlichen Beratungsstelle für Sans-Papiers. Bekannte hatten mir davon erzählt. Ich sagte dem Arzt, was los war. Jede Bewegung würde schmerzen und manchmal könne ich nicht schlafen, weil es so weh tue. Er sah sich den Arm an und machte ein paar Untersuchungen. Am Ende sagte er, dass ich eine chronische Muskelentzündung habe. Er gab mir eine Salbe. Gleichzeitig erklärte er mir aber, dass es nur besser werden würde, wenn ich den Arm für längere Zeit nicht belaste. Er sprach von ein bis zwei Monaten. Das war natürlich unmöglich. So lange daheimzubleiben wäre mein Untergang gewesen.

Eine Zeit lang schleppte ich mich noch von Kunden zu Kunden. Ich dachte, dass es schon irgendwie gehen würde. Aber mein Arm schmerzte immer mehr. Am Ende tat schon die kleinste Fingerbewegung weh und ich putzte nur noch mit dem gesunden Arm. Und irgendwann musste ich einfach einsehen, dass es so keinen Sinn hatte. Ich brauchte eine Pause.

Aber eigentlich konnte ich mir die nicht leisten. Ich überlegte einige Tage. Schließlich fragte ich eine Freundin, ob ich bei ihr einziehen könne. Es war mir sehr unangenehm. Ich wollte nicht auf jemand anderen angewiesen sein, wollte niemand anderem zur Last fallen. Schließlich waren es meine Probleme. Aber für den Moment ging es eben nicht anders, ich musste mich schonen. Ich sagte mir, dass es nicht für lange sei. Nur, bis es ein wenig besser mit meinem Arm ginge und ich mir wieder ein eigenes Zimmer leisten könnte.

Aus ein paar Wochen wurden aber Monate. Der Arm tat noch immer bei jeder Bewegung weh. Es wollte nicht besser werden. Langsam wurde meine Freundin nervös. Sie wollte mich nicht rausschmeißen, aber ihr war klar, dass es für sie gefährlich war. Denn sie war auch Einwanderin und hatte erst vor kurzem ihre Bewilligung bekommen. Man hätte mich jederzeit bei ihr entdecken können. Das hätte es für sie bestimmt nicht einfacher gemacht. Außerdem hatte ich nicht genug Geld, um das Essen zu bezahlen. Sie kaufte immer für uns beide ein, obwohl sie nur wenig verdiente. Ich hatte andauernd ein schlechtes Gewissen. Aber irgendwann würde ich mich für alles bei ihr bedanken können, sagte ich mir.

Ich ging dann nochmals zum Arzt. Er bestätigte, was ich befürchtet hatte. Die Entzündung war noch genauso stark wie vor einiger Zeit. Er meinte, dass es mit den unsicheren Lebensbedingungen zu tun habe. Wahrscheinlich würde es in der Schweiz, unter dem andauernden Druck und der Angst, nie wirklich besser werden.

In den nächsten Wochen wohnte ich dann bei allen möglichen Leuten. Ich wollte meine Freundin nicht mehr belasten. Sie hatte genug für mich getan. Also blieb ich für ein paar Wochen hier und für ein paar Wochen dort. Immer hoffte ich auf ein Wunder mit meinem Arm. Doch es kam nicht. Im Gegenteil: Die Schmerzen breiteten sich immer weiter aus.

Es vergingen mehr als neun Monate, während derer ich nicht arbeiten konnte. Ich zog wie eine Nomadin von einem Bekannten zum nächsten. Es war deprimierend. Denn mein Arm lähmte mittlerweile meinen ganzen Körper. Jeder Schritt war eine Qual. Die teure Behandlung konnte ich mir aber auf gar keinen Fall leisten ... Ich konnte nichts tun. Nur daheimbleiben und in die Luft starren. Das war alles. Gut war daran nur, dass ich viel Zeit zum Nachdenken hatte. Und ich dachte viel nach. Besonders über meine Zukunft. Ich fragte mich, was ich in der Schweiz noch tat, was mich hier noch länger hier hielt. Denn meine Kinder hatten ihr Studium mittlerweile so gut wie beendet. Sie hatten es geschafft – sie würden einmal einen guten Job haben. Wofür sollte ich noch länger bleiben? Wofür sollte ich mich noch länger quälen? Mein Arm würde mir jede Arbeit in der Schweiz unmöglich machen. Das verstand ich. Weiterhin Geld verdienen war für Monate so gut wie ausgeschlossen. Eine Aufenthaltsbewilligung würde ich nie bekommen – und damit auch keinen besseren Job. Nur sitzen und warten wollte ich nicht. Dazu ist das Leben zu kurz.

Als mich die Schmerzen wieder einmal eine Nacht lang wach hielten, traf ich eine Entscheidung. Damals war ich ganz mit mir allein. Draußen war es still. Der Raum war dunkel. Ich dachte an meine Kinder, an unseren Abschied, an ihr Lächeln und an Mumbai. Ich hatte schon öfter darüber nachgedacht, aber plötzlich war es für mich klar: Ich wollte wieder zurück nach Indien gehen. Und zwar mehr als alles andere. Zurück zu meinen Kindern, die ich seit zwölf Jahren nur am Telefon gehört hatte. Zurück zu meiner Schwester. Zurück in mein Heimatland. Ich wusste zwar nicht, was mich dort erwarten würde, aber ich spürte, dass es Zeit war zu gehen. Dort würden die Schmerzen verschwinden – das hatte der Arzt gesagt. Dann könnte ich wieder zu arbeiten beginnen. Vielleicht einen kleinen Laden aufmachen oder Ähnliches. Ich würde meine Kinder jeden Tag sehen und wir könnten füreinander sorgen. Auch wenn wir viel Zeit verloren hatten, daheim würde alles gut werden. Da war ich mir in diesem Moment sicher. Dann sah ich wieder auf die leeren Straßen. Ich blickte in das dunkle Zimmer. Und ich verstand, dass es für mich in der Schweiz nichts mehr zu holen gab. Nach zwölf Jahren war ich eine gebrochene Frau. Mein Körper war genauso kaputt wie all meine anfänglichen Hoffnungen. Ich musste dieses

Land verlassen, bevor es noch weitere Schäden bei mir anrichten konnte. Auch wenn ich damit all meine Träume begrub. Es gab nur diesen einen Weg für mich – und der führte wieder zurück in meine Heimat.

João

PICK-UP

Am Weg zum Flughafen war ich äußerst nervös. Ich hoffte, dass mich in meiner Kutte niemand vom Hauptstadtkommando erkennen würde. Hoffte, dass sie am Flughafen keine Spitzel hatten, hoffte, dass sie die Flugdaten nicht nach meinem Namen durchsuchen würden. Ich wusste, dass sie mich ohne Probleme finden hätten können, wenn sie es wirklich gewollt hätten. Wahrscheinlich hätten sie mich in wenigen Stunden ausfindig machen können. Abholen, entführen, einsperren, foltern, abknallen. Oder was auch immer ... Niemand hätte es bemerkt, niemand hätte sich dafür interessiert. Aber anscheinend hassten sie mich nicht genug.

    Im Flugzeug dachte ich wieder an Vater Marcelo. Ich stand tief in seiner Schuld. Er hatte mir die Flucht ermöglicht. Wer weiß, wie es ohne ihn weitergegangen wäre. Vielleicht wäre ich auf einer staubigen Dorfstraße verreckt. Oder ich hätte wieder zurück nach São Paulo müssen und wäre dort weiter gejagt worden. So landete ich aber nach einigen Stunden am Flughafen Zürich. Ich war am Leben, und von hier aus konnte es nur besser werden.

    Pater Roth sollte mich abholen. Als ich durch alle Kontrollen durch war und mein Gepäck wiederhatte, konnte ich ihn aber nicht finden. Ich hielt Ausschau nach einem Mann, der nach einem Pfarrer aussah. Aber da war niemand. Vater Marcelo hatte ihn mir genau beschrieben. Ziemlich klein, dürr, Glatze, eine Brille, kein Bart und schwarze Kleidung. Meistens trug er angeblich einen schwarzen Hut. Ich wartete im Ankunftsbereich, weil ich dachte, dass er wahrscheinlich nur zu spät dran sei. Oder vielleicht wartete er am falschen Ort. Ich blieb einfach, wo ich war. Die Minuten vergingen. Dann war es eine halbe Stunde, dann eine ganze, irgendwann waren es zwei. Ich begann mir Sorgen zu machen. Was, wenn er mich nicht fand? Vielleicht war er aufgehalten worden oder erkannte mich nicht. Es gab viele Möglichkeiten.

Nach drei Stunden ging ich zum Schalter. Ich fragte, ob Pater Roth eine Nachricht für mich hinterlassen habe oder an welchem Ort ich ihn vielleicht finden könne. Aber da war nichts. Die Leute dort konnten mir nicht weiterhelfen. Vater Marcelo hatte mir auch keine Telefonnummer oder Adresse gegeben. Er hatte mir versichert, dass mich Pater Roth abholen würde. Aber so wie es aussah, war es anders gekommen und ich war auf mich allein gestellt. Angst machte mir das aber keine. Denn ich war es gewohnt, dass mir die Dinge nicht einfach zuflogen. Das Wichtigste war, dass ich da war. Ich würde mich schon irgendwie durchschlagen.

Ich sprach dann einen Typen an, der südamerikanisch aussah. Ich erklärte ihm alles und sagte, dass ich nicht wüsste, wohin ich gehen solle. Er war nett und schlug vor, mit ihm nach Lausanne zu reisen. Dort würde ich einen Schlafplatz bekommen. Von dem bisschen Geld, das ich von Vater Marcelo für die Reise mitbekommen hatte, kaufte ich das Ticket. Noch bevor wir in den Zug stiegen, zerriss ich meine gefälschten Dokumente und warf sie in den Müll. Carlos Zacha war von nun an nicht mehr als eine Legende.

Die Fahrt war lang. Ich war müde vom Flug und der ganzen Aufregung. Zuerst unterhielt ich mich noch mit meinem Begleiter. Er war schon seit elf Jahren in der Schweiz und arbeitete in der Landwirtschaft. Angeblich half er einem Bauern bei der Ernte und anderen Dingen. Viel länger ging unser Gespräch aber nicht. Denn das sanfte Schaukeln des Zuges machte mich müde. Die Luft war warm. Die Landschaft zog friedlich am Fenster vorbei. In unserem Abteil war sonst niemand. Ich schlief ein. Und ich wachte erst wieder auf, als der Zug seinen Endbahnhof erreicht hatte. Genf. Der Kontrolleur rüttelte mich an der Schulter und sagte etwas auf Französisch. Obwohl ich ihn nicht verstand, war mir klar, dass ich aussteigen musste. Ich zog meine Jacke an, griff nach meiner Tasche unter dem Sitz. Aber da war nichts. Ich griff noch einmal hin. Nichts. Dann schaute ich unter den Sitz. Leere. Ich verstand nicht, wo sie hingekommen war und durchsuchte das ganze Abteil. Sie war verschwunden. Mit ihr auch das restliche Geld und meine richtigen Dokumente, die ich aufgehoben hatte. So wie es aussah, hatte mich der Typ beklaut. Wahrscheinlich ließ er meine Tasche mitgehen, als er in Lausanne ausstieg. Die Gelegenheit war auch perfekt für ihn. Ich schlief und konnte nicht auf meine Sachen aufpassen. Das regte mich auf. Wenn ich ihn in die Finger bekommen hätte, wäre es nicht gut für ihn ausgegangen.

Als ich ausstieg, hatte ich nichts mehr, bis auf die Kleider an mir. Es war Nachmittag. Der Bahnhof war sehr belebt. Züge fuhren ab, Menschen stiegen ein, kleinere Wagen fuhren den Bahnsteig entlang. Ich hatte keine Ahnung, was ich tun sollte.

DEALEN

Ich verirrte mich dann in einen Zug nach Zürich. Dort lernte ich ein paar Südamerikaner kennen. Es stellte sich schnell heraus, dass einige von ihnen illegal hier waren. Und obwohl sie keine Arbeitsbewilligung hatten, verdienten sie Geld. Die meisten schickten jeden Monat Geld zu ihrer Familie nach Hause. Chilenen, Kolumbianer, Peruaner, Argentinier und auch Brasilianer. Zwei davon waren schon lange in der Schweiz und lebten etwas außerhalb von Zürich. Sie teilten sich ein Haus mit anderen Leuten aus der Schweiz. Die Miete war gering. Der Vermieter legte keinen Wert auf ihre Papiere; solange er jeden Monat sein Geld bekam. Dort boten sie mir ein Zimmer an. Nachdem wir ankamen, zeigten sie es mir. Es sah ziemlich heruntergekommen aus – keine Vorhänge, keine Möbel, nur ein paar Stühle und ein Tisch standen herum. Die Leute gingen ein und aus, zu jeder Tages- und Nachtzeit, wie mir einer erklärte. Es war laut und man musste anstehen, wenn man ins Bad oder auf die Toilette am Gang wollte. Aber es war besser als nichts. Und natürlich sagte ich nicht nein.

Noch am ersten Tag fragte ich einen meiner Mitbewohner, wie hier die Chancen auf eine Arbeitsbewilligung stünden. Denn ich wollte in der Schweiz bleiben, hier arbeiten, Geld verdienen. Vater Marcelo hatte gesagt, dass ich hier eine Zukunft haben würde. Und daran glaubte ich auch. Einer erklärte mir dann aber sofort, dass ich es vergessen könne. Als Brasilianer bräuchte ich mir keine Hoffnungen auf eine Bewilligung machen. Denn die bekämen die einfachen Leute aus meinem Land nicht. Aber angeblich ließe sich hier trotzdem gutes Geld verdienen. Als Bauarbeiter oder Küchenhilfe, mit Schwarzarbeit als Illegaler. So könne man ganz gut leben. Man müsse nur aufpassen, nicht von der Polizei erwischt zu werden.

Und natürlich war ich immer vorsichtig, immer auf der Hut. Aber die Bullen erwischten mich trotzdem. Schon nach drei Monaten kontrollierten sie mich auf der Straße. Einfach so. Keine Ahnung, warum. Vielleicht, weil ich wie ein Ausländer aussehe. Ich weiß es nicht. Natürlich hatte ich keine Aufenthaltsgenehmigung. Ich sagte, dass ich die Bewilligung daheim vergessen habe und gab ihnen die falsche Adresse und einen erfundenen Namen. Sie nahmen meine Personalien gleich an Ort und Stelle auf. Zum Schluss sagten sie mir, dass ich die Bewilligung auf der Station nachreichen müsse. Sie misstrauten mir und warnten mich. Einer der beiden erklärte mir, dass ich die Schweiz ohne Bewilligung sofort verlassen müsse; nur für den Fall, dass ich keine hätte.

In diesen ersten paar Monaten hatte ich immer wieder Gelegenheitsjobs als Möbelpacker. Damit bezahlte ich meine Matratze in dem kleinen Zimmer und das Essen. Reich wurde ich damit nicht. Aber es war besser als nichts ... Doch dann fand ich für längere Zeit nichts mehr. Mir ging das Geld aus.

NEULAND — JOÃO

DIE WOHNUNG ZAHLT DER ARBEITGEBER – Der Zustrom sehr gut ausgebildeter Arbeitnehmer aus dem Ausland heizt den Zürcher Immobilienmarkt kräftig an; das Angebot an Wohnungen wird knapp. Internationale Führungskräfte und Spezialisten erhalten dabei oft hohe Mietzuschüsse. 23/07/11–NZZ ·

GO WEST! – Zürichs wilder Westen wird nun gentrifiziert, die Stadt Zürich wird aufgewertet – und zwar nicht seit gestern. Ärmere soziale Gruppen sowie Familien werden aus dem Stadtkern verdrängt, während sich die ManagerInnen der Global City in den aufgehübschten ehemaligen Arbeitervierteln breitmachen. 2013–ZHDK · ZOLLIKON BIS MEILEN: DER GOLDKÜSTENREPORT – Wer etwas auf sich hält, residiert an der Zürcher Goldküste. Trotz Wirtschaftskrise und Preishoch bleibt der Boom ungebrochen. 24/03/11–BILANZ ·

Die neue Bleibe von Banker Thomas Matter in Meilen umfasst 2835 m², mitsamt seiner Büros. Preis: Zwischen 15 und 20 Millionen Franken. Roche-Präsident Franz Humer hat in Erlenbach auf 2885 m² neu gebaut. Preis: 10–15 Millionen Franken. 14/03/11–BILANZ/REPORTAIR.CH ·

NIGERIA: IDEALER NÄHRBODEN FÜR SCHLEPPER – Junge Nigerianer werden von Vermittlern des internationalen Drogenhandels, die ihnen gute Verdienstmöglichkeiten in Europa versprechen, auf den Strassen angesprochen. Viele fliehen so vor der Perspektivenlosigkeit in ihrer Heimat und dienen von da an einem globalen Drogen-Netzwerk, das pro Jahr ungefähr 400 Milliarden Dollar erwirtschaftet. 30/06/04–EJPD.ADMIN · +++ Forscher der ETH Zürich haben das Abwasser 42 europäischer Städte auf Drogen untersucht. Resultat: Nur in zwei Städten wird mehr Kokain konsumiert als in Zürich. 28/05/14–TAGZ ·

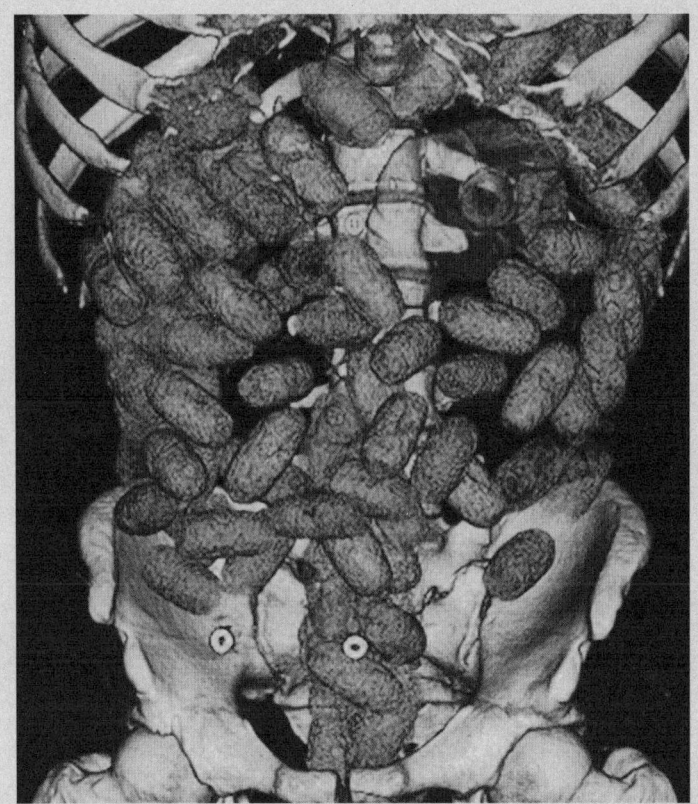

Drogenschmuggler, auch »Mulas« (Maultiere) genannt, transportieren in ihrem Körper Drogen rund um die Welt. Am Flughafen Frankfurt flogen 2012 insgesamt 25 solcher »Bodypackers« mit bis zu 500g Kokain im Magen auf. Für ihre Auftraggeber sollte eine Frau (28) aus Panama 1,4 kg Kokain in ihren Brüsten nach Spanien schmuggeln! 12/09/13–BILD ·

Menschen, welche ohne Papiere in einem europäischen Land leben, sollen mittels Regularisierungsprogrammen zu einem legalen Status kommen und so vor Ausbeutung geschützt werden. Dies fordert der Europarat in einer Resolution. Der Schweizerische Gewerkschaftsbund schließt sich der Forderung an. 2007–HUMANRIGHTS · **WEITERE VERSCHÄRFUNG DES ASYLGESETZES** – Die Mitte-Rechts-Mehrheit hat beschlossen, die Sozialhilfe für Asylbewerber aufzuheben, um diese »Wirtschaftsflüchtlinge« zu entmutigen. Künftig sollen sie nur noch Nothilfe erhalten, allgemein weniger als 10 Franken am Tag. Diese Maßnahme werde die Asylbewerber nur noch mehr in die Kriminalität treiben, hielt die Linke dagegen. 14/06/12–SWISSINFO ·

Nach einiger Zeit kam einfach nichts mehr herein. Irgendwie musste ich aber die Miete bezahlen. Deshalb suchte ich nach einem anderen Weg, um an Geld zu kommen. Ich fragte alle möglichen Leute, rief Freunde von Bekannten an. Ich versuchte viel. Aber es ließ sich nichts finden. Ohne Aufenthaltsgenehmigung wollte mich niemand einstellen. Und Gelegenheitsjobs bekam ich in dieser Zeit auch immer seltener. Das alles erinnerte mich irgendwie sehr an die Krise in Brasilien.

Es war wirklich frustrierend. Deshalb beschloss ich an einem Abend, mit einem Zimmerkollegen draußen etwas trinken zu gehen. Normalerweise war das zu gefährlich. Aber dieses eine Mal musste es sein. Es war Sommer und der Himmel wurde gerade dunkel. Wir waren auf der Suche nach Bier. Außer uns waren noch viele andere Leute unterwegs. Die Straße war voll. Man konnte keinen Schritt machen, ohne die Schultern eines anderen zu berühren. Als wir eine Backsteinmauer entlanggingen, zog uns dann plötzlich ein Mann in eine Seitengasse. Es war so dunkel, dass ich sein Gesicht kaum erkannte. Er versteckte sich hinter einer Mülltonne und flüsterte. Während er ein weißes Päckchen aus seiner Jackentasche holte, fragte er uns, ob wir etwas wollten. Es war Kokain. Mein Freund hatte an dem Abend Geld. Deshalb kaufte er ein wenig für uns. Wir zogen es gleich am selben Ort.

Als wir heimkamen, war ich noch high. Weil ich müde war, legte ich mich gleich auf meine dreckige Matratze. Ich dachte nochmals an den Dealer, der uns den Stoff verkauft hatte. Er war nicht der erste, der mir hier begegnet war. Ich fragte mich, ob ich damit auch in Zürich Geld machen könnte, so wie in São Paulo. Es war immerhin eine Möglichkeit, um an Geld zu kommen. Und noch in derselben Minute beschloss ich, gleich am nächsten Tag nochmals in die Seitengasse zu gehen, in der wir den Dealer angetroffen hatten.

Drei Tage später begann ich wieder zu dealen. Der Mann, der uns das Kokain verkauft hatte, schickte mich zu seinem Boss. Und in den dunklen Ecken der Stadt fand ich schnell die richtigen Leute. Es war nicht schwer, an den Stoff zu kommen. Und es war auch nicht schwer, den Stoff wieder zu verkaufen.

NEULAND — JOÃO

Nach São Paulo hatte ich schon Übung darin. Ich wusste, wie man den Preis verhandelt, wie man sich verhält, wo man wartet und wer Interesse haben könnte. Die Geschäfte liefen gut. Nach zwei Monaten hatte ich wieder genug Geld. Ich konnte mein Zimmer problemlos bezahlen, und bald hätte ich mir vielleicht auch ein Auto leisten können.

Dann wurde ich aber wieder erwischt. Diesmal beim Dealen. Ich warf den Stoff in den nächsten Mülleimer, bevor die Polizeistreife nah genug war. Sie durchsuchten mich, fanden aber nichts. Dann wieder die Frage nach der Aufenthaltsbewilligung. Ich sagte das Übliche. »Daheim vergessen.« Das reichte ihnen dieses Mal aber nicht. Sie nahmen mich mit auf die Wache. Dort sperrten sie mich für drei Tage ein. Wieder nahmen sie meine Personalien und zusätzlich auch noch meine Fingerabdrücke. Nach den drei Tagen im Gefängnis erklärten sie mir, dass ich beim nächsten Mal länger hinter Gitter wandern würde. Es sei besser für mich, wenn ich die Schweiz sofort verließe, falls ich keine Papiere hätte. Diese Bullen wiederholten sich. Aber wo hätte ich denn hingehen sollen? Nach Italien oder Frankreich? Dort wäre es genauso wie in der Schweiz gewesen. Keine Bewilligung, kein Job, kaum Geld. Außerdem hatte ich mich hier schon eingerichtet. Ich kannte ein paar Leute, ich verdiente Geld. Auch wenn ich mich so strafbar machte, so konnte ich wenigstens überleben. Was konnten sie mir schon nehmen? Ich hatte ja nichts.

Drei oder vier Mal erwischten sie mich beim Dealen. Den Stoff entdeckten sie kein einziges Mal. Eine Aufenthaltsbewilligung konnte ich ihnen aber nie zeigen. Wie denn auch, ich war schließlich immer illegal hier. Jedes Mal fragten sie das Gleiche. »Die Papiere bitte.« Ich zuckte mit den Schultern, sagte kaum hörbar, dass ich sie wieder daheim vergessen hätte. »Haben sie Papiere? Einen Pass, eine Aufenthaltsbewilligung?« Beim letzten Mal schaute ich sie einfach nur noch an. Ich wollte nicht mehr lügen. Ich wusste es und sie wussten es. Nach dieser letzten Kontrolle war es ihnen dann schlussendlich zu viel. Sie nahmen mich wieder auf die Wache mit, überprüften wieder meine Fingerabdrücke. Sie erkannten, wer ich

NEULAND — JOÃO

war. Schließlich spielten wir das Spiel nicht zum ersten Mal. Sie wurden wütend, weil ich noch immer da war und ihnen bis jetzt keine Bewilligung gezeigt hatte; weil ich sie ignoriert hatte. Und das, obwohl sie mir schon einige Male angedroht hatten, dass ich das Land verlassen müsste, falls ich keine hätte. Sie sagten, genug sei genug. Jetzt würde ich in Ausschaffungshaft kommen und mit einem Flugzeug zurück in meine Heimat gebracht werden. Wo auch immer die sei.

AUSSCHAFFUNGSHAFT

Sie brachten mich in ein Gebäude in der Nähe des Flughafens. Auf den ersten Blick sah dieser Ort wie ein Gefängnis aus. Das Grundstück wurde von einem Zaun eingefasst, an dessen oberer Kante Stacheldraht montiert war. Überwachungskameras waren auf hohen Masten angebracht und Hundegebell war bereits von weitem zu hören. Um hineinzukommen, musste man durch die Sicherheitskontrolle. Und erst als man drinnen war und die Türen wieder verschlossen wurden, nahmen sie einem die Handschellen ab.

Im Inneren war es aber weniger ein Gefängnis, sondern mehr wie eine große Wohngemeinschaft. Ungefähr 100 Leute wurden in dem Gebäude untergebracht. Sie waren von überall her. Viele aus Afrika, aber auch einige aus Südamerika, dem Irak, Afghanistan, China oder Georgien. Alle waren illegal in der Schweiz. Manche über Jahre, andere nur für ein paar Wochen. Und nun sollten wir alle wieder in unsere Heimatländer zurückgebracht werden.

Die Tage im Ausschaffungsgefängnis zogen sich endlos. Denn eigentlich hatte man dort nichts zu tun außer auf seine Ausschaffung zu warten. Den Zeitpunkt, an dem es soweit war, kannte man allerdings nicht. Das machte es schwierig für den Kopf. Denn jeder Tag hätte der letzte sein können. Man wusste es nicht. Das Einzige was man wusste, war, dass sie einem 24 Stunden vor der Ausschaffung sagen würden.

Bis dahin konnte ich mir die Zeit vor allem mit den eigenen Gedanken vertreiben. Ich haderte den ganzen Tag lang

NEULAND — JOÃO

…minelle
…er haben
…er nichts
suchen"

Schlagersänger Udo Jürgens hat sich in die Diskussion um Jugendkriminalität eingeschaltet. Er sprach sich für eine Abschiebung krimineller Ausländer und Zwangsmaßnahmen für Jugendliche aus. 18/01/08 - BILD

mit dem Schicksal. Warum war meine Zeit in diesem Land abgelaufen? All die Fehler, die ich gemacht hatte ... Würde mein Leben jemals besser werden? Wie sollte ich, nach allem was geschehen war, in Brasilien neu anfangen? Die Tage vergingen. Ich starrte Löcher in die Wände. Ich beobachtete die glimmende Lampe in unserem Zimmer und die Beamten bei ihrer Arbeit. Ich zählte die Schritte vor der Tür und die Buchstaben in den Zeitungen. Und ich hörte der Uhr beim Ticken zu. Sekunde für Sekunde verstrich. Sekunden, die ich nicht nutzen konnte; Sekunden, die einfach nur verschwendete Zeit waren. Man wurde zum Nichtstun gezwungen und das machte einen auf Dauer verrückt.

Im Gefängnis passierte nichts. Ab und zu verschwand jemand von einem Tag auf den anderen. Dann fragte man sich, ob er ausgeschafft oder freigelassen worden war. Auch letzteres passierte manchmal. Aber mit Sicherheit wusste man so oder so nie etwas. Oft blickte ich auch aus dem Fenster. Das tat weh. Denn manchmal waren am Himmel Flugzeuge zu sehen. Sie transportierten Menschen in alle möglichen Länder, während man selbst in einer Zelle saß und gefangen war. Dass die Zelle sauber war, spielte keine Rolle. Auch dass die Wärter nett waren, spielte keine Rolle. Das Einzige, das eine Rolle spielte, war die eigene Ausschaffung – die Gedanken an Brasilien, São Paulo und das Hauptstadtkommando.

Es vergingen drei Monate, vier Monate, ein halbes Jahr, ein dreiviertel Jahr. Ich wurde immer müder. Immer das gleiche Zimmer, das gleiche Bett, das gleiche Essen, die gleichen Geschichten. Ich verstand nicht, warum sie so lange brauchten. Nach zehn Monaten wollte ich nur noch weg. Es war mir egal, wie und wohin. Hauptsache wieder in Freiheit das eigene Leben führen können. Egal, ob in Zürich oder in irgendeiner gottverdammten Favela. Aber es gab noch immer keine Informationen. Es machte mich krank. Nichts hörte man, nichts wusste man. Einfach nur warten durfte ich.

Aber nicht nur mich machte das Warten verrückt. Für alle war es schwer. Mein Zimmerkollege zum Beispiel – er weigerte sich lange, zu gehen. Immer wieder sagte er nein, er würde in kein Flugzeug steigen. Er weinte und schlug um sich. Er versuchte sogar öfter, sich etwas anzutun; mit einem Messer den Unterarm aufzuschneiden oder Schlaftabletten zu stehlen. Wieder nach Hause gehen war für ihn keine Möglichkeit. Er musste für seine Familie Geld verdienen. Das konnte er daheim nicht. So blieb er lange im Ausschaffungsgefängnis. Als ich kam, war er schon länger als ein halbes Jahr dort. Er war ein gebrochener Mann, schleppte sich nur noch von Tag zu Tag. Er hatte keine Hoffnung mehr. Auf gar nichts. Denn er wusste, dass er in seinem Heimatland nichts haben würde. Arbeit gab es keine, nur Armut und Gewalt warteten auf ihn. Und er müsste vielleicht auf der Straße stehen und betteln, um an Essen zu kommen.

Als sie es ihm dann nach 13 Monaten sagten, ging es sehr schnell. Zuerst wehrte er sich noch vor lauter Angst und sagte, er würde nicht gehen. Daraufhin verschoben sie den Termin. Beim zweiten Mal das Gleiche. Dann, beim dritten Mal, hieß es am Abend wieder: »Du fliegst morgen. Um fünf Uhr früh geht es los. Das muss sein, damit wir die anderen Bewohner nicht nervös machen. Du kennst das ja. Bitte mach diesmal keine Probleme.« Das hatte er aber diesmal nicht vor. Denn anders als die letzten beiden Male, wollte er sich diesmal nicht wehren. Dazu war er endgültig zu müde. Er sah ein, dass es keinen Sinn mehr hatte. Er gab sich geschlagen und wollte keine Sekunde weiter im Ausschaffungsgefängnis bleiben. Also packte er seine Sachen und verbrachte die letzte Nacht damit, in die Dunkelheit zu starren.

Am Morgen hörte ich Schritte näherkommen. Die Tür ging auf. Durch den größer werdenden Spalt drang grelles Licht. Vier Männer in Uniform standen vor meinem Zimmerkollegen. Er sagte nichts, stand auf und ging hinaus. Ich blieb einfach still liegen. Als ich dann alleine im Zimmer war, gingen mir tausend Gedanken durch den Kopf. Ich fragte mich, was sie genau mit ihm machten, ob es mir schließlich auch so ergehen würde wie ihm, oder ob meine Lügengeschichten, die ich bei den Anhörungen im Ausschaffungsgefängnis konstruierte, vielleicht doch noch Wunder bewirkten.

NEULAND — JOÃO

In den nächsten Stunden ließen mich die Gedanken an die Ausschaffung nicht mehr los. Was würden sie mit meinem Kollegen machen, würde er sich doch noch wehren oder gar einen Fluchtversuch starten, so wie er es in einer der langen, schlaflosen Nächte einmal erzählt hatte? Der Tag schritt voran. Die plötzliche Leere im Zimmer tat mir weh. Sie zwang mich dazu, ständig an dasselbe zu denken …

Und dann, plötzlich, es muss gegen Abend gewesen sein, war mein Kollege wieder da. Ich war kurz eingeschlafen und als ich erwachte, saß er gekrümmt auf seinem Bett. Zuerst dachte ich, dass ich träume. Ich rieb mir die Augen. Er war noch immer da. Ich schüttelte den Kopf. Aber ja, er war es, eindeutig. Das konnte doch gar nicht wahr sein. Ich stand auf, fasste ihm an die Schulter. Er war echt! Kein Geist, kein Traum. Unglaublich. Ich fragte mich, was geschehen war. Warum war er wieder da? Ich ließ eine Stunde vergehen, in der sich mein Zimmerkollege nicht von der Stelle bewegte. Dann hielt ich es vor Neugierde nicht mehr aus. Ich musste wissen, was sich zugetragen hatte.

Er blickte mich aber nur mit leeren Augen an. Er zitterte und sah nicht so aus, als wäre ihm nach Reden zumute. Die Minuten, die Stunden vergingen. Er verzog sich dann am Abend, kam aber wieder. Keine Ahnung, wo er gewesen war. Am nächsten Tag verschwand er schließlich endgültig. Ich sah ihn nie wieder.

Ich fragte dann die anderen im Ausschaffungsgefängnis. Vielleicht hatten sie etwas erfahren. Und tatsächlich, einer wusste anscheinend, was passiert war. So wie es aussah, war sein Zimmerkollege nach der Ausschaffung auch wieder zurückgekommen. In einer ruhigen Minute im Hof sprach ich ihn darauf an. Er wollte, dass ich schwöre, die Geschichte nicht von ihm gehört zu haben. Ich schwor. Und während die anderen beim Sport waren oder ihre Runden im Hof drehten, begann er zu erzählen, was ihm sein Zimmerkollege bruchstückhaft erklärt hatte.

»Durch einen unterirdischen Gang führt ein Weg direkt zum Rollfeld. Viel Platz ist dort nicht. Der Gang ist vielleicht schulterbreit. Die weißen Wände reflektieren das grelle Neonlicht. Der schmale Schlauch wirft die Geräusche der schnellen Schritte zurück. Es waren drei von hier, mit ihm. Zwei Männer in Uniform gingen vor ihnen, zwei hinter ihnen. Nachdem sie aus dem Tunnel aufgetaucht waren, wurden sie in das Flugzeug gebracht und warteten dort so lange, bis es abflugbereit war. So wie es aussah, waren alle Passagiere Auszuschaffende. Einige durften dabei normal sitzen und bekamen nur Handschellen umgelegt. Zwei oder drei wurden dagegen gefesselt. Ihre Arme und Beine wurden an den Körper fixiert, über ihren Kopf wurde ein Helm gezogen und darüber ein Sack gestülpt. Einer versuchte sich zu wehren. Er schlug um sich, schrie und winselte. Daraufhin drückten ihn die Beamten wieder in den Sitz und beruhigten ihn. Das half zunächst.

Doch als sie in der Luft waren, begann der Mann wieder zu schreien. Oder besser gesagt: Er versuchte es. Denn sie hatten ihm Klebeband über den Mund gezogen. So war nur ein dumpfes Geräusch von ihm zu hören. Zwei Männer in Uniform gingen wieder zu ihm und versuchten ihn zu beruhigen. Aber der Mann war außer sich. Sein Körper zuckte. Er war in Panik, das konnte mein Freund sogar fünf Reihen hinter ihm spüren. Die Männer sprachen ihm zu, aber das Klebeband nahmen sie ihm nicht ab. Er war nicht ruhigzustellen. Mein Freund dachte, der Mann werde explodieren, wenn er so weiter macht. Er zuckte und schüttelte sich, winselte und kämpfte gegen die Fesseln an. Er rang nach Luft, riss seinen Kopf vor und zurück und rüttelte am Sitz.« Die Stimme meines Informanten wurde dünner, er starrte ins Leere. Ich sagte nichts. Nach einer lange Pause setzte er wieder an.

»Das ging ungefähr eine halbe Stunde so. Doch es half alles nichts – und irgendwann wurde es dann still. Kein Ton war mehr von ihm zu hören. Mein Freund sah nicht genau, was passiert war. Aber er sah, dass die Beamten plötzlich nervös wurden. Einer griff sich an den Kopf, der andere telefonierte laut mit aufgeregter Stimme. Dann spürte er, wie das Flugzeug wendete. Und eine halbe Stunde später landeten sie wieder in Zürich.«

NEULAND — JOÃO

Rechtsradikale halten seit 2009 auf dem Rütli eine Bundesfeier ab. 2012 werden 300 Teilnehmer erwartet – neuer Rekord. Es ist davon auszugehen, dass auch Kandidaten der Partei Volks-Aktion gegen zu viele Ausländer und Asylanten in unserer Heimat (VA) erscheinen werden, deren Kandidaten im letzten Wahlkampf geschlossene Internierungslager für Asylanten und die Todesstrafe für Drogendealer forderten. 30/10/12–NZZ •

ERFOLG

RECHTSRADIKALER IRRITIERT – In Basel-Stadt hat eine rechtsradikale Splittergruppe zwei der 100 Sitze im Kantonsparlament erobert. Dies irritiert rundum: Eric Weber, Kopf der Volks-Aktion gegen zuviele Ausländer und Asylanten in unserer Heimat (VA) ist vorbestraft und gilt als notorischer Querulant. Im Wahlzentrum gab es wegen des VA-Wahlerfolgs lange Gesichter. 29/10/12–BADZ •

SVP-NATIO-NALRAT: LUFTWAFFE SOLL ASYLBEWERBER ZURÜCKSCHAFFEN – 110.000 Franken kostet ein Ausschaffungs-Flug nach Afrika – weil der Bund für sechs Flüchtlinge einen Flieger mit 160 Plätzen mietet. Hurter verlangt, dass der Bund künftig kleine und armeeeigene Propellerflieger für diese Sonderflüge einsetzt, um die Kosten zu senken. Das Problem bei dieser Variante: Das kleinere Flugzeug hat eine Reichweite von nur 2700 km. Die nigerianische Hauptstadt liegt z.B. aber 4500 km entfernt. »Mit Zwischenlandungen geht das schon«, betont jedoch Pilot Hurter. 08/10–BLICK/VBS • Ausländerfeindliche Wahlplakate, rüder Ton, Personenkult um den Spitzenkandidaten: Der aggressive Wahlkampf der derzeit stärksten Schweizer Partei SVP hetzt dermaßen offen gegen Ausländer, dass die UNO den Rassismus nun anprangert. 02/10/07–SPIEGEL •

RÜCKFÜHRUNGEN ILLEGAL AUFHÄLTIGER – Die EU erließ nach wiederholten Protesten 2008 gemeinsame Normen über das Verfahren zur Rückführung illegal Aufhältiger in den Mitgliedstaaten. Die Abschiebehaft kann nun bis zu 6 Monate, in Ausnahmefällen bis zu maximal 18 Monate dauern. Humanitäre Mindeststandards für das Abschiebeverfahren sowie ein Wiedereinreiseverbot für fünf Jahre wurden ebenfalls definiert. 20/07/12–D-NB •

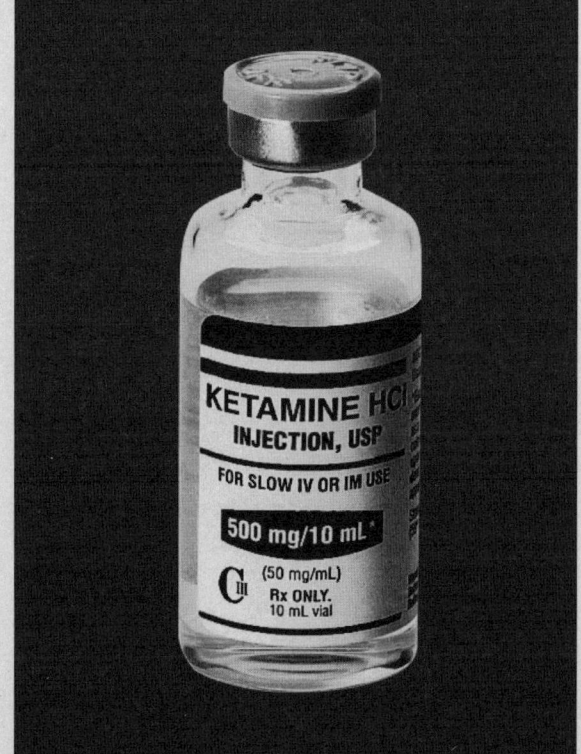

Wie die Rundschau recherchierte, spritzten Ärzte des Unternehmens Oseara, das die Ausschaffungsflüge medizinisch betreut, in drei Fällen den Auszuschaffenden zur Beruhigung das Medikament Ketamin, das halluzinogene Nebenwirkungen haben kann. 30/01/13–SRF • +++ Ohne medizinische Begleitung darf die Schweiz keine Zwangsausschaffungen durchführen. Nun findet man keine Ärzte. Eine Zwischenlösung, mit der Firma eines einstigen Mitarbeiters, wirft Fragen auf. 04/01/13–TAGZ •

»Nur einen Moment nachdem das Flugzeug zum Stillstand gekommen war, stürmten zwei Sanitäter herein. Sie liefen zu dem Mann, der in der Luft so panisch gewesen war. In kürzester Zeit lag er auf dem Boden und wurde beatmet. Sie beugten sich über ihn, verwendeten einen Defibrillator. Doch schon bald gaben sie auf. Sie sahen sich an, starrten auf den am Boden liegenden Mann und sagten kein Wort. So wie es aussah, war er tot.« Wieder machte er eine lange Pause, bevor er weitersprach. »Sie behandeln uns hier wie Tiere. Wir sind nichts wert, keinen Cent. Müll sind wir für sie, der vor die Tür gebracht werden muss. Das ist alles. Ich kann wirklich kaum glauben, dass das Europa ist.« Es war unfassbar. Ich brachte kein Wort heraus, starrte nur durch den Zaun hindurch, auf ein einsames Feld, schüttelte ungläubig den Kopf und fragte mich, ob es mir auch so ergehen würde.

Doch das Gegenteil trat ein. Denn nur einen Monat später war ich frei. Ich verstand nicht, warum sie mich einfach gehen ließen. Vielleicht weil ich so überzeugend gelogen hatte. Angeblich wird jeder Vierte im Ausschaffungsgefängnis freigelassen. Vielleicht hatte ich aber auch einfach nur Glück. Ich wusste es nicht. Sie sagten mir auch nicht, warum oder weshalb ich freigelassen wurde. Auch von einer Bewilligung sagten sie nichts. Ich sollte einfach gehen und selbst zurechtkommen. Mir war es recht. Denn gleich nachdem sie mich entlassen hatten, ging ich wieder zu den Latinos in der Vorstadt. Ich hatte wieder Mut gefasst, Hoffnung geschöpft. Das war meine zweite Chance. Und dieses Mal wollte ich es nicht vermasseln; ich wollte vorsichtiger sein. Geld sparen. Für eine eigene Wohnung. Und ein neues Leben. Aber zunächst nahm ich mir eine der dreckigen Matratzen. Das war der Anfang. Und ich versuchte, mich wieder mit Gelegenheitsjobs durchzuschlagen. Manchmal als Möbelpacker, manchmal am Bau und manchmal, wenn es schlechter ging, als Drogendealer.

NEULAND — JOÃO

Sissoko

LAMPEDUSA

Unser Boot ging nicht unter. Alle hatten die Überfahrt überlebt. Aber es war gefährlich. Die See war rau und der Wind blies heftig. Manchmal schaukelten wir so sehr, dass wir das Gefühl hatten zu kentern. Zwischenzeitlich begann es zu regnen; der Motor stotterte die ganze Zeit und fiel sogar zwei Mal aus. Immer wenn das Motorengeräusch holpriger wurde, kauerten wir uns enger aneinander. Niemand wusste, ob er wieder anspringen würde. Auf offener See wären wir verloren gewesen. Aber am Ende ging es gut.

    Als wir Lampedusa vor uns sahen, waren unsere Füße eiskalt vom vielen Wasser im Boot. Aber das störte uns nicht, denn wir hatten es geschafft. Vor uns wurde die Insel immer größer. Und obwohl es sehr dunkel war, konnten wir allmählich immer mehr Details der Landschaft erkennen. Die Brandung, die Felsklippen, die Grasflächen, Bäume. Im Mondlicht zeichneten sich die Konturen der Dinge ab. Vielleicht noch ein paar Minuten, dann hätten wir europäisches Festland erreicht. Das war es, was wir alle wollten. Und das nach all den Strapazen; ich konnte es kaum glauben.

    Noch bevor wir die Insel erreicht hatten, wurden wir von der Küstenwache abgefangen. Sie nahm unser Boot in Schlepptau und brachte uns an einen Steg. Dort mussten wir

NEULAND — SISSOKO

AN
Europaparlament
Allée du Printemps,
67000 Strasbourg,
France

VON
Comune di Lampedusa et Linosa
Signora la sindac
Maria Giuseppina Nicolini
Via Grecale, 1
I - 92010 Lampedusa e Linosa (AG)

November 2012

Betreff: Lampedusas Tote

Ich bin die neue Bürgermeisterin von Lampedusa. Ich wurde im Mai 2012 gewählt, und bis zum 3. November wurden mir bereits 21 Leichen von Menschen übergeben, die ertrunken sind, weil sie versuchten, Lampedusa zu erreichen.

∗

Das ist für mich unerträglich und für unsere Insel ein großer Schmerz. Wir mussten andere Bürgermeister der Provinz um Hilfe bitten, um die letzten elf Leichen würdevoll zu bestatten. Wir hatten keine Gräber mehr zur Verfügung. Wir werden neue schaffen, aber jetzt frage ich: Wie groß muss der Friedhof auf meiner Insel noch werden? Ich bin über die Gleichgültigkeit entrüstet, die alle angesteckt zu haben scheint; mich regt das Schweigen von Europa auf, das gerade den Friedensnobelpreis erhalten hat, und nichts sagt, obwohl es hier ein Massaker gibt, bei dem Menschen sterben, als sei es ein Krieg.

Ich bin mehr und mehr davon überzeugt, dass die europäische Einwanderungspolitik diese Menschenopfer in Kauf nimmt, um die Migrationsflüsse einzudämmen. Vielleicht betrachtet sie sie sogar als Abschreckung. Aber wenn für diese Menschen die Reise auf den Kähnen den letzten Funken Hoffnung bedeutet, dann meine ich, dass ihr Tod für Europa eine Schande ist.

Wenn Europa aber so tut, als seien dies nur unsere Toten, dann möchte ich für jeden Ertrunkenen, der mir übergeben wird, ein offizielles Beileidstelegramm erhalten. So als hätte er eine weiße Haut, als sei es unser Sohn, der in den Ferien ertrunken ist.

Gezeichnet:
Giusi Nicolini.

In diesem offenen Brief wendet sich Lampedusas Bürgermeisterin Giusi Nicolini an die EU, um über den Tod hunderter afrikanischer Flüchtlinge vor der Küste Lampedusas zu schreiben. 03/10/13 – HEISE/XX

THE WONDERFUL LAMPEDUSA – Italy's southernmost island, Lampedusa, is served by low-cost Italian airlines with direct flights from several mainland cities. Lampedusa is treasured by visitors for its fine white sandy beaches, its clear light blue-turquoise waters and its excellent scuba diving. 27/10/14–TRIPADVISOR •

ENTSPANNTE MITTELMEERKREUZFAHRT MIT DER AIDA – Unsere Kussmundschiffe eröffnen Ihnen grenzenlose Erlebnisvielfalt. Lassen Sie den grauen Alltag am Horizont verschwinden und genießen Sie die wundervoll entspannte Atmosphäre an Bord. 2013–AIDA • FPÖ-PARTEICHEF H.C. STRACHE – »Ich bin wirklich entsetzt darüber, dass die österreichische Innenministerin, die Frau Fekter, angesichts der nordafrikanischen Flüchtlingsströme nicht bereit ist, Grenzen zu schließen und Schengen außer Kraft zu setzen. Vor allem die Grenzen im Süden müssen nun dichtgemacht werden, solange die Afrikaner Italien stürmen«. 12/04/11–FPÖ •

Flüchtlinge der arabischen Revolution überfordern Lampedusa: In der Nacht kamen erneut drei Boote an. Inzwischen befinden sich mehr als 5.500 Tunesier auf der Mittelmeerinsel. Diese kann den Flüchtlingsansturm nicht mehr verkraften, die Behörden scheinen überlastet – und fürchten weitere Einwanderer. 24/03/11–EUROPENEWS •

aussteigen, um gemeinsam zum Flüchtlingscamp zu gehen. Der Weg war nicht weit. Vielleicht zwei Kilometer. Aber es war Nacht und die Frauen mit Kindern konnten nur langsam gehen. Einige Babies schrien und weinten. Ihnen war kalt, sie waren übermüdet und hatten Angst. Aber ihr Geschrei verlor sich in den weiten Ebenen der Insel. Keine Lichter waren zu sehen, keine Autos, keine anderen Menschen. Nur wir wateten, von Taschenlampen umringt, durch die Dunkelheit. Begleitet wurden wir von Männern in Uniform. Sie gingen rechts und links von uns. Insgesamt waren wir vielleicht achtzig Leute. Sechzig aus unserem Boot und zwanzig Uniformierte, die uns den Weg vorgaben. Nach einer halben Stunde kamen die Menschen zum Stehen. Wir waren angekommen. Vor uns öffnete sich quietschend das Eisentor eines Gebäudes.

Zuerst wurden alle registriert. Fingerabdrücke, Name und so weiter. Wir bekamen einen Zettel, auf dem die Lagerregeln in unserer Sprache standen. Danach ließ man uns hinein. Das Erste, was mir auffiel, waren die vielen Menschen. Das Lager war überfüllt. Auf jedem Quadratmeter stand mindestens eine Person. Man musste sich seinen Platz erkämpfen, sich behaupten. Denn ein Zimmer – oder einen Flecken für sich – hatte man dort nicht einfach so, dafür waren es viel zu viele. Anstelle von Schlafräumen gab es Schlafstationen, bei denen sich die Matratzen häuften. Manche waren in Häusern, andere unter freiem Himmel, nur durch ein paar Plastikplanen geschützt. An einem dieser Orte verbrachte man die Nächte. Zwischen den Armen und Beinen all der anderen Auswanderer. Unter der dünnen Decke, die man gleich zu Beginn bekommen hatte. Die Nächte waren kalt, und viel besser machten es die leichten Stofftücher auch nicht. Schlaf bekam man nur wenig, weil es immer laut war.

Was mir beim Hineinkommen auch gleich auffiel, war der Gestank. Zuerst erkannte ich nicht, woher er kam. Doch als ich nach einiger Zeit das Bad benutzen wollte, wurde es mir klar. Er kam von den Toiletten. Sie waren hoffnungslos verstopft. Wer zu den Waschbecken wollte, musste durch einen See aus Fäkalien und Urin waten. Nichts rann mehr ab.

NEULAND — SISSOKO

Und anscheinend kümmerte sich auch niemand darum. Wenn tagsüber viele Leute mussten, rann die Flüssigkeit manchmal aus dem Baderaum heraus, über das ganze Gelände. Am besten wusch man sich deshalb sehr früh. Dann war man fast alleine und konnte sich zumindest in Ruhe seinen Weg bahnen.

Ansonsten gab es nicht viel zu tun. Außer zu warten. Auf das Essen zum Beispiel, für das man sich in den langen Warteschlangen einreihen musste. Davor wurde immer die Kontrollzählung durchgeführt. In der Mittagshitze mussten sich alle aufstellen, sie riefen die Namen und man musste »Ja« sagen. Bis alle durch waren, dauerte es sehr lange. Der Platz, auf dem diese Zählungen stattfanden, war gleich neben den defekten Toiletten. Zwischen unseren Füßen rann der Urin hindurch, es stank nach Kot, wir brüteten in der Hitze. Manchmal verlangten sie, dass wir uns hinsetzten. Ich versuchte dann immer zu hocken und den Boden mit nichts anderem als meinen Schuhsohlen zu berühren. An besonders schlechten Tagen machten sich die Polizisten bei diesen Zählungen auch noch einen Spaß mit den im Dreck sitzenden Leuten. Einem strenggläubigen Muslim zeigten sie einmal ein Porno-Video auf ihrem Handy. Ich sah ihn täglich mehrmals beten. Und nun musste er das ertragen. Es war abscheulich. Er versuchte wegzusehen, aber sie zwangen ihn dazu, auf das Display zu blicken. Sie hatten keinen Respekt vor ihm. Weder vor seiner Religion, noch vor ihm als Menschen. Es war demütigend – aber die Polizisten konnten sich vor Lachen fast nicht mehr einkriegen.

Die Zählung mussten wir jeden Tag über uns ergehen lassen. So dauerte es lange, bis man etwas zu essen bekam. Aber nicht alle aßen, als es soweit war. Denn einige Bewohner waren im Hungerstreik. Sie wollten sich dagegen wehren, sofort wieder zurück nach Afrika gebracht zu werden. Und obwohl sie schon ziemlich ausgehungert aussahen und schwach waren, blieben sie stur. Manchmal gab es bei der Essensausgabe auch Streitereien und kleine Schlägereien. Die Menschen hatten Hunger, sie waren unzufrieden, hatten Angst vor der Zukunft, waren nervös und gereizt – von all dem, was sie bereits hinter sich hatten und wahrscheinlich auch wegen all dem, was

NEULAND — SISSOKO

ihnen noch bevorstand. Jemanden zu schlagen oder den Uniformierten gegenüber ungehorsam zu sein, war wohl wie ein Ventil für sie.

Ansonsten war aber nicht viel los. Ich hatte viel Zeit, um an meine Familie zu denken oder um mich mit den anderen zu unterhalten. Die meisten im Lager waren aus Afrika. Bestimmt 90 Prozent. Sie hatten alle dieselben Ideen, wollten alle in Europa arbeiten, um Geld zu verdienen. Italien, Frankreich, Deutschland, das waren die beliebtesten Ziele. Viele hatten Verwandte in diesen Ländern. Andere – so wie ich – wollten sich alleine durchschlagen.

Nach zwei Tagen lernte ich einen Mann kennen, der schon mehrere Wochen in dem Lager war. Er war aus Tunesien und sagte, dass er Jahr für Jahr immer wieder zur Orangenernte nach Italien kommen würde. »Das bringt gutes Geld. Wenn die Orangenbäume blühen, komme ich nach Italien und wenn sie allmählich wieder leer werden, gehe ich zurück nach Tunesien und warte bis zur nächsten Saison. So mache ich das seit Jahren.« Die Behörden kannten ihn schon. Sie sagten ihm jedes Mal, dass er sofort zurück nach Tunesien gebracht werden würde. Aber er kannte ein paar Wege in die Freiheit. Löcher im Zaun, Verstecke auf den Fähren. Er fand bis jetzt immer seinen Weg zu den Orangen. Und zum Geld. Er bot mir an, auch dorthin zu kommen, sobald ich das Lager verlassen hätte. Zu zweit würde man bei der Orangenernte in Sizilien angeblich leichter über die Runden kommen.

ORANGENERNTE

Nach zwei Wochen auf Lampedusa war ich frei. Nicht, weil ich die Freiheit geschenkt bekam, sondern weil ich sie mir nahm. Eigentlich sollten wir an diesem Tag in einen anderen Teil Italiens transportiert werden, um dort offiziell um Asyl ansuchen zu können. Aber am Weg zum Bus schlich ich mich davon. Es waren mehr als hundert Leute. Die Sicherheitskräfte konnten nicht alle im Blick haben. Ich wartete auf eine günstige Gelegenheit und bog dann so schnell wie möglich in eine kleine

Seitengasse ab. Dort wartete ich. Zuerst bis der Strom von Auswanderern vorbeigezogen war, dann bis es dunkel wurde. Erst als sich der Mond bereits am Nachthimmel abzeichnete, ging ich los, Richtung Hafen.

Nur zwei Tage später stand ich auf einer Orangenplantage und verdiente Geld. Der Weg dorthin war nicht schwer zu finden. Auf der Fähre versteckte ich mich, bis wir in Sizilien anlegten. Im Hafen sah ich dann ein paar Afrikaner, denen ich einfach folgte. Sie hatten anscheinend gerade ihren freien Tag und führten mich direkt zu den Plantagen. Sie waren mit dem Rad unterwegs und ich lief neben ihnen her. Vielleicht eine Stunde. Dann waren wir da.

In dem Dorf gab es viele Erntehelfer. Einige Leute sprachen von tausend oder mehr. Fast alle waren Afrikaner. Sie kamen im Herbst und reisten im Frühling wieder ab. Für jeden von ihnen gab es viel zu tun. Die Reihen von Orangenbäumen erstreckten sich weit über den Horizont hinaus, soweit das Auge reichte.

Die Arbeit dort wurde nicht gut bezahlt. 25 Euro bekam man pro Tag – wenn man hart arbeitete. Die Bauern bezahlten uns pro Kiste: Akkordlohn nannten sie das. Eine Kiste Orangen brachte 50 Cent, eine Kiste Mandarinen einen Euro. Vertrag gab es keinen. Drei Euro mussten noch an den Vorarbeiter bezahlt werden, der uns jeden Morgen mit seinem Bus zu den Plantagen brachte. So verdiente man ungefähr 20 Euro pro Tag. Viel war das nicht, wenn man noch das Geld für Nahrung abzog. Dafür fragte niemand nach den Papieren.

Die Tage auf den Feldern waren lang und die Arbeit anstrengend. Denn eine Kiste wog um die 20 Kilo. Wir mussten mindestens 15 Stunden am Tag arbeiten, vier Tage die Woche. Orangen pflücken, Orangen einsammeln, in Kisten stapeln, zum Traktor bringen. Wir begannen im Morgengrauen und hörten auf, wenn es dunkel war. Am Abend tat mir mein Rücken weh. Und meine Hände. Denn die Pestizide machten mir zu schaffen. Ich glaube, ich war allergisch dagegen. Nach einer Woche konnte ich nicht mehr durch die Nase atmen. Meine Haut war mit roten Schwielen überzogen. Handschuhe

FANTA OHNE ITALO-ORANGEN – Coca Cola hat seinen Vertrag mit den Landwirten des süditalienischen Ortes Rosarno, die bisher Orangen für Fanta lieferten, aufgelöst. Grund: Die Ausbeutung hunderter afrikanischer Tagelöhner. 24/08/14–THEICE •

Schlachtfeld in Norditalien: Die Bürger der Kleinstadt Ivrea feiern Karneval auf ihre ganz eigene Art. Sie verkleiden sich traditionell als Ritter und bewerfen sich mit Orangen. Wer schlau ist, setzt einen Helm auf, denn ein Treffer kann nicht nur klebrig, sondern auch schmerzhaft sein: 165 Verletzte gab es laut italienischen Medienberichten allein am Sonntag.

Über drei Tage in Folge treten neun Mannschaften an, um sich mit Orangen zu bekriegen. Tausende Orangen fliegen dann von den Umzugswagen, mit denen die Gruppen durch die Straßen ziehen. 20/02/12–SPIEGEL/REUTERS/RELLANDINI • **+++ Einwohner Süditaliens jagen illegale Migranten: Neun Verletzte.** 08/01/10–NEWS.CH • **+++ Spanien verschärft Vorgehen gegen illegale Immigranten. Polizei muss vorgegebene staatliche Quoten bei den Festnahmen Illegaler erfüllen.** 17/02/09–IC7 • **+++ Cameron fordert Briten zur Jagd auf illegale Einwanderer auf.** 10/10/11–TAGZ •

In den USA versucht eine selbst ernannte Bürgerwehr, illegale Einwanderer aus Lateinamerika abzuschrecken. Freiwillige der 400-köpfigen Miliz Minute Men bewachen Tag und Nacht einen Grenzstreifen in Arizona. 01/05/05–DW •

bekamen wir zu Beginn nicht – deshalb versuchte ich mich mit einfachen Stofftüchern zu schützen. Am Ende jedes Tages dachte ich mir aber trotz allem: »Das hier ist besser als nichts.« Es brachte etwas ein. Ich wollte zumindest eine Saison durchhalten. Denn es war ein guter Anfang für mich.

An jenen Tagen, an denen es nichts zu tun gab, ruhte ich mich aus. Manchmal fuhr ich mit ein paar anderen mit dem Rad durch die Gegend. Wir kauften dann bei Discountern ein und kochten Reis und Hühnerflügel in verrosteten Benzinkanistern. Ich versuchte an diesen Tagen so viel Zeit wie möglich im Freien zu verbringen. Denn unser Lager war noch schlimmer als das auf Lampedusa. Es waren riesige Schlafstätten auf einem alten Industriegebiet. Die löchrigen Dächer waren aus Kunststoff, manche sogar nur aus Pappe. Überall war stinkender Müll. Es gab kein fließendes Wasser und auch keinen Strom. Wenn es regnete, versanken wir im Schlamm, denn die dreckigen Matratzen lagen auf 20 cm hohen Erdhügeln. Die Toilette war eine einfache Grube. Vielleicht einen Meter breit und einen halben Meter tief. Sie war unter freiem Himmel.

Am Ende der Erntesaison mussten wir alle gehen. Es gab nichts mehr zu tun für uns. Nichts mehr zu verdienen. Die meisten reisten zurück nach Afrika. Ich dagegen wollte in Europa bleiben und schloss mich einer Gruppe an, die weg aus aus Italien wollte, in die Schweiz. Einer der vier hatte einen Freund, der schon länger dort arbeitete. Er meinte, dass es auch für uns Arbeit geben würde. Angeblich würde man dort besseres Geld verdienen. Ich musste mit ihnen gehen. Denn das, was er erzählte, hörte sich vielversprechend an. Es klang so, als ob man dort Chancen auf ein besseres Leben hätte. Wer weiß, ob ich nochmals so eine Gelegenheit bekommen würde.

KÜCHENHILFE

Als wir italienisches Festland erreicht hatten, bestiegen wir einen Zug Richtung Norden. Wir versteckten uns in den Toiletten, bis wir angekommen waren. Jede Stunde auf einer anderen, damit es nicht auffiel. Einer der vier Männer kannte den Weg. Wir brauchten ihm nur zu folgen. Als wir ausstiegen, waren wir angeblich nur noch 100 km von der Schweiz entfernt.

Um über die Grenze zu kommen, gaben wir einem Schlepper Geld. Mit dem, was wir auf Sizilien verdient hatten, konnten wir alles bezahlen. Gleich am nächsten Morgen ging es los. Er hatte drei Autos organisiert. Sie waren so umgebaut, dass man sich darin verstecken konnte. Eines hatte mehr Platz unter der Motorhaube, weil er den Motor verkleinert hatte. Dort legte sich der eine hinein. Das zweite hatte ein kleines Versteck unter dem Beifahrersitz. Und das dritte hatte einen körpergroßen Raum hinter dem Armaturenbrett. Dort sollte ich mich hineinlegen. Denn ich war der Kleinste von uns allen. Durch das Handschuhfach musste ich hineinkriechen. Ich machte meinen Oberkörper so flach wie möglich, schob meine Beine zwischen den Kabeln hindurch und ließ meinen Kopf hinter das Handschuhfach gleiten. Dann ging es los. Während der Fahrt ließ der Fahrer die Klappe des Faches noch offen, damit ich genügend Luft bekam. Doch als wir zur Grenze kamen, musste er sie schließen. Es wurde dunkel, von außen drang kaum noch Luft herein. Ich spürte das dumpfe Vibrieren des Motors und die Hitze, die er ausstrahlte. Der Schweiß rann mir über das Gesicht. Dann wurden wir langsamer. Die Bremsen quietschten, das Radio wurde ausgeschaltet. Ein Mann außerhalb des Wagens fragte den Fahrer etwas. Der antwortete. Dann öffnete sich eine Tür, vielleicht auch der Kofferraum. Sie durchsuchten das Auto – noch mehr dumpfe Stimmen. Ich wurde nervös. Die Minuten vergingen. Dann, endlich, schlossen sich die Türen wieder. Wir beschleunigten. Und nur wenige Momente später öffnete sich die Abdeckung. Frische Luft drang herein. Ich hatte es geschafft. Ich hatte die Grenze überquert.

In der Schweiz trafen wir den Freund unseres Reisegefährten. Einen Nigerianer. Er war schon lange hier und hatte Aufenthaltspapiere. Er erklärte uns gleich, dass wir zwei Möglichkeiten hätten. »Entweder ihr sucht hier um Asyl an und versucht, eine Bewilligung zu bekommen. Wenn sie ja sagen,

- Yes dad it's Christian
- Ah! Christian, how are you doing
- Fine t
- Have

- Oh! Yes dad.
  I'm lodging with friends
- Are you hidi
- No, not at a

- It's just that I have been running
- Have you re

dad! — Yes dad.
rrived well? — There's not problem my trip was okay

nething from me? — It's just that I have been running
All over the town all day long.

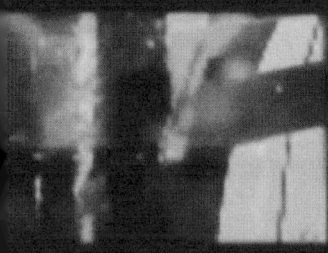 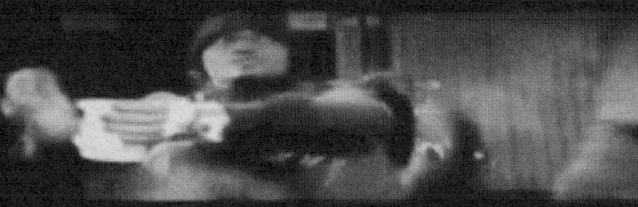

t to the University? — So! how about my sisters and brothers?
Are they well?

Mit einem TV-Spot im nigerianischen Fernsehen will die Schweiz Afrikaner von der Einwanderung abhalten. Realisiert hat die Kampagne die Internationale Organisation für Migration – finanziert von der Schweizer Regierung. Parallel dazu weist Migrationsexperte Klaus-Jürgen Bade allerdings daraufhin, dass in Europa ohne die Arbeit illegaler Einwanderer

ganze Wirtschaftsbranschen, wie in etwa die Bau- oder Landwirtschaft, zusammenbrächen. 24/11/07–BLICK

dann stehen euch so gut wie alle Türen offen. Eine gute Arbeit, gute Wohnung. Ihr seid dann legal hier. Wenn sie aber nein sagen – und das tun sie mit hoher Wahrscheinlichkeit – wird es schwierig. Denn dann kann es sein, dass ihr eingesperrt und ausgeschafft werdet. Oder ihr werdet einfach wieder auf die Straße gesetzt. Sie kennen dann eure Daten. Wenn sie euch nochmals hier erwischen, kommt ihr ins Gefängnis und das war's. Die zweite Möglichkeit ist: abtauchen; sich nie bei den Behörden melden, mit Schwarzarbeit durchschlagen und ein Leben als Illegaler führen. Viele meiner Freunde machen das so. Sie arbeiten am Bau oder in der Landwirtschaft. So verdienen sie ihr Geld. Wohnen können sie entweder bei Freunden oder bei Vermietern, denen die Bewilligung egal ist. Sie schlagen sich durch, sparen Geld und in ein paar Jahren wollen sie zurück nach Afrika. Einen Laden aufmachen oder sonst etwas mit ihrem Geld anfangen.«

Wir konnten ein paar Tage bei diesem Mann wohnen. Ich dachte darüber nach, was er gesagt hatte und fragte mich, ob ich um Asyl ansuchen sollte. Schließlich entschied ich mich aber dagegen. Ich wollte nicht ewig hier bleiben. Nur ein paar Jahre, zum Geldverdienen. Damit wir uns später daheim etwas aufbauen konnten – damit wir besser leben konnten, ohne die andauernden Geldsorgen. Ich wollte monatlich Geld nach Hause schicken. Meine Frau sollte es sparen und in ein paar Jahren wäre alles gut. Das war mein Ziel. Und wenn ich das nur ohne Papiere erreichen konnte, dann war es mir recht.

Ich fand dann schnell einen Job als Küchenhilfe in einem kleinen afrikanischen Restaurant. Vom Kochen hatte ich zwar nur wenig Ahnung, aber Gemüse waschen und schneiden, das konnte ich. Der Chef hatte nicht genug Geld, um jemanden legal einzustellen. Deshalb konnte ich bei ihm ohne Papiere anfangen. Die Arbeit war zwar nicht sehr schwierig, aber auf Dauer extrem kräftezehrend. Denn ich musste praktisch andauernd arbeiten. Immer viel länger als alle anderen. Zwischen elf und zwölf Stunden pro Tag, sechs Tage die Woche. Zeit für etwas anderes blieb deshalb kaum. Mein Leben fand eigentlich nur in dieser Küche statt.

Viel verdiente ich nicht, aber es reichte zum Leben. Und ich konnte auch noch jeden Monat etwas Geld heimschicken. Der Gedanke, dass ich meiner Frau so helfen konnte, gab mir Kraft und hielt mich am Leben. Er gab mir Kraft, um jeden Tag wieder in die Küche zu gehen; von morgens bis tief in die Nacht dort zu arbeiten.

Umso mehr ärgerte es mich, wenn der Chef wieder einmal zu spät bezahlte. Bei mir konnte er sich das ja leisten. Denn einen Vertrag gab es nicht. Ich war auf ihn angewiesen. Wenn ich mich beschwert hätte, wäre ich vielleicht rausgeschmissen worden. Deshalb sagte ich nur sehr selten etwas. Und bei den wenigen Malen, die ich ihn auf das Geld ansprach, versuchte ich immer sehr freundlich zu sein. Ich erklärte ihm, dass ich das Geld für die Miete und die Familie in Mali bräuchte. Manchmal kam es dann am nächsten Tag, manchmal dauerte es trotz allem noch einen Monat. Wenn es so spät kam und ich meiner Frau nichts schicken konnte, hatte ich ein schlechtes Gewissen. Denn ich wusste nicht, ob sie auch ohne das Geld über die Runden kommen würde.

Die wenigen freien Tage verbrachte ich daheim. Ich schlief oder dachte nach. Über die Zukunft und meine Frau, meine Familie. Es waren einsame Tage. Ich vermisste Mali. Manchmal rief ich dann zu Hause an. Aber nicht oft, denn ein Telefonat nach Mali ist teuer. Trotzdem, die Stimme meiner Frau zu hören, auch wenn es nur für wenige Minuten war, das war wundervoll. Sie erzählte mir, wie es ihr ging und ich erzählte ihr von mir. Das waren die besten Minuten in all der Einsamkeit. Ich fühlte mich einem Menschen näher. Ich fühlte mich meiner Heimat näher. Alles wurde zwar vom Rauschen überlagert, das durch die Entfernung entstand, aber im Hintergrund hörte man, trotz all des Lärms, auf der Straße spielende Kinder, man hörte den Wind und ich hörte den Atem meiner Frau. Und immer, wenn sie mir von Mali, von den staubigen Straßen, den geschlossenen Geschäften und unserem Nachbarn in der Goldmine erzählte, wurde mir wieder klar, wofür ich das alles tat. In ein paar Jahren sollten wir es besser haben. Ich hoffte, dass sich all die Strapazen am Ende lohnen würden.

NEULAND — SISSOKO

Bidemi

ANHÖRUNG

Am Bahnhof sprach ich eine Dame in Uniform an. Ich sagte ihr, dass ich Asyl beantragen wolle. So wie es mir der Mann in Mailand erklärt hatte. Sie hörte mir aufmerksam zu. Danach stiegen wir in ihren Wagen und fuhren los. Und während die Häuser am Straßenrand immer weniger wurden, sagte sie, dass sie mich an den richtigen Ort bringen würde.

Nur ein paar Stunden später saß ich in einem Büro des Empfangszentrums für Asylsuchende. Dort sollte darüber entschieden werden, ob ich als Flüchtling anerkannt werde oder nicht. Der Raum war nicht besonders groß. Ein Tisch aus schwerem Holz, zwei schmale Schränke und drei Stühle passten gerade hinein. Sonderlich hell war es auch nicht. Ein dicker Vorhang vor dem Fenster schluckte die meisten Sonnenstrahlen. Von der Decke flackerte gelbliches Licht aus einem Lampenschirm. Es war warm, denn es gab keine Lüftung und die Tür war hinter mir geschlossen worden.

Wir waren zu dritt. Ich saß auf der einen Seite des Schreibtisches, neben mir die Übersetzerin, die sie mir zur Verfügung gestellt hatten. Auf der anderen Seite des Tisches saß der Beamte, der über meinen Asylantrag entscheiden sollte. Seine linke Körperhälfte verschwand hinter einem mächtigen Computerbildschirm. Als ich hereinkam, trank er gerade Kaffee.

Hinter ihm stapelten sich Mappen präzise übereinander und auf den Ablagen war kein Staubkorn zu sehen. Überhaupt das ganze Büro sah aus, als hätte er es erst vor kurzem eingerichtet. Nur die abgegriffenen Öffnungen der Metallschubladen verrieten, dass es doch schon etwas älter sein musste. So wie es schien, legte er Wert darauf, dass die Dinge sauber blieben. Und anscheinend war ihm Ordnung wichtig. Jede Schranktür, jede Schublade, jeder Ordner war sorgfältig beschriftet. Am Tisch vor mir lag nichts, bis auf einen Stift und ein Formular. Alles parallel zueinander ausgerichtet.

Noch bevor wir mit dem Gespräch begannen, wollte er meinen Pass sehen. Aber natürlich hatte ich nichts bei mir. Denn den Pass hatte mir Ugo in Mailand abgenommen, genauso wie all meine anderen Dokumente. Ich konnte also nur mit den Schultern zucken und zur Dolmetscherin sagen, dass ich nichts dabei habe. Sie nickte und übersetzte für ihn. Als sie fertig gesprochen hatte, sah er kurz ins Leere. Nicht länger als einen Augenblick lang. Aber es reichte, um mir zu verstehen zu geben, dass er mit dieser Antwort nicht zufrieden war.

Danach musste ich ihm erzählen, was in Nigeria passiert war. Er wollte alles bis ins letzte Detail wissen. Woher ich komme, wie mein Dorf heißt, welchen Dialekt man dort spricht, wie ich mein Geld verdiente und so weiter. Wieder ging alles über die Übersetzerin. Er stellte die Fragen an sie. Sie hörte ihm zu, wartete, bis er fertig gesprochen hatte, und übersetzte dann für mich in meine Sprache. Ich erkannte an ihrem Akzent, dass sie auch aus Nigeria war. Sie war etwa im gleichen Alter wie ich. Und als ich zu sprechen begann, kam in mir das Gefühl auf, dass ihr meine Geschichte nicht egal war. Während ich erzählte, nickte sie mir immer wieder zu. Sie hatte etwas Warmherziges an sich. Als ich von der Scharia und den rücksichtslosen Gläubigen, den Steinigungen und Bestrafungen, von all dem blinden Hass in Zamfara sprach, wurde ihr Blick traurig. Sie schüttelte den Kopf und sagte zu mir, dass die Lage in Nigeria schrecklich sei.

Nachdem ich dem Beamten alles über mein Zuhause erzählt hatte, wollte er alles über meine Reise erfahren. Die

Fragen nahmen kein Ende. »Wohin bist du gegangen, nachdem du schwanger geworden bist? Wie hieß das Haus, in dem du Mrs. Hope kennengelernt hast? Wann ging dein Flug? Auf welchem Sitzplatz bist du gesessen?«. Es war ermüdend. Ich war erschöpft von all den Dingen, die passiert waren. Klar zu denken, fiel mir schwer. Das Baby nahm mir alle Energie und ich wünschte mir nur, mich hinlegen zu dürfen. Nach zwei Stunden schien es der Mann hinter dem Schreibtisch endlich zu merken. Er sagte, dass ich Schreckliches erlebt hätte und mich ausruhen solle. Für den Moment sei es genug. Er würde mich in den nächsten Tagen nochmals zu sich holen.

Nach einigen Tagen saß ich wieder in seinem Büro. Er stellte mir nochmals genau die gleichen Fragen. Ich erzählte die selben Dinge. Das ging insgesamt dreimal so. Erst dann sagte er zu mir, dass die Schweiz nun über meinen Antrag entscheiden werde.

Von da an wartete ich jeden Tag auf eine Nachricht. Aber es kam nichts. Ich verstand nicht, warum sie so lange brauchten. Ihre ausstehende Entscheidung machte mir Angst. Und je länger es dauerte, desto größer wurde sie. Ich fragte mich, was ich tun sollte, falls sie mich abwiesen. Wieder zurück nach Zamfara zu gehen wäre unmöglich gewesen. Dort wäre ich auf der Stelle gesteinigt oder erhängt worden. Das war klar. Inzwischen war ich außerdem im sechsten Monat schwanger. Es war nicht mehr viel Zeit, bis mein Baby zur Welt kommen würde. Meine Zukunft war damit auch seine Zukunft. Ich war für sein Leben verantwortlich. Und ich wollte, dass mein Kind in Sicherheit aufwächst. Irgendwo weit weg von den Nigerianern, die mich nicht verschont hätten.

Nach vier Wochen wurde ich in ein anderes Heim verlegt. Und zwei Monate später sagte mir ein Beamter, dass sie mich wieder nach Hause schicken müssen. Einfach so. Ich sei in einem anderen Teil Nigerias sicher und hätte somit kein Recht auf Asyl in der Schweiz. Die nigerianischen Behörden würden sich aber um mich kümmern. Natürlich protestierte ich. Ich erklärte ihm, dass ich nicht zurück könne, dass eine Rückkehr nach Nigeria meinen sicheren Tod bedeuten würde und dass ich dort nirgendwo leben könne, weil ich nichts hatte und Ugo mich über sein Netz von Bekannten finden würde. Egal, wohin ich ginge. Aber der Beamte wiederholte sich nur in seinen Erklärungen. Da begann ich zu weinen. Ich schrie ihn auf Englisch an. »Haben Sie denn überhaupt kein Mitgefühl? Was denken Sie, dass die da unten mit mir und meinem Baby machen werden? Sie schicken mich direkt in den Tod.« Er sagte zuerst nichts. Erst ein paar Sekunden später erklärte er mir, dass es ihm leid tue. Er glaube mir, aber er würde nur seine Pflicht tun. Das Gesetz durchsetzen, das sei sein Job, auch wenn es ihm nicht immer gefalle. Ich würde bestimmt einen sicheren Ort zum Leben finden. Nachdem er fertig gesprochen hatte, beruhigte ich mich ein wenig. Ich sagte ihm, dass mich die nigerianischen Behörden ohne gültige Papiere so oder so nicht ins Land lassen würden. Und neue würde ich mir hier bestimmt nicht ausstellen lassen. Ich würde mich weigern. Daraufhin erklärte er mir, dass Papiere nicht notwendig seien. Denn zwischen der Schweiz und Nigeria bestünde für solche Fälle ein Rückübernahmeabkommen. Meine Überführung wäre demnach kein Problem, auch ohne Papiere. Es würde keine Komplikationen geben. Ich konnte es nicht fassen. Aber ich hatte zu wenig Kraft, um weiter zu protestieren, weiter zu kämpfen. Ich sackte einfach zusammen, hielt mir die Hände vor das Gesicht und begann zu weinen.

NOTHILFE

Mit der Hilfe einer sozialen Organisation legte ich Einspruch gegen die Entscheidung ein. Ich wollte mich wehren. Denn die Rückkehr nach Nigeria wäre mein sicheres Todesurteil gewesen. Natürlich zog sich das Verfahren dadurch in die Länge, weil sie alles nochmals überprüfen mussten. Aber das störte mich nicht, denn ich konnte weiterhin im Asylheim wohnen. Als sie dann wieder sagten, dass ich gehen müsse, legte ich nochmals Einspruch ein. Und als sie danach wieder zum gleichen Ergebnis kamen, legte ich noch einmal Einspruch ein. Das ging bestimmt drei- oder viermal so. Die Wochen und

Monate vergingen. Jeden Tag hoffte ich darauf, dass sich die Dinge zum Besseren wenden würden. Ich betete darum, dass ich nicht gehen müsste.

Zwischen all den Entscheidungen und Einsprüchen zu meinem Asylantrag kam dann mein Kind zur Welt. Im Asylheim spürte ich die Wehen, eigentlich einen Monat zu früh. Es war Nacht, alle schliefen. Ich hatte wirklich nicht damit gerechnet, dass es so früh kommen würde. Ich schleppte mich auf den Gang. Die Nachtwache sah mich, packte mich und fuhr mit mir ins Krankenhaus.

Weil mein Mädchen eine Frühgeburt war, musste es für längere Zeit im Krankenhaus bleiben. Dort wurde es beaufsichtigt und kontrolliert. Ich durfte zum Glück bei ihr bleiben. Jeden Tag sah ich sie mir an. Ihre zarten Beinchen, die dünnen Ärmchen und den kleinen Kopf. Sie war untergewichtig und hatte manchmal Atemnot. Deshalb trug sie eine kleine Sauerstoffmaske. Ich fragte mich täglich, wie ich für dieses zerbrechliche Lebewesen sorgen, wie ich meinem Mädchen eine Zukunft bieten sollte. In Nigeria wäre das unmöglich gewesen. Und auch hier schien es immer schwieriger zu werden.

Nach zwei Jahren erklärten sie mir dann, dass ich aus dem Asylheim raus müsse. Ich wartete noch immer auf die endgültige Entscheidung über meinen Asylantrag. Aber im Heim meinten sie, dass sie die Plätze für die Neuankömmlinge dringender benötigen würden.

Weil ich kein Geld hatte und auch nicht arbeiten durfte, musste ich in eine Nothilfeunterkunft ziehen. Die Baracken waren ungefähr eine halbe Stunde von Zürich entfernt. Dort bekamen wir zwei Betten in einem winzigen Zimmer. In dem Raum stand ein Tisch, der so klein und wacklig war, dass man darauf nicht einmal etwas schreiben konnte. Privatsphäre gab es keine. Wenn man drei große Schritte auf dem kalten Steinboden machte, war man vom einen Ende des Zimmers an das andere gegangen. Aber das Zimmer war nicht nur klein, sondern auch alt. Vieles funktionierte nicht mehr richtig. Zum Beispiel die Heizung. Sie bestand lediglich aus zwei dicken Wasserrohren, die an der Wand entlang liefen und von denen der Lack bereits komplett abgesplittert war. Viel Wärme brachte das nicht. Im Winter war es immer kalt. In der Nacht froren wir. Meine Tochter wurde dreimal hintereinander krank. In einem Winter hatte sie lange Blut im Kot. Der Heimarzt gab ihr über mehrere Wochen Medikamente. Aber es half nichts. Erst als der Frühling anbrach, wurde es besser.

Dazu kam auch noch, dass ich nicht einmal genug Geld für das Nötigste hatte. 15 Franken pro Tag standen mir in der Nothilfeunterkunft zu. Damit musste ich alles bezahlen. Essen, Trinken, Hygieneartikel, Bus und vor allem die Sachen für meine Tochter. Das Geld reichte nicht immer. Denn ein Baby braucht andere Dinge als ein Erwachsener. Man muss Windeln, Schnuller, Lappen, Babynahrung und so weiter kaufen. Das kostet alles Geld. Geld, das ich nicht hatte. Deshalb versuchte ich, Windeln zu waschen oder den Babybrei selbst zu machen. So sparte ich ein wenig. Wenn es gar nicht mehr anders ging, bat ich den Heimleiter um Hilfe. Manchmal bekam ich dann ein wenig Extrageld.

Die Zeit in der Notunterkunft war auch wegen der anderen Bewohner schwierig. Denn dort lebten fast nur abgewiesene Asylsuchende. Hauptsächlich junge Männer aus Afrika, viele von ihnen waren verzweifelt und aggressiv, oft kam es zu Prügeleien und manchmal verletzten sie sich sogar mit Messern oder Glasscherben. Viele klauten bei jeder Gelegenheit, einige machten Geschäfte mit Drogen und ein paar belästigten mich immer, wenn ich sie im Gang traf. Sie griffen mir unauffällig an den Körper oder sagten: »Hey Süße, ich würde dich gerne mal knallen.« Ich hatte immer Angst, wenn ich das Zimmer verließ. Man wusste nie, was einen erwartet. Besonders wenn es dunkel wurde, ging ich nicht mehr gerne hinaus. Denn vor dem Heim betranken sich jeden Abend die gleichen Männer. Sie machten Lärm, beschimpften und bedrohten einen. Sie machten mir Angst. Aber manchmal ließ es sich nicht vermeiden. Denn die Toilette war vor dem Heim. Drinnen gab es keine. Wenn meine Tochter also in der Nacht plötzlich musste, hatte ich keine andere Wahl. Dann musste ich an ihnen vorbei. Das Bier konnte man schon von weitem

MILITÄRDEPARTEMENT SCHLÄGT ASYLUNTERKÜNFTE IN ALPEN VOR – Laut einer neu erschienen Liste kommen 32 alpine, militärische Einrichtungen für die Beherbergung von Asylbewerbern in Frage. Einige der vorgeschlagenen Unterkünfte sind im Winter per Straße nicht erreichbar. 29/02/12–SF/TAGZ · **WIDERSTAND GEGEN EMPFANGSZENTREN-AUSBAU** – Schnellere Asylverfahren, so lautet das Ziel des Bundes, der bestehende Empfangszentren vergrößern und neue, eventuell in unterirdischen Anlagen, eröffnen will. Es regt sich bereits Widerstand. 04/07/12–TB ·

High Security Cell (z.B. in Guantanamo Bay). Die dort vorzufindende absolute Isolation und Deprevation wurde 1842 von Charles Dickens als Weiße Folter kritisiert, da sie keine körperlich sichtbaren Spuren hinterlässt. 12/05/13–WIKIPEDIA ·

UNO-AUSSCHUSS RÜGT SCHWEIZ – Im Zentrum der Kritik der UN-MenschenrechtsvertreterInnen steht die Schweizer Regelung, dass Asylgesuche von Papierlosen gar nicht geprüft, sondern rigoros abgelehnt werden sollen. 2007–HURIGHTS ·

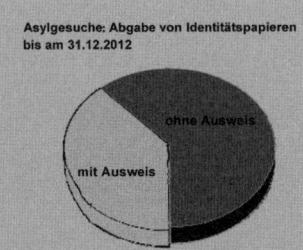

Verfolgte, Vertriebene, Mittellose, Kinder oder Personen aus Bürgerkriegsländern und unsicheren Landesteilen verfügen typischerweise oft über keine Identitätspapiere. Viele geschwächte Staaten sehen sich auch nicht in der Lage, die Ausweispflicht durchzusetzen. In solchen Ländern sind Dokumentenfälschung und Beamten-Bestechlichkeit weit verbreitet. 2013–BMF ·

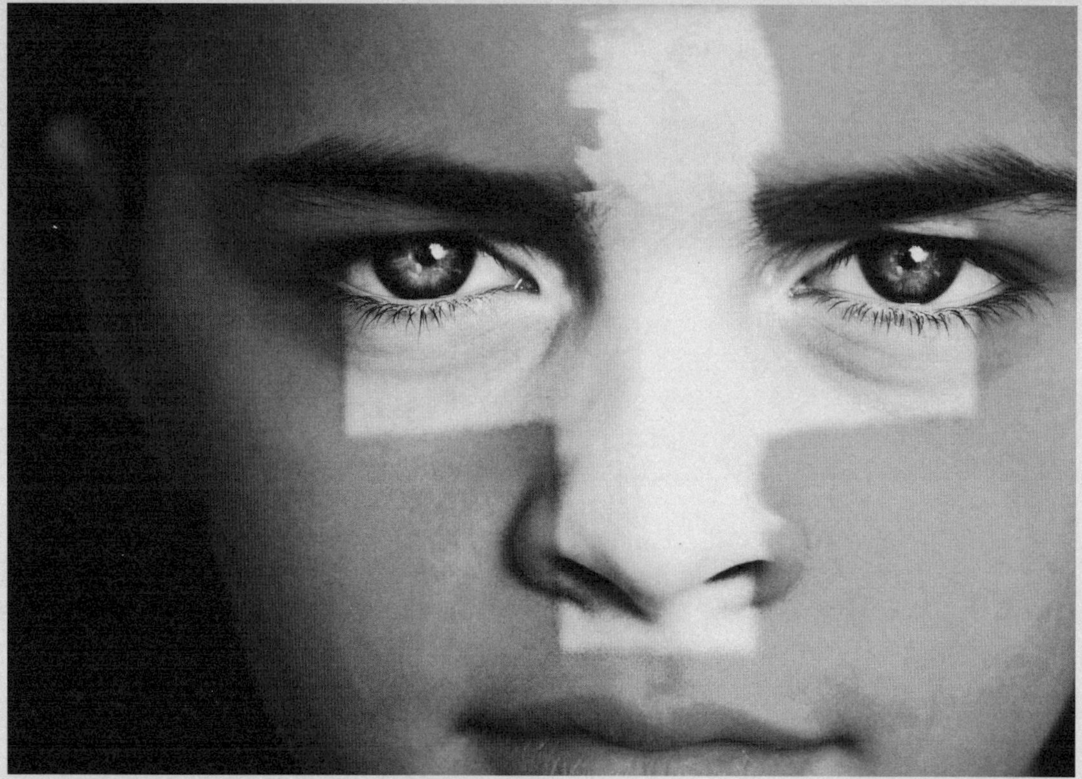

Die SVP-Werbung ist deshalb so wirkungsstark, weil sie über Jahre hinweg zielsicher aufgebaut wurde und schon fast Kampagnencharakter besitzt. Bei jedem neuen SVP-Plakat wird sofort deutlich, wer der Auftraggeber ist und woher es kommt. Die Plakate haben sich ins kollektive Bildgedächtnis der Schweizer Gesellschaft eingeschrieben. 28/09/11 – NZZ

ASYLRECHTSVERSCHÄRFUNG AUF LINIE DER KOMMISSION – Asylsuchende erhalten während des Verfahrens keine Sozialhilfe mehr, sondern nur noch die von der Bundesverfassung gewährleistete Nothilfe. Die Neuerung soll dazu beitragen, die Schweiz für Asylsuchende weniger attraktiv zu machen. 13/06/12–NZZ · +++ In den Beratungen zum Asylgesetz hat sich der Nationalrat für weitere umstrittene Verschärfungen ausgesprochen. 14/06/12–TAGZ ·

Gotthard-Durchstich: Deutsche Kumpel bohren die Mega-Röhre unter den Alpen fertig – Sie schwitzten und schufteten mit ihren Bohrern unter Tage für ein Jahrhundertwerk. Tief in den Schweizer Alpen bauten sie gut bezahlt den Gotthard-Basistunnel – die längste unterirdische Röhre der Welt. Bereits 1976 waren beim Bau des Gotthard-Straßentunnels mehrheitlich ausländische Arbeitskräfte am Tunnelbau beteiligt. 08/10/10–SF/SPIEGEL ·

WEALTH AND MIGRATION – The globalization process has created enormous wealth and has lifted millions of people out of poverty. But it has not yet narrowed the gap between rich and poor; economic disparities are even widening. So it is not surprising that many people are looking for a better future beyond the borders of their own country. 2013–IOM ·

Der Sans-Papiers-Marsch 2012 soll irreguläre MigrantInnen der EU und des Schengenraums zusammenbringen, durch mehrere europäische Länder führen und vor dem Europäischen Parlament in Strassburg enden. Gefordert wird die

riechen. Sobald ich in ihrer Nähe war, rülpsten sie, bliesen mir Zigarettenrauch ins Gesicht und lachten dabei laut. Manchmal fragten sie auch, warum ich so spät noch wach sei und ob ich nicht Interesse an einer besseren Beschäftigung mit ihnen hätte. Ich schloss dann immer die Augen und Ohren, drückte mein Kind ganz fest an mich und ging so schnell wie nur möglich an ihnen vorbei.

AMTSODYSSEE

Während meiner Zeit in Adliswil lernte ich Djimon kennen. Er war auch Nigerianer, hatte eine Aufenthaltsbewilligung und arbeitete als Pfleger in einem Altersheim. Wir begegneten uns zum ersten Mal in einem Park. Ein paar Männer aus der Nothilfeunterkunft gingen jedes Wochenende dorthin Fußball spielen. Einmal begleitete ich sie mit meiner Tochter. Aber eigentlich nur, um ein bisschen an die frische Luft zu kommen und vor der Langeweile in der Nothilfeunterkunft zu flüchten. Während die Männer dem Ball hinterherliefen, saßen wir im Gras und spielten mit ein paar Steinen. Nach einiger Zeit kam er zu uns. Er fragte mich nett, ob er sich setzen dürfe. Wir kamen ins Gespräch und während wir uns unterhielten, spielte er mit meiner Tochter. Die beiden verstanden sich von Anfang an. Als wir gehen mussten, war sie sogar ein wenig traurig darüber.

Die nächsten Wochenenden sahen wir uns wieder. Und wieder redeten wir. Ich mochte ihn, und erzählte ihm von all den Dingen, die geschehen waren. Er verstand mich und ich vertraute ihm. Irgendwann lud er mich dann nach dem Fußball zu sich ein. Er kochte, wir unterhielten uns, es war ein wundervoller Abend. Von da an waren wir ein Paar.

Er war es auch, der mir dabei half, eine Aufenthaltsbewilligung für meine Tochter zu beantragen. Ich hatte zu dieser Zeit noch immer keine Papiere. Aber für meine Kleine war es wichtig, damit sie in die Schule und zum Arzt konnte, damit man sie hier von Anfang an wie ein normales Kind behandelte. Schließlich kann sie nichts für die Fehler, die ich gemacht

globale Regularisierung aller Sans-Papiers, Bewegungs- und Niederlassungsfreiheit am Aufenthaltsort, Schutz und Respekt für Asylsuchende. 21/06/12 – EUROP. MARSCH D. SANS-PAPIERS

habe. Sie sollte die gleichen Chancen haben, wie alle anderen Kinder auch. Und das war nur mit einer Aufenthaltsbewilligung möglich.

Die Bewilligung zu bekommen war allerdings ein Kampf. Djimon und ich beantragten sie zuerst bei der Gemeinde. Ein paar Wochen später bekam ich einen Brief. Darin stand, dass meine Tochter die Bewilligung bekommen würde. Aber als ich sie abholen wollte, bekam ich sie nicht. Stattdessen wurde ich von einem Amt zum nächsten verwiesen. Immer wieder sagte man mir, dass ich noch an eine andere Stelle müsse, noch ein weiteres Formular ausfüllen, die Bewilligung bei einer weiteren Stelle beantragen. Oft musste ich dafür etwas bezahlen. Das ging mehrere Monate so. Aber nach all den Wegen und Zahlungen bekam ich die Bewilligung trotzdem nicht. Angeblich fehlte noch meine Geburtsurkunde.

Ich fragte mich, ob mir die Schweiz diese Hürden absichtlich in den Weg legte. Sie wussten doch, dass all meine Dokumente in Mailand geblieben waren. Wo sollte ich plötzlich eine Geburtsurkunde hernehmen? Dazu hätte ich erst einmal nach Nigeria gehen müssen.

Aber ich hatte Glück. Denn Djimon reiste in dieser Zeit für ein paar Wochen nach Hause, um seine Familie zu besuchen. Er konnte dort auch meine Geburtsurkunde neu ausstellen lassen. Ich war ihm unendlich dankbar, als er zurückkam und sie in seinen Händen hielt. Denn mit dem Stück Papier bekam meine Tochter schließlich eine Aufenthaltsbewilligung. Damit drohten ihr keine Polizeikontrollen, keine Strafen und Beschimpfungen. Ohne Djimon wäre das nicht möglich gewesen. Ohne ihn hätte meine Tochter nie legal in der Schweiz leben können. Auch wenn ich weiterhin keine Papiere hatte, gab mir das Kraft. Denn für sie würden die Dinge nun ein wenig einfacher werden. Und ich hoffte weiterhin darauf, irgendwann legal hier leben zu dürfen, nicht mehr auf die Nothilfe angewiesen zu sein und mit einem neuen Leben beginnen zu können. Gemeinsam mit meiner Tochter. Und Djimon.

NEULAND — BIDEMI

Gulisa

AUF STELLENSUCHE

Als wir in der Schweiz ankamen, nahmen wir uns ein billiges Zimmer. Unsere Pension war in einem Dorf, vielleicht 45 Minuten von Zürich entfernt. Von dort aus wollte ich mir einen Job suchen. Dafür hatte ich mein ganzes Geld zusammengekratzt. Es würde höchstens für ein paar Wochen reichen. Bis dahin musste ich etwas gefunden haben, ansonsten hätte ich das Zimmer nicht mehr bezahlen können; ich würde mit leeren Händen dastehen. Einen Alternativplan hatte ich nicht. Es musste einfach klappen.

 Den ersten Tag verbrachte ich trotz des Zeitdrucks im Zimmer. Ich musste mich von der anstrengenden Reise erholen. Auf dem Weg von Georgien in die Schweiz hatte ich nur wenig geschlafen. Das spürte ich. Ich fühlte mich unendlich müde, konnte die Augen kaum offen halten. Gleich nachdem wir ins Zimmer kamen, legte ich mich hin und schlief ein. Ich schlief lange. So, als hätte ich schon Jahre nicht mehr geschlafen. Beinahe eineinhalb Tage verbrachte ich im Bett. Den Kindern ging es nicht viel besser. Auch sie waren erschöpft von der Reise. So ruhig wie am ersten Tag in der Schweiz hatte ich sie noch niemals zuvor erlebt.

 Nachdem ich wieder einigermaßen bei Kräften war, begann ich mit der Stellensuche. Mein Traum war noch immer,

ANGELA MERKEL ÜBER WACHSTUM –  Ich will noch einmal darauf hinweisen: Wenn wir mehr Wachstum bekommen, dann können wir auch Schulden besser zurückzahlen. Entlastung generiert Wachstum und Wachstum schafft Arbeit. Das ist die Gleichung, so müssen wir denken. Das ist ganz, ganz wichtig.« 20/03/13–WWW.BUNDESKANZLERIN.DE · NICOLAS SARKOZY ÜBER WACHSTUM – »The Group of 20 developed and developing economies must ensure growth first and avoid the risk of a fresh global recession even if budget is tight.« 02/11/11–DEVEX · MITT ROMNEY ÜBER WACHSTUM – »Through pro-growth policies, by abolishing Obamacare and eliminating other Obama-imposed impediments to economic growth, we'll get our economy back on track.« 12/05/12–BRAINQ · GEORGE W. BUSH ÜBER WACHSTUM – »The global financial crisis should not become an excuse to raise taxes, which would only undermine the economic growth required to regain our strength.« 12/05/12–BRAINQ · BARACK OBAMA ÜBER WACHSTUM – »It is our generation's task, then, to reignite the true engine of America's economic growth – a rising, thriving middle class.« 12/05/13–RAPGEN •

HANNAH ARENDT ÜBER WACHSTUMSKONSEQUENZEN – »Economic growth may one day turn out to be a curse rather than a good, and under no conditions can it either lead into freedom or constitute a proof for its existence.« 12/05/12–BRAINQ •

The CEO of Microsoft, Steve Ballmer, is jumping around enthusiastically during the opening of his presentation at Microsoft's 25th Anniversary event in September, repeatedly chanting the word "developers!" on stage. 03/08/01–KNOWYOURMEME • JAAA, DER DOTCOM-WAHNSINN GEHT WIEDER LOS – LinkedIn macht 15 Millionen Gewinn, aber ihre Aktien sind bereits acht Milliarden wert. Das chinesische Onlinevideoportal »Youku« kostet an der Börse fast 6 Milliarden Dollar, bei knapp 20 Millionen Dollar Umsatz. Was zur Frage führt, wie groß der Schaden diesmal sein wird, wenn die neue Dotcom-Blase noch lange wächst, bevor sie platzt. 30/05/11–ZEIT •

einen Job im Wirtschaftsbereich zu finden. Vielleicht bei einer Bank oder einer Versicherung. Schließlich hatte ich auch einen Studienabschluss in diesem Bereich. Aber ich wollte mich parallel auch für andere Jobs bewerben. Zur Sicherheit, denn am Anfang brauchte ich möglichst schnell Geld.

Zur Stellensuche nutzte ich den Computer im Foyer unserer Pension. Er hatte Internetanschluss und war so gut wie nie besetzt. Ich verbrachte beinahe den ganzen Tag an diesem Tisch, durchforstete die Online-Jobportale und schrieb meine Bewerbung. Aber gleich nachdem ich die ersten Anzeigen durchgelesen hatte, verstand ich, dass man im Wirtschaftsbereich in der Schweiz hohe Qualifikationen mitbringen muss. Ein Mastertitel, ergänzendes Zweitstudium, mehrjährige Berufserfahrung und am besten noch weitere Zusatzausbildungen. Es machte mir Angst, diese Kriterien zu lesen. Denn ich konnte davon so gut wie nichts erfüllen. Ich hatte gerade einmal studiert. Das war alles. Ich hatte keinen Doktortitel oder sonstige Fähigkeiten. Nach jeder weiteren Anzeige die ich anklickte, fühlte ich mich unwohler. Ich machte mir Sorgen. Alle Firmen hatten unglaublich hohe Anforderungen an ihre Bewerber. Wie sollte ich da jemals eine Stelle bekommen?

Ich verschickte dann trotzdem viele Bewerbungen. Dabei schummelte ich ein wenig in meinem Lebenslauf. Gebracht hat das nichts. Ich bekam kaum Rückmeldungen. Und die Antworten, die ich erhielt, hörten sich alle gleich an: »Vielen Dank für ihre Bewerbung. Leider können wir sie aufgrund ihres zu niedrigen Qualifikationsprofils nicht für den weiteren Bewerbungsverlauf berücksichtigen. Für Ihre Zukunft wünschen wir Ihnen alles Gute.« Es war frustrierend. In vier Wochen wurde ich zu keinem einzigen Bewerbungsgespräch eingeladen. War ich wirklich so schlecht, dass mich keiner haben wollte? Gleichzeitig bewarb ich mich für einfachere Jobs. Aber die Rückmeldungen auf diese Bewerbungen waren auch nicht ermutigender. Dabei scheiterte es nicht an der Qualifikation, sondern an der Aufenthaltsbewilligung. Weil ich die noch nicht hatte, konnte ich nicht einmal legal als Putzfrau oder Kindermädchen arbeiten.

NEULAND — GULISA

Die Zeit verflog, die Wochen vergingen und das Geld wurde immer weniger. Ich bekam eine Absage nach der anderen. Es war zum Verzweifeln. Ich hätte alles gemacht, um an Geld zu kommen, aber ich fand einfach nichts.

Nach sieben Wochen zählte ich die Franken in meiner Geldbörse. Es sah nicht gut aus. Denn das Geld hätte für keine weitere Woche mehr in der Pension gereicht. Ich musste mir etwas einfallen lassen. Denn auf der Straße wollte ich mit meinen Kindern auf keinen Fall landen.

Ich nahm dann meinen ganzen Mut zusammen und erzählte der Pensionsbesitzerin von meiner Lage. Ich war ehrlich und erklärte ihr meine Situation. Natürlich hatte ich Angst, denn ich wusste nicht, wie sie reagieren würde. Am Anfang brachte ich fast nichts heraus. Aber schließlich konnte ich ihr doch sagen, dass ich nicht wüsste, wie ich das Zimmer weiter bezahlen solle. Das Geld reichte nicht einmal mehr für zwei Mahlzeiten am Tag. Ich machte mir Sorgen um meine Kinder. Sie sollten nicht leiden, nur weil ich nicht in der Lage war, für sie zu sorgen. Mir wäre es am liebsten gewesen, wenn sie von all den Schwierigkeiten gar nichts mitbekommen hätten. So, als hätten wir keine.

Die Besitzerin war sehr verständnisvoll. Sie sagte, dass ich eine weitere Woche in ihrem Zimmer bleiben könne, ohne dafür bezahlen zu müssen; sie habe im Moment so oder so keine anderen Gäste. In den kommenden sieben Tagen musste ich aber eine neue Bleibe finden. Alternativen gab es keine – und den Gedanken an eine Rückkehr nach Georgien verdrängte ich, so gut es ging. Ich wollte auf keinen Fall bereits nach so kurzer Zeit aufgeben. Nach der schwierigen Reise bis in die Schweiz ... Ich wollte alles versuchen, um einen Job zu finden.

NACH FRANKREICH

Im Internet suchte ich einige Zeit nach einer neuen Unterkunft für uns. Es war schwierig, denn sie durfte nichts kosten. Ich versuchte es bei Kirchen, Couchsurfing und anderen Netzwerken. Aber ich hatte kein Glück. Entweder antwortete niemand auf meine Mails oder man schrieb mir, dass man uns leider nicht aufnehmen könne. Ich fragte auch bei einigen sozialen Einrichtungen an. Eine Unterkunft bekamen wir dadurch nicht, aber eine Organisation half uns trotzdem sehr weiter, indem sie uns die Adresse einer Nothilfeunterkunft zukommen ließ. Die Frau schrieb, dass wir dort hingehen könnten, falls wir nichts anderes finden würden. Dort bekäme man ein Bett gratis und täglich ein wenig Geld, um überleben zu können. Die Lebensbedingungen seien allerdings schlecht, besonders für Kinder. Weil ich dann bis zum Ende der sieben Tage nichts anderes fand, hatte ich aber keine andere Wahl. Ich musste mich mit meinen Kindern bei der Nothilfeunterkunft melden. Ich fühlte mich den Kleinen gegenüber schlecht. Aber ich redete mir ein, dass es schon irgendwie gehen würde.

Die alten Häuser lagen am Rand von Zürich, zwischen einem Industriegelände und Kleingartenanlagen. Der Leiter der Unterkunft war freundlich. Ich erzählte ihm, warum ich gekommen war. Vom Touristenvisum sagte ich nichts, das hatte ich zuvor zerrissen. Auch dass ich weiterhin nach einem Job suchen wollte, verschwieg ich. Er fragte aber nicht nach und gab mir ein Formular, das ich ausfüllen musste. Während ich meinen Namen eintrug, sagte er, dass wir Glück hätten. Denn bis vor kurzem seien noch alle Zimmer belegt gewesen. Danach führte er uns durch die schmalen Gänge zu unserem Raum. Viel Platz war darin nicht. Gegenüber der Tür befand sich das einzige Fenster, die kurzen Wände waren aus Holz, und noch während wir unsere Sachen auspackten, hörten wir Musik aus dem Zimmer nebenan; fast so, als würden die beiden Räume von keiner Wand getrennt werden.

In den nächsten Tagen begann ich zu verstehen, was schlechte Lebensbedingungen bedeutet: kalte Zimmer, undichte Fenster, dreckige Küchen, viel Lärm und betrunkene Männer, die mich andauernd belästigten. Gleich am zweiten Tag steckte einer meinen Kindern eine Zigarette in den Mund. Als ich sie damit sah, war ich außer mir. Ich ging zum Heimleiter und beschwerte mich. Aber er sagte nur, dass ich mich beruhigen solle, solange es nichts Schlimmeres sei.

NEULAND — GULISA

Mir war von Anfang an klar, dass ich in der Unterkunft keine Sekunde länger bleiben wollte als unbedingt nötig. Aber für den Moment war ich froh, überhaupt ein Dach über dem Kopf zu haben.

Nach ungefähr einer Woche geschah es dann. An einem Morgen wollte ich alleine einkaufen gehen. Es war früh und meine Kinder schliefen noch. Ich wollte sie nicht wecken. Der Einkauf hätte maximal 20 Minuten gedauert, dann wäre ich wieder da gewesen. Doch es kam etwas dazwischen. Denn als ich vor die Tür ging, sah ich Polizisten. Ich bekam es mit der Angst zu tun und wollte wieder umdrehen. Aber sie waren schneller und standen bereits neben mir, bevor ich wieder hinein konnte. Sie wollten meine Aufenthaltsbewilligung sehen. Ich hatte keine. Alles, was ich ihnen zeigen konnte, war mein georgischer Pass. Sie sahen ihn sich kurz an. Als sie ihn wieder zuklappten, erklärte mir der eine, dass der illegale Aufenthalt in der Schweiz strafbar sei und sie mich mit auf die Wache nehmen müssten. Ich wurde nervös. Denn meine Kinder waren noch im Zimmer. Sie wussten von nichts und ich hatte keine Ahnung, wie lange ich wegbleiben würde. Ich versuchte, es dem einen zu erklären. Aber er meinte nur, dass ich bald wieder im Heim sein würde und mir keine Sorgen machen solle.

Auf der Wache nahmen sie meine Fingerabdrücke und scannten meine Augen. Sie fragten mich nach meinen Daten und dem Grund meines Aufenthalts in der Schweiz. Dann setzte sich der eine vor den Computer und begann, die Informationen in eine Datenbank einzutragen. Ich wartete auf einem Stuhl außerhalb des Büros. Von meinem Platz aus konnte ich den Polizisten weiterhin sehen, weil die Tür einen Spalt geöffnet war. Ich beobachtete ihn. Und so erkannte ich, wie sich sein Gesichtsausdruck nach einiger Zeit veränderte. Von ausdruckslos zu überrascht, zu ärgerlich. Ich fragte mich, was er wohl gefunden hatte. Es war mein erster Kontakt mit der Polizei außerhalb Georgiens. Es hätte mich gewundert, wenn ich in seiner Datenbank aufgeschienen wäre. Schließlich kam er zu mir. Er blieb vor mir stehen und wirkte aggressiv. Nachdem er mir einen kurzen Moment in die Augen gesehen hatte, sagte er, dass ich laut Datenbank bereits in Frankreich Asyl beantragt hätte. Die Behörden dort hätten mich registriert. Ich bräuchte also nicht weiter zu lügen. Ich sah ihn überrascht an und schüttelte den Kopf. Kein Wort von dem, was er gesagt hatte, war wahr. Es musste sich um einen Fehler, ein Missverständnis handeln. Ich hatte noch niemals in meinem Leben französischen Boden betreten. Deshalb versuchte ich ihm nochmals zu erklären, wie und warum ich in die Schweiz gekommen war. Aber er ließ mich nicht einmal den ersten Satz beenden. »Hören Sie auf. Es ist genug. Die Daten lügen nicht. Wir haben es hier schwarz auf weiß. Sie waren vor sechs Monaten bereits in Frankreich. Paris, Lyon, dann Strasbourg. Sie haben dort einen Asylantrag gestellt, der in erster Instanz abgelehnt wurde. Nach dem Dubliner Abkommen haben Sie im Moment kein Recht darauf, hier zu sein. Die Schweiz ist nicht für sie zuständig. Deshalb werden Sie wieder nach Frankreich – ihr Erstaufnahmeland – zurückgebracht.«

Ich bekam Panik. Meine Kinder waren noch in der Nothilfeunterkunft. Sie konnten mich doch nicht einfach nach Frankreich bringen und die beiden Kleinen hierlassen. Ich versuchte es dem Polizisten stammelnd zu erklären. Aber sein Computer sagte ihm, dass ich in Frankreich keine Kinder gemeldet hatte. Das reichte ihm als Beweis dafür, dass ich meine Kinder nur erfunden hatte. Mir schenkte er keinen Glauben. Ich war verzweifelt, ich schrie. Auch noch, nachdem sie mich in eine Zelle sperrten und sagten, dass ich mich ruhig verhalten solle. Ich schlug um mich, rüttelte an den Gitterstäben, trat gegen die Zellentür und brüllte sie an. Aber sie hörten mir nicht zu. Irgendwann ging mir die Kraft aus. Ich zitterte am ganzen Körper. Mir wurde schwarz vor Augen, meine Beine konnten mich nicht mehr tragen und ich brach zusammen.

Zwei Stunden später stand ein Auto mit abgedunkelten Fenstern vor der Tür. Man legte mir Handschellen an und führte mich hinaus. Ich stand neben mir. Von der Außenwelt bekam ich gar nichts mit. Es war, als hätte sich ein dicker Nebel über mich gelegt. Mir gingen tausend Gedanken durch

Nach Depardieu kehrt nun auch das Ehepaar Sarkozy der französischen Heimat den Rücken, um der Reichen-Steuer des Sozialisten Hollande auszuweichen. Sie wollen nach London ziehen, berichtet Daily Mail. 23/01/13 - RUVR

den Kopf. Was sollte aus meinen Kindern werden, wer würde sich um sie kümmern? Sie waren in der Nothilfeunterkunft komplett auf sich allein gestellt. Zwischen all den Männern war es gefährlich. Sie konnten noch nicht für sich selbst sorgen. Ich war außer mir vor Angst, konnte kaum noch atmen. Aber die Polizisten ignorierten mich. Einer von ihnen schloss die Tür und ließ den Motor an. Ein anderer setzte sich neben mich und nur wenige Momente später bewegten wir uns schon Richtung Frankreich – während meine Kinder noch in den engen Betten der Notunterkunft schliefen.

PSYCHIATRIE

In Frankreich steckten sie mich sofort in ein Asylheim. Gleich am ersten Tag erklärte ich den französischen Beamten, dass es sich bei der ganzen Geschichte um einen Fehler handeln würde. Ich erzählte ihnen, dass ich aus Georgien sei, aber noch nie in Frankreich gewesen wäre. Und ich sagte ihnen, dass meine Kinder gerade alleine in einer Nothilfeunterkunft in der Schweiz seien, sich niemand um sie kümmere und ich deshalb so schnell wie möglich wieder zurück müsse. Sie kontrollierten etwas in ihren Computern, verglichen Datenbankeinträge und sagten mir schließlich, dass sich die Schweizer Behörden geirrt hätten. Es würde sich um eine Verwechslung handeln. Sie versprachen mir, mich so schnell wie möglich wieder in die Schweiz zu bringen. Ich war erleichtert.

Doch bis sie mich zurückbringen konnten, verging eine ganze Woche. Das Warten war die Hölle. Ich war krank vor Sorge um meine Kinder. Ich wusste nicht, ob es ihnen gut ging, wo sie waren, wer sich um sie kümmerte oder ob sich überhaupt jemand um sie kümmerte. Ich malte mir die schlimmsten Dinge aus. Wegen all der Gedanken konnte ich nicht schlafen. Ich starrte nächtelang an die Decke und fragte mich, warum das gerade uns passieren musste. Die Franzosen sagten mir nicht, wann sie mich zurückbringen würden. Niemand kümmerte sich um mich, niemand schien mir helfen zu wollen. Das alles war mir zu viel. Nach jeder Mahlzeit bekam ich

BESSON FORDERT SONDERZONE FÜR ILLEGALE EINWANDERER IN FRANK-REICH – Illegale Einwanderer kosten den Staat pro Jahr 4,6 Milliarden Euro und sollen in Frankreich künftig in einer Sonderwartezone konzentriert werden, sagte der Minister für Einwanderung und Nationale Identität, Eric Besson. 12/02/10-NZZ · +++ Nach dem französischen Ausländergesetz wird mit Gefängnis bis zu fünf Jahren und Geldbuße bis zu 30.000 Euro bestraft, wer einem illegal im Lande weilenden Einwanderer seinen Aufenthalt erleichtert. 08/05/09-BZ ·

Fourteen illegal immigrants caught sneaking into UK in tanker carrying 25 tonnes of starch powder. Frenchman Ludovic Buns had transported the 25 tonnes of powder from Calais, France, to a packaging company in Devizes, Wiltshire. But when he pulled up at Smith Packaging he heard strange noises echoing inside the tanker drum. 29/10/09-DAILYMAIL ·

SVP VERKNÜPFT ATOMFRAGE MIT EINWANDERUNG – Nun schaltet sich auch die SVP in die Atomdebatte ein. »Geht die Einwanderung ungebremst weiter, kommen wir nicht um den Bau neuer Atomkraftwerke herum. Denn wir können nicht immer davon reden, dass man künftig weniger Strom brauchen soll und gleichzeitig eine ungebremste Einwanderung zulassen.«, sagt der SVP-Präsident Toni Brunner im Gespräch mit »Blick am Sonntag«. 03/04/11-20MIN ·

58% SAGEN NEIN ZUR WAFFEN-INITIATIVE – Die Mehrheit der Schweizer lehnt die Vorlage ab. Dabei zeigt das Ausmaß des Waffenbesitzes ein erschreckendes Bild.

Schusswaffenbesitz hat bei Schweizern eine hohe Akzeptanz. 61% finden, dass das Recht auf eine eigene Waffe ein Grundrecht sein sollte 07/02/11–20MIN •
DIE SCHWEIZ IM BANNE DER ÜBERFREMDUNG – Die Schweiz war mobilisiert angesichts der Frage: Sollten hierzulande max. 10% Ausländer wohnen dürfen? Das forderte die Überfremdungsinitiative des rechten NA-Politikers Schwarzenbach, über die vor 40 Jahren abgestimmt wurde. 07/06/10–20MIN •

KOMMENTARE
36 PROZENT !
DOMINIK WERMUTH
AM 14. 10. 2011
15:31
Wir haben heute richtig gerechnet knapp 36 % Ausländeranteil (rechnet man die Masseneingebürgerten, Asylbewerber, Sans-Papiers, Grenzgänger usw. dazu)! Im Vergleich: Dänemark hat 5.9 %, Schweden 6.0 %. Das lasse ich hier mal so stehen. Wer einmal am Bahnhof Spreitenbach oder Altstetten ausgestiegen ist, sieht ja selber, was bei uns los ist!

NUR MAL EINE FRAGE, GROSS-KANTONLER, AM 11. 06. 2010 01:02
Laut Statistik leben momentan 10% Ausländer in Deutschland. Knapp über 21% in der Schweiz. Nun ist es ja so, dass die Schweizer Staatsbürgerschaft nicht unbedingt leicht zu bekommen ist. Woher kommt dann der viel höhere Anteil an Menschen in der Schweiz, die keine Staatsbürgerschaft haben? So viel ich weiß, ist Schumi immer noch Deutscher. Bei Gunter Sachs war das zu Lebzeiten auch so. Dämmert was?
ZU VIELE AUSLÄNDER?!
ANJULI HOYER AM 10. 06. 2010 17:44
Vor 40 Jahren kamen die Ausländer in die Schweiz, um zu arbeiten, heute kommen sehr viele, um sich's hier wohl sein zu lassen auf Kosten der Steuerzahler. Das muss aufhören. Die arbeitende und steuerzahlende Bevölkerung hat ein Recht darauf, dass die Schmarotzer ausgewiesen werden.
BRAVO ANJULLI
TONI MÜNSIGER AM 15. 07. 2010 19:53
leider hast du recht
ETWAS WIRD MIR GERADE KLAR
DANI AM 18. 06. 2010 03:42
Zum einen ist der Schwarzenbach ein Mini-Hitler, wer was im Kopf hat und sich!überall! über diesen Herren informiert muss dieses Zugeständnis machen. Nun sind es doch auch die schweizer, die gerne den Zweiten Weltkrieg als Argument gegen Deutsche verwenden – dabei haben die Deutschen damals das gemacht, was vor vierzig Jahren fast 50 % aller Schweizer getan haben. Sie haben an die holen Parolen eines idiotischen Faschisten geglaubt.
AUSLÄNDER JA, KRIMINELL NEIN
PETRUS MÜLLERUS
AM 10. 06. 2010 12:13
Wir sollten als offenes Land, jeden Menschen aufnehmen und Ihnen eine Chance geben. Wer sie aber nicht packt und kriminell wird (auch ohne 1 Jahr Gefängis unbedingt), muss umgehend ausgewiesen werden. Dann müssten auch die gut integrierten Ausländer nicht unter den Halunken, Schlägern und Rasern leiden.

ACH KOMM…
G.ZIEGLER
AM 10. 06. 2010 21:37
..wenn es diese von Dir benannten Halunken, Schläger und Raser nicht geben würde, würden die Fremdenhasser wieder andere Argumente finden, um gegen Ausländer zu wettern… Sagt doch einfach mal ehrlich und offen, dass Ihr keine Ausländer wollt in der Schweiz und hört doch bitte mit dem scheinheiligen gefasel auf!!

GEH DOCH MAL NACH BERLIN KREUZBERG
MAIK AUS HOYERSWERDER
AM 11. 06. 2010 09:14
Da darf man sich im eigenen Land anspucken lassen weil man als Ossi dem Berliner Türken die Schwarzarbeit versaut. Mindestlohn auf dem Bau im Osten 10.91 Euro, Stunde Schwarzarbeit vor der Wende: 40DM. Jetzt fühlen sie sich benachteiligt.

ES GEHT DOCH NICHT UM AUSLÄNDER
XY
AM 11. 06. 2010 09:27
Der springede Punkt ist doch, dass es nicht um »Ausländer« im engerem Sinne geht, sonder um die Problematik, die sich einem Teil dieser Leute stellt – und durch die sie auffällig werden. Ich sage nicht: Ausländer raus, weil über die Hälfte aller Straftaten von Ausländern verübt wird! Viel eher ginge es darum, dieser Tatsache auf den Grund zu gehen. Ausländer sind nicht schlecht, weil es Ausländer sind. Zu allererst sind es Menschen – die wohl einem Integrationsproblem unterliegen. Das Problem ist ein wenig komplexer als einfach nur: Ausländer raus- oder »Wir Schweizer hassen alle Ausländer« – also!!!

FREMDENFEINDLICHKEIT?
SAM
AM 10. 06. 2010 11:37
Man muss sich auch mal zugestehen, dass sich die Zeiten geändert haben. JEDER kann beobachten, dass die Schweiz Kapazitätsgrenzen (Verkehr, Bauraum, Wohnungen, ÖV) erreicht hat. Dass in solchen Situation zumindest die QUALITÄT der Zuwanderung in Frage gestellt wird, hat nichts fremdenfeindliches sondern ist eine Notwendigkeit, damit der Zusammenhalt der Einwohner (ob in- oder ausländisch) einigermassen harmonisch bleibt. Es braucht nur ein Tropfen Öl, um ein Fass sauberes Wasser zu verschmutzen..

WAS SOLL DEN DAS?
PIT RORSCHAH AM 10. 06. 2010 09:07
Was wollt Ihr eigentlich mit der Dauerverunglimpfung gegen die Ausländer erreichen? Wer hat diese denn in's Land geholt? Welcher Schweizer ist bereit, die Drecksarbeit zu tun, die Ausländer tun? Fragt mal beim Arbeitsamt, ob ihr einen Schweizer Arbeitslosen bekommen könntet, der den Kuh- oder Pferdestall ausmistet. Dann könnt ihr lange warten und werdet nach den jetzt verhassten Ausländern schreien –die sind dann plötzlich willkommen. Tztztz…..

HÄ?, KATHRIN AM 10. 06. 2010 13:35
Ich kenne sehr viele Bauern die den Kuh und Pferdestall selbst ausmisten. Und kein Ausländer. Es gibt auch genug Schweizer die sonstige »Drecksarbeit« machen. Machen sie mal die Augen auf. PS: habe noch selten einen Bauern gesehen mit einem dicken BMW oder Mercedes, Ausländer allerdings schon.

LEIDER!
SWISSNESS
AM 09. 06. 2010 17:41
Schweiz angewiesen auf Ausländer nur welche Ausländer. Solche die arbeiten und sich anpassen ist ja kein Problem. Nur leider hat man unter diesem Vorwand jeden hineingelassen auch solche die nur vom Staat ziehen oder sich an keine Regeln halten. Deshalb muss man ja heute verschiedenste Verschärfungen wieder einführen weil die Schweiz ausgenutzt wird. Das 68er System hat diesbezüglich völlig versagt. Nur begreifen sie das heute noch nicht.

JAMES SCHWARZENBACH
EIDGENOSSE
AM 09.06. 2010 15:59
Leider wurde seine Initiative vom Schweizervolk völlig verkannt und abgelehnt. Wir wären heute um einiges beser dran wenn damals die Initiative angenommen worden wäre. Er hat damals schon gesehen, dass wir echten Schweizer immer mehr Probleme bekommen und uns nur noch mit restriktiven Gesetzen im eigenen Land behaupten können. Die gute Minaretinitiative war erst der Anfang. Jetzt muss das Burkaverbot kommen und die Ausschafungsinitiative muss im Original angenommen werden. Dann wird die Schweiz wieder schön und wir Schweizer können uns endlich wieder sicher fühlen.

ES WIRD IMMER SCHLIMMER
JASPER
AM 08.06. 2010 17:25
…mit der Fremdenhetze und langsam mache ich mir echt Sorgen, wohin das Ganze eigentlich noch führen soll. Die Stimmung wird von den Medien immer mehr aufgepeitscht und es zeigt sich, wie leicht sich die schweizerischen Bünzlis von diesen beeinflussen lassen.

WIE IM PARADIES??
LULA AM 09. 06. 2010 21:30
so ein mist. die schweiz sicherer und schöner… haha. es gib ja keine gewalttätigen schweizer. nö das sind immer die bösen ausländer. ich bin enttäuscht… lebe seit über 40 jahren in der schweiz und muss feststellen ,dass die meisten rassisten sind. traurig!!

LEIBCHEN-VERBOT,
GUSTI BRÖSMELI
AM 10. 06. 2010 13:04
Wird eigentlich während dieser Fussball-WM auch wieder an verschiedenen Schulen in der Schweiz das tragen von Leibchen der Schweizer Nationalmannschaft verboten? Es könnte sich ja ein Ausländer dadurch gekränkt und verletzt fühlen. Kein Wunder, dass es immer mehr Schweizer nicht sehr Positiv gegenüber den Ausländern eingestellt sind…… Leider wurde sie abgelehnt. Sehr schade, dass diese visionäre Initiative damals abgelehnt wurde. Wir hätten eine viel höhere Lebensqualität in der Schweiz. All die internationalen Firmen, die in den letzten 20 Jahren aus Steuergründen in die CH kamen und die ausländische Arbeitskräfte in die CH holen, bräuchte es nicht, denn nur eine Produktivitätssteigerung und nicht das Aufblasen der Volkswirtschaft erhöht den Wohlstand. traurig!!

LÄCHERLICH…,
DERVERSTEHER
AM 09. 06. 2010 13:46
…was du da gerade von dir gegeben hast. ohne ausländer wäre die schweiz niemals da wo sie ist, so eine hirnverbrannte aussage von dir. du solltest dich schämen! diese »internationalen firmen« haben auch ne menge geld in die kasse der schweiz gespühlt, und ich rede nicht von millionen, sondern in den ganzen jahren hochgerechnet von summen, die nicht in den taschenrechner passen! ich weiss nicht wie du lebst… •

Magenkrämpfe und Kopfschmerzen. Nach vier Tagen hatte ich eine ganze Nacht lang Fieber. Die Situation war unerträglich, die Sorgen breiteten sich wie ein Virus in meinem Körper aus. Und mit jedem Tag wurde es schlimmer. Als sie mich am Ende der Woche in ein Auto setzten und wieder zurück in die Schweiz brachten, war mein Körper so abgemagert und erschöpft wie noch niemals zuvor.

Während unser Auto vor der Nothilfeunterkunft hielt, sah ich meine Kinder bereits vor dem Eingang spielen. Ich riss die Tür auf und rannte zu ihnen. Sie schrien »Mama, Mama, du bist wieder da.« Ich nahm sie in den Arm. Die Tränen rannen mir über das Gesicht. Ich war so unendlich glücklich, dass es ihnen gut ging. Der Heimleiter hatte ein Auge auf sie geworfen. Wenn ich nur ein paar Tage länger weg gewesen wäre, hätte er das Jugendamt verständigt.

Nach dieser Woche in Frankreich wurde es aber nie wieder so wie davor. Ich war eine gebrochene Frau. Mein Körper erholte sich nicht, ich hatte weiterhin oft starke Kopfschmerzen und Magenprobleme. Wenn ich mich nicht vor Schmerzen im Bett krümmte, sah ich die meiste Zeit aus dem Fenster und fragte mich, was all das eigentlich sollte. Ich war antriebslos und hing den ganzen Tag nur noch herum. Nach ein paar Wochen in diesem Trott wurde ich depressiv. Und jede weitere Woche in der Nothilfeunterkunft machte es schlimmer. Unsere Lage war aussichtslos, ich hatte kein bisschen Hoffnung mehr in mir. Ich wusste nicht, was ich tun sollte, was ich tun konnte. Die Traurigkeit legte sich wie ein Schleier über mich und blockierte all meine Gedanken. Es war wie in einem Tunnel, der immer dunkler wurde; wie eine Schlinge, die sich immer enger um den Hals zog, ohne dass ich etwas dagegen tun konnte. Ich hatte versagt und mein Leben würde niemals besser werden, davon war ich am Ende überzeugt.

Deshalb ging ich eines Nachts ins Bad und schnitt mir die Pulsadern auf. An die Kinder dachte ich dabei genauso wenig, wie an irgendjemand anderen. Nur daran, dass dieses Trauerspiel nun endlich ein Ende nehmen sollte. Das Blut rann mir aus dem Arm. Ich sah es an. Ich starrte auf die entstehende

Lache am Boden. Dann wurde mir schwarz vor Augen. Ich taumelte, sank zusammen und verlor das Bewusstsein.

Als ich die Augen wieder aufschlug, war alles weiß. Eine weiße Decke, weiße Wände, weißes Licht, ich lag auf einem weißen Bett. Ich wollte mich aufsetzen, aber ich konnte nicht. Ein Gurt verhinderte es. Ich wollte ihn öffnen, aber es gelang mir nicht. Ich zog und zerrte, hatte aber keine Chance. Es half alles nichts. Schließlich gab ich entkräftet auf. Und wenige Momente später schlief ich wieder ein.

Als ich das nächste Mal meine Augen aufschlug, sagte mir jemand, dass ich in einer psychiatrischen Anstalt sei. Nachdem ich versucht hatte, mich umzubringen, fand mich jemand im Bad. Sie riefen die Rettung und ich wurde sofort ins Krankenhaus gebracht. Obwohl ich viel Blut verloren hatte, war es noch nicht zu spät. Nach ein paar Tagen brachten sie mich in die Psychiatrie. Eine Frau in weißem Kittel erklärte mir, dass ich solange bleiben würde, bis mein Zustand wieder stabil sei. Und für meine Kinder würde in dieser Zeit gesorgt werden. Ich bräuchte mir keine Sorgen machen.

Die Tage in der Psychiatrie ähnelten sich. Jeden Tag zur selben Zeit essen, dieselben Betreuer, dasselbe Programm, dieselben Medikamente. Der Schleier über meinem Kopf lichtete sich nur langsam. Das klare Denken fiel mir aber noch immer schwer. Die Medikamente machten es nicht leichter. Denn nach jeder Tablette – ich musste bis zu vierzehn Stück davon am Tag nehmen – wurde mir wieder übel und die Dinge verschwammen vor meinen Augen. Es war schwierig, zwei zusammenhängende Sätze zu sagen und an Aufstehen war in der ersten Woche nicht zu denken.

Doch mein Zustand besserte sich von Tag zu Tag. Und nach vier Wochen sagten mir die Ärzte schließlich, dass ich gehen müsse. Ich sei stabil genug und weil ich nicht versichert sei, könnten sie mich nicht länger als absolut nötig versorgen. Ich durfte also zurück zu meinen Kindern, zurück in die Nothilfeunterkunft. Die Tabletten musste ich aber weiterhin nehmen, darauf bestanden die Ärzte. Sie sollten mich vor einem Rückfall in die Depression schützen.

NEULAND — GULISA

Bevor ich die Klinik verließ, kam eine Ärztin zu mir. Während ich meine letzten Sachen packte, setzte sie sich auf mein Bett. Sie erklärte mir, dass sie über meine Situation Bescheid wisse. Über die Nothilfeunterkunft, meine zwei Kinder, meine Jobsuche und die Probleme in der Schweiz. »Ich verstehe, was sie vorgehabt haben. Aber jetzt ist es an der Zeit, Prioritäten zu setzen. Ihre Kinder brauchen sie. Sie brauchen eine Mutter, die stark ist. Glauben sie mir, wenn sie in der Nothilfeunterkunft bleiben, wird in spätestens drei Monaten das Gleiche wieder passieren. Überlegen sie sich, ob sie das ihren Kindern antun wollen. Das Leben dort hinterlässt seine Spuren. Der Stress und die andauernde Belastung sind sehr groß. Das Leben am Existenzminimum fördert die Depressionen. Sie könnten schwere chronische Schäden davontragen und nie wieder gesund werden. Es wird sie kaputtmachen. Tun sie sich das nicht an.«

Diese Frau sprach aus, was ich fühlte, aber mir selbst nicht eingestehen wollte. Natürlich hatte sie recht. Aber wir hatten eben nur die Nothilfeunterkunft. Ansonsten gab es keinen Ort, an dem wir bleiben konnten. Bis auf – es fiel mir schwer, den Gedanken überhaupt nur zu denken – Georgien. Zurückgehen würde aber bedeuten, sich das Scheitern einzugestehen. Und es würde bedeuten, all die Möglichkeiten, die es in der Schweiz gab, zu begraben. Vielleicht nie wieder die Gelegenheit auf ein besseres Leben zu haben. Die Frau auf dem Bett sah mir in die Augen. Sie stand auf und umarmte mich ein letztes Mal. Dann ging sie. Als sie die Tür hinter sich schloss, war ich dankbar für ihre offenen Worte. Denn ich war in diesem Augenblick, zum ersten Mal seit langem, wieder ehrlich zu mir selbst: Ich war Lichtjahre davon entfernt, in der Schweiz einen Job zu finden, eine Wohnung bezahlen und für meine Kinder sorgen zu können. Jeder weitere Tag brachte nur weitere Schmerzen. Für meine Kinder und für mich. Wollte ich uns das wirklich antun? War es das wert? Es hatte keinen Sinn. Die Zeit war reif, um zu gehen. Besser in Georgien arm und gesund sein, als in der Schweiz arm und krank. Das verstand ich in diesem Moment. Kurz darauf lief

NEULAND — GULISA

ich der Frau hinterher. Ich wollte sie fragen, ob sie mir helfen konnte. Denn für die Rückfahrt nach Georgien würde ich ein Auto und ein wenig Geld benötigen.

NEULAND — GULISA

llegalen Grenzgänger deutlich angestiegen 13.12.2012 – Tiroler Tageszeitung Former
riechischer Minister spricht von Invasion der Flüchtlinge 06.08.2012 – Die Z
s Entry On 'Illegal Immigrant' 23.04.2013 – Huffington Post Italien fühlt sich an E
t ID idea proves stupidity begins at home 24.04.2013 – Washington Times Migration:
omRep Magazine Hohe Zahl an Flüchtlingen überfordert Griechenland - U
r in EU 18.04.2013 – Handelsblatt Bulgarien stoppt Flüchtlinge mit Zaun zur Tür
zei greift 29 illegale Grenzgänger auf 26.04.2013 – Die Presse Jemen: Behörden
rüne fordern „menschlicheres Fremdengesetz" 26.04.2013 – ORF.at Tausche ze
.04.2013 – Bayrischer Rundfunk The Witch Hunt Must Stop: Why Abu Qatada Shou
Follow The Lemmings - Illegal Immigration 28.4.2013 – Ohio.com Aging Und
granten gewaltsam über die Grenze bei Melilla 12.04.2013 – Saharaforum Libya
n Reform 2013: It's Not Fair to Legal Immigrants Or Americans
gegen illegale Migration 04.10.2011 – Neue Zürcher Zeitung Illegal immigrants nabbed
adesh to curb illegal migration 19.02.2013 – One India News Was tun gegen die illeg
hi immigrants caught 10.02.2013 – The Times of India AK Asyl empört: Polizei durch
Ver illegal Eingewanderten hilft, dem kann bald Haft drohen 04.01.20
llegale Einwanderer in Lastwagen in Tansania erstickt 27.06.2012 – Nordbayerisc
et Journal Marta Tienda: Fix immigration bill to cut health care costs
Zuwanderung wird per Klausel eingeschränkt 25.04.2013 – Borlife Illegale M.
Zahl der illegalen Einwanderer steigt

al Immigrant: I'm Basically American 29.04.2013 – Washington CBS Local Zaun soll das
enzwache erwischt 2012 doppelt so viele Illegale wie ein Jahr zuv
ußengrenze alleingelassen 08.07.2014 – Kurier Härtere Gangart gegen illegale
ktionen gegen illegale Einwanderer 07.12.2012 – EU-Infothek Suspected illegal in
t in Lagern 13.04.2013 – Tagblatt Spanien fühlt sich von den Flüchtlingen über
22.07.2014 – Vorarlberg Online UK ministers considered barring children of illegal i
ngt Schlag gegen Menschenhändler 16.04.2013 – Entwicklungspolitik Online Two illegal im
llegale Eritreer gegen vierzig Marokkaner 21.07.2006 – Frankfurter Allgemeine Zeitung Polize
ot Be Deported 30.04.2013 – The Huffington Post Lega Nord für Allianz gegen „illegal
mented Immigrants – A Burden or a Boon? 30.04.2013 – New America Media Italien: 6
guard rescues 89 immigrants from drifting boat 14.04.2013 – Daily Nation Mörge
licimy Wie die SP die Zuwanderung bremsen will 03.04.2012 – Tagesanzeiger Nick C
atam 21.03.2013 – Jakarta Post Integration in den USA: Den Willen braucht es a
Einwanderung? 27.10.2006 – Neue Zürcher Zeitung Thailand's illegal immigrants: A de
t Flüchtlingsunterkunft 30.7.2014 – Taunus Zeitung Immigration will help solve S
ndard Greece to expel some illegal immigrants 07.07.2012 – Al Jazeera More than a
Polizei geht nun gegen Migranten vor 14.10.2013 – ORF.at Roma-Cover: Straf
he Cap Times Russland und China wollen illegale Migration gemeinsam b
nten – Italiens Flüchtlingspolitik erzürnt EU-Innenminister 11.04.2011
ants arrested at Indian restaurant 16.07.2014 – Essex County Standard Legislation Visafr

r nach Europa schließen 20.12.2012 – Badische Zeitung 88 Sri Lankan refugees stop
r 03.03.2013 – soaktuell.ch Illegale Einwanderung: Europa ist streng 25.04.2008 – EuAktiv Ille
igration 29.06.2004 – swissinfo.ch Australian minister in Sri Lanka to discuss bo
igrants held 29.04.2013 – Belfast Telegraph Drone shows half of illegal border crosse
rdert 02.08.2014 – Berliner Zeitung Illegal immigration from Vietnam surges 12.04.2010 – China
igrants from schools 03.04.2013 – Workpermit.com Nigeria repatriates 16.738 illegal
igrants caught in raid 30.04.2013 – Ulster Star Libya minister warns Italy on clar
endet illegale Schleusung auf der A3 24.04.2013 – Wochenblatt Illegale Einwande
igration" 26.03.2014 – Kronen Zeitung Five million illegal immigrants living in Pak
Bootsflüchtlinge gerettet 12.04.2013 – ORF.at Auch die Schweiz mauert an de
d Blocher nutzen falsche Zahlen 15.04.2013 – 20 Minuten Nach Schüssen auf M
andons illegal immigrant amnesty proposal 22.03.2013 – Guardian Nationalpol
beiden Seiten 31.07.2014 – Thüringische Landeszeitung Boatpeople aus Burma: Odyssee de
ly cocktail 02.03.2013 – The Economist Zahl der illegalen Migranten steigt 13.12.2012 – Kurier
gapore's population problem 24.04.2012 – Yahoo-News Boote mit Flüchtlingen in
llion illegal immigrants live in Britain 26.04.2010 – The Sun EU-Afrika-Staat
rfahren gegen «Weltwoche» 02.06.2012 – Tagesanzeiger Zustände in Griechenland
ämpfen 22.03.2013 – Ria Novosti Immigranten in den USA fordern Rechte ein 11.04
he Zeitung Stockerau: Drogenkurier auf dem Weg nach Wien mit Cann
iheit für Balkanländer vor dem Aus 09.04.2013 – RP Online 16 illegal immigrant

from migrating to Australia 26.4.2013 – The Hindu Illegale Migration: "Jetzt we
e Einwanderung: Rettung von Schiffbrüchigen nicht strafbar 08.10.2009
eople issue 02.05.2013 – Xinhua Media Releases Awareness campaign in Africa
aught 05.04.2013 – Usa Today Griechenland: Fremdenhass treibt illegale Migran
ronten in Flüchtlingsfrage verhärtet 10.07.2014 – Die Presse Illegale Einwander
rants in 2012 30.12.2012 – Premium Times „Das Mittelmeer ist seit viel zu langer Ze
tine immigration 12.05.2012 – Reuters Griechische Grenzen offen wie ein Sch
g nach Spanien: Afrikanische Flüchtlinge landen auf spanischer
n 16.01.2012 – The Express Tribune Illegal routes into Nigeria countless 15.07.2012 – Punch NG Risin
estung Europa 04.07.2014 – swissinfo.ch Marokko will illegale Auswanderung br
nten: „Wir dürfen nicht mehr wegschauen" 18.04.2013 – Euronews EU: Illegale
hebt Menschenschleuserbande aus 14.03.2013 – Fuerteventura Zeitung Festung Europa:
rfolgten 24.03.2013 – Spiegel Ansturm auf Italien: Tausende Afrikaner planen
mer mehr Flüchtlinge kommen illegal nach Europa 14.05.2014 – Frankfurter Allgemeine Ze
lien und auf Malta 05.08.2012 – Focus 19 Tote bei Bootflüchtlingsdrama vor I
vollen illegale Migration bekämpfen 03.04.2013 – Tiroler Tageszeitung Illegale Migrati
itisch: Sogar illegale Einwanderer verlassen das Land 30.04.2013 – Short News By
Eleven suspected illegal immigrants arrested 30.04.2013 – Peterborough Telegraph Hund
s erwischt 23.04.2013 – ViennaOnline.at Britannien macht dicht 30.04.2013 – Junge Welt Bootsflüch
und in back of lorry at Eastbourne company 30.04.2013 – Eastbourne Herald Unerwür

...ager mit Köpfen gemacht 26.04.2012 – Die Presse   Grenzüberwachung mit Rada...
...urop Kolumbien: 13 illegale Einwanderer aus Kuba aufgegriffen 16.04.201...
...gainst illegal migration 28.11.2007 – Swiss Federal Office for Migration   A guilt trip for illegals...
...en aus dem Land 03.05.2013 – Spiegel Online   Zähe Sensibilisierung im Kampf gege...
...ng Kein Grund zur Entwarnung 01.05.2013 – unzensuriert.de   Tunisia receives dona...
...ne Todeszone" 08.07.2014 – Kleine Zeitung   Malta und Deutschland gegen illegale E...
...nentor 08.03.2012 – Frankfurter Allgemeine Zeitung   Verbund gegen Grenzkriminalität Sachs...
...Insel vor Marokko 03.09.2012 – Spanien Live   Malaysian police arrest Indonesian...
...legal immigration from Pakistan worries Hong Kong 22.05.2010 – Daily Times   C...
...sen 12.10.2004 – Handelsblatt   Illegale: Konfliktstoff für Europa 26.05.2009 – Handelsblatt   Russia...
...igration per Boot hält an Feb 2007 – Migration-Info Nachrichten   Ceuta und Melilla als Fl...
...riechenland sperrt Flüchtlinge ein 30.04.2012 – Das Erste, NDR   Illegale Einwander...
...ucht über Tunesien 13.02.2011 – Spiegel   The tourists held by Greek police as i...
...Illegal migration to EU rises by nearly half 15.05.2014 – BBC   28131 illegal I...
...mpedusa 19.07.2014 – Euronews   Russlands illegaler Migrant, halt! 09.01.2013 – radio Stimme   EU...
...n hält EU auf Trab 24.06.2011 – SF Tagesschau   Illegal immigrant in cannabis rack...
...rk: Could there be another wave of illegal immigration? 29.04.2013 – Washingt...
...ierte Migranten in Griechenland sind im Hungerstreik 08.04.2013 – Europe Onlin...
...tlinge im Mittelmeer gerettet 30.04.2013 – Neue Zürcher Zeitung   Sri Lanka lässt zurüc...
...chte Einwanderer: Genie-Blockade im Silicon Valley ...   Gri...

d Drohnen 09.04.2013 – Telepolis Senate plan would deport illegal immigrants
Nation der Einwanderer schottet sich ab 11.04.2013 – Mittelbayerische 500 Demon
New York Post Schumer-Rubio Bill Amnesties Illegal Aliens and Their Em
reguläre Migration 03.04.2013 – Neue Zürcher Zeitung Thousands protest as US debates
from Italy to fight illegal immigration 25.04.2013 – NZweek Frontex und die F
anderung 09.09.2010 – Malta-Netz News Granting driver's licenses to illegal immigra
nd Bundespolizei kooperieren 02.05.2013 – Frankfurter Allgemeine Zeitung USA: Illegale Einv
gal immigrants 14.03.2013 – Jakarta Post Einwanderung schon an ausländischen
a's Plan Sees 8-Year Wait for Illegal Immigrants 17.02.2013 – The New York Times You
boost fight against illegal immigration 27.04.2012 – Rt Allianz mit sechs EU
punkte nach Europa 29.09.2005 – DW Penniless, illegal … but UK won't let ir
Athen chancenlos! 10.04.2012 – Freiheitsliebe Migrationsbericht: Immer mehr ill
al migrants 10.01.2013 – BBC News Magazine Schonung für illegale Einwanderer 08.10.2012 – Ne
gla migrants deported from State 29.07.2014 – Assam Tribune CNN Fact Check: Ille
gt illegaler Einwanderung den Kampf an 28.02.2013 – Kölner Stadtanzeiger 'Illegals' gu
04.2013 – The Gazette US immigration: They have a dream 25.04.2013 – Financial Times Is Tony A
GPs profit from illegal immigrants 12.02.2012 – The Sunday Times Policy priorities i
Illegal immigration thrives despite war's end 27.06.2010 – The Sunday Times Does In
chickte Migranten frei 08.07.2014 – Neue Zürcher Zeitung New 'Iron Curtain' in Europ
nland: Fluchtpunkt Athen 19.04.2013 – Die Zeit Sri Lankan asylum seekers str

QUELLENVERZEICHNIS TEXTE

Das Textmaterial auf den grauen Seiten basiert auf jenen Quellen, die jeweils am Ende der Textfragmente angeführt werden.

Die Erzählungen der Migranten basieren auf Interviews, Recherchen und eigenen Erfahrungen.

QUELLENVERZEICHNIS BILDER (SEITE/QUELLE)

19　ABB CAR-ROBOTS
© ABB Media
http://www.abb.com.mx/cawp/seitp202/5c32783f3b598c29c125759800301eef.aspx

–　AUTO CHINA 2012 FLYER
© Auto China
http://www.auto-types.com/international-motor-show/2012-beijing-international-automotive-exhibition-11.html

–　MOTOR SHOW GIRL
http://www.dailycarsnews.com/news/girls-and-cars/beautiful-girls-at-beijing-motor-show-2012-11.html

–　OIL PRICE INDEX, GRAFIK
http://de.wikipedia.org/wiki/%C3%96lpreis
Autor: Jashuha

–　KING ABDULLAH
http://www.thecuttingedgenews.com/index.php?article=1&M=October&Y=2013&PS=2

–　HARBOR SHERNESS
© Google Satellite

24　Rumsfeld and Hussein
Getty Images: Staff

–　SEARCH NUCLEAR REACTOR
© DigitalGlobe-ISIS

–　9/11 TERROR-ATTACK
Keystone: Ettagale Bauere/Woodfin Camp

25　AMERICAS ARMY
© United States Army, UbiSoft

–　ABU GHRAIB, FOLTERSKANDAL
Keystone, AP Courtesy of the New Yorker: STR

–　MCDONALDS-WELTKARTE
http://de.wikipedia.org/wiki/McDonald's#mediaviewer/File:McDonaldsWorld Locations.svg
Autor: Szyslak

26/27　G.W.BUSH, PATRIOT GOLF DAY
© Grant Miller

31　LIMITS OF GROWTH
© Club of Rome,
1972: The Limits of Growth

–　SHELL RESERVES SHOCK
© Independant Newspaper Fragment

–　WELT UND HÄNDE
Stromneu: Kyoto-Protokoll

–　G8 TREFFEN, FUSSBALL
© Pete Souza, White House Photographer

34/35　H&M MOSKAU
© Alexander Lepeshkin, www.reportret.com

36　H&M WERBUNG
© H&M (Werbeplakat)

–　COLLAPSED RANA PLAZA
Reuters: Andrew Biraj

41　TOASTER PROJECT
© Thomas Thwaites

–　FEDEX-FLOTTE
© Global Aviation

–　AMAZON MINI-DROHNE
© Amazon

42　5-STUFEN-MODELL
© Globalisierung der Wirtschaft,
Schöningh UTB Verlag

–　BILLIGER GEHT SO
© Media Markt
(Ausschnitt Prospekt)

–　MEDIA-MARKT-ERÖFFNUNG
© Suedraumfoto

–　EEPROM 93C-CHIP
http://commons.wikimedia.org/wiki/File:EEPROM_93C46_DSC00570_wp.jpg:
Autor: smial (talk)

44/45　ELEKTROMÜLLDEPONIE
http://www.theregister.co.uk/2011/11/08/tenth_chinese_farmland_polluted/

50/51　FOLSOM LAKE
© California Department of Water Ressources

52/53　FOLSOM LAKE
© California Department of Water Ressources

54　TEMPERATURGLOBUS
© Deutsches Klimarechenzentrum:
Michael Böttinger

–　ZERSTÖRTE ACHTERBAHN
© U.S. Airforce/New Jersey National Guard: Master Sgt. Mark C. Olsen

–　GRAFIK TEMPERATURANSTIEG
© Intergovernmental Panel of Climate Change

QUELLENVERZEICHNIS BILDER (SEITE/QUELLE)

–	BOB LUTZ VOR FLUGZEUG © topgear.com	–	GOLDPREIS, GRAFIK © Daily QXAU	–	NABUCCO, KARTE http://commons.wikimedia.org/wiki/File:Nabucco_Gas_Pipeline-en.svg Autor: Sémur
55	BOB LUTZ IN AUTO Keystone/EPA General Motors: Joe Polimeni	74/75	GOLD LAMBORGHINI http://www.zastavki.com/eng/Auto/Lamborghini/wallpaper-55315.htm © User: Volo	–	ATOMKRAFT? NEIN DANKE © OOA Fonden, smilingsun.org
–	VERTIKALE SITZE RYANAIR © Ryanair	79	MILLIONENSHOW-KANDIDATEN Ausschnitte basierend auf Youtube-Footage der landesspezifischen Ausgaben	111	FUKUSHIMA REAKTOREXPLOSION Surveillance Camera Footage, © Reuters
56/57	SHANGHAI SMOG http://de.wikipedia.org/wiki/Shanghai#mediaviewer/File:Shanghai_Smog.JPG Autor: Seader	80	MILLIONENSHOW-KANDIDAT Quelle wie Seite 79	–	PUTIN JUDO Keystone/EPA: Anatoly Maltsev
61	STAHLBETON SKELETTBAU http://de.wikipedia.org/wiki/Skelettbau#mediaviewer/File:Estructuras_Edificaci%C3%B3n.JPG Autor: Niplos	–	3D-RENDERING HANDELSROBOTER © GCI Trading	112	RUSSLAND UND WTO Keystone: Martial Trezzini
–	NO-CUTS SCHILD https://www.flickr.com/photos/antoniomarinsegovia/6786623570/ Autor: Antonio Marín Segovia	–	GROSSER HANDELSSAAL DEUTSCHE BÖRSE © Deutsche Börse AG/Atelier Brückner	–	SHOCK MARKET © Daily News (Frontseite vom 16.9.2008)
–	DIETER ZETSCHE © Auto-Reporter.NET	88/89	CHICAGO MERCANTILE EXCHANGE © Jon Else (Video-Still)	113	MONKEY ECONOMICS © Laurie Santos, Yale University
–	MARTIN WINTERKORN Keystone/DPA	90	PREISENTWICKLUNG MAIS, WEIZEN, REIS © Friedrich-Ebert-Stiftung	–	G8-GIPFEL, AUSSCHREITUNGEN (brennendes Auto) http://commons.wikimedia.org/wiki/File:Genova-G8_2001-Incidenti_a_Corso_Torino.jpg Autor: Ares Ferrari
–	JOSEF ACKERMANN Keystone: Oliver Berg	–	MOTHER AND CHILD © Thomson Reuters Foundation		
–	EINKOMMENSSCHERE, GRAFIK http://leftcoastvoices.wordpress.com/tag/lobbyist/	–	MALI CHILD SOLDIER Keystone/AP: Baba Ahmed	114/115	PRO-KOPF-BIP-VERGLEICH © Int. Monetary Fund 2011 www.imf.org
62	CHINESISCHE IMMOBILIENANZEIGE investinginchinesestocks.blogspot.ch/2011/11/abundant-signs-of-chinese-slowdown-time.html	91	MLE-LOGO © Major League Eating	128	MIGRANTEN MASSENGRAB http://www.youtube.com/watch?v=UgLbpEBr6j0 Autor: wombatpolitics
		–	JOEY CHESTNUT Keystone/EPA: Peter Foley	–	INTEGRATED SURVEILLANCE © European Space Agency
70	WETTERVORHERSAGE © Walters Weather, NBC News	92/93	JOEY CHESTNUT © ESPN Sports	129	ÜBERWACHUNGSZENTRALE © Every step you take, Ninofilm
–	BAUMWOLLERNTEMASCHINE © Google Patentarchiv	97	BURNING SHELL SHIP © Shell Nigeria		
–	WTO-EINIGUNG REUTERS: Edgar Su	–	MONOPOLY, CITY OF LAGOS © Elizabeth Magie, Charles Darrow	–	WÄRMEBILDAUFNAHME Quelle unbekannt
71	MARK MOBIUS © Franklin Templeton Investments	98/99	SATELLITENBILD BEI NACHT © NASA	–	ÜBERWACHUNGSKAMERA AUF HOHER SEE © Autonomous Maritime Surveillance System, Carl Zeiss Optronics
–	WTO-MITGLIEDER-WELTKARTE based on: http://en.wikipedia.org/wiki/Member_states_of_the_World_Trade_Organization#mediaviewer/File:WTO_members_and_observers.svg Autor: Happenstance et al.	108/109	PUTIN VISIT IN CHINA gettyimages: Sasha Mordovets	130/131	AUFKLÄRUNGSDROHNE © American Airforce
		110	FLAGGE ABCHASIENS http://de.wikipedia.org/wiki/Abchasien#mediaviewer/File:Flag_of_Abkhazia.svg Autor: Achim1999	135	FRIEDENSNOBELPREIS EU Keystone/AP Scanpix Pool: Cornelius Poppe

QUELLENVERZEICHNIS BILDER (SEITE/QUELLE)

135 GRIECHISCHE ARBEITSLOSENQUOTE, GRAFIK
© ELSTAT (Griechisches Statistikamt)

– GEWALT GEGEN MIGRANTEN
http://www.youtube.com/watch?v=4D0UE3m0Ja8
Autor: greekspartans300

– SELBSTVERBRENNUNG GRIECHENLAND
Keystone/AP: Nontas Stlianidis

136 SCHLAGZEILE BILD-ZEITUNG
© Bild (Frontseite, 3.11.2011)

– PARTEIFLAGGE GOLDENE MORGENRÖTE
http://de.wikipedia.org/wiki/Chrysi_Avgi#mediaviewer/File:Meandros_flag.svg
Autor: Stlemur

– ILIAS KASIDIARIS SCHLÄGT POLITIKERIN
© Morgenmagazin des griechischen Privatsenders ANT1, 7.7.2012

144/145 WESTERN UNION WERBUNG (GELDSCHEINHYBRID)
© Western Union

146 WESTERN UNION AND ISLAMI BANK BANGLADESH LIMITED
© Islami Bank Bangladesh Limited
http://www.islamibankbd.com/news.php?ID=81

– PROTEST GEGEN VERGEWALTIGUNGEN, INDIEN
Keystone/DPA

149 SABAH AL AHMAD SEA CITY
© Google Satellite

– CAMP ARIFJAN
http://en.wikipedia.org/wiki/Camp_Arifjan#mediaviewer/File:Camp_Arifjan_storage_from_air.jpg
Autor: United States Army

– CAMP ARIFJAN POOL
http://hueysgunsight.blogspot.ch/2012/06/summertime-in-kuwait-and-livin-is-easy.html

– AUSSENHANDEL SCHWEIZ, GRAFIK
© Eidgenössische Zollverwaltung als Basis für sjep.revues.org/90

150/151 CALMY-REY IN KUWAIT
Keystone/AP: Amiri Diwan

158 WELTKARTE MEGASTÄDTE
© Universität Köln, Megacity Taskforce

– ZHEIJANG VILLAGE
© The University of Nottingham's China Policy Institute and http://blog.socialventuregroup.com/svg/2010/03/chinas-empty-villages.html

– STANDARD-CONTAINER
http://3d-pictures.picphotos.net/iso-shipping-container-cad-architectural-drawings/4/

159 GLOBALISIERUNG DER WIRTSCHAFT, GRAFIK
© Schöningh UTB Verlag

– HANJIN
© pbase.com/smera

– HANJIN BOSTON
http://commons.wikimedia.org/wiki/File:ShippingContainerSFBay.jpg
Autor: Mgunn

– TRUCK X-RAY
Keystone/EPA: Government of Chiapas

160/161 KIVA-LAGERHAUSROBOTER
© Kiva Systems

165 WORLD AIRLINE NETWORK
http://de.wikipedia.org/wiki/Zivile_Luftfahrt#mediaviewer/File:World-airline-routemap-2009.png
Autor: Jpatokal

– MOBILE PHONE ACCOUNTS, GRAFIK
© phys.org

– INTERNET USERS, GRAFIK
© phys.org

– INTERNET SPEED, GRAFIK
© adido-digital.co.uk

– SMARTPHONE PRÄSENTATION
Keystone/AP NY: Jason Decrow

– UNIVERSALKIRCHE BRASILIEN
http://de.wikipedia.org/wiki/Igreja_Universal_do_Reino_de_Deus#mediaviewer/File:Catedral_universal.jpg
Hochgeladen: Mbdortmund

166/167 MESSE UNIVERSALKIRCHE BRASILIEN
© rolinauniversal.com.br

169 MUNITION, ILLUSTRATION
© Google Patent Archiv

172 CHINA-ZAMBIA FRIENDSHIP FARM
© James Keeley

– RALLYE DAKAR
AFP/Getty Images: Gabriel Bouys

174 AL QUAIDA TERRORGRUPPE
© CBN Exclusive

180/181 MUAMMAR GADDAFI PROPAGANDA POSTER
https://www.flickr.com/photos/sludgeulper/sets/72157622733826191/detail/
Autor: Sludge G

182 SCHRÖDER UND GADDAFI
Keystone/AP dapd: AP

– SARKOZY UND GADDAFI
Keystone/EPA: Horacio Villalobos

– BLAIR UND GADDAFI
Keystone/EPA: Peter Macdiarmid

– BERLUSCONI UND GADDAFI
© newmore.wordpress.com

– GADDAFI KILLED
© Al-Jazeera

183 FRONTEX LOGO
© Frontex

– CEUTA BORDER FENCE
© realfictionfilm, Nikolaus Geyrhalter Filmproduktion, Abendland

184/185 MASS BORDER-CROSSING
© lainfo.es

189 FLUGHAFEN CHARLES DE GAULLE SATELLITENBILD
http://commons.wikimedia.org/wiki/File:Charles_De_Gaulle_Airport.jpg
Autor: NASA

190 WORLD AIR TRAFFIC GROWTH, GRAFIK
© media.aerosociety

– PLANE STOWAWAY
© http://www.dailymail.co.uk/news/article-2200947/Man-dead-street-Heathrow-flight-path-illegal-immigrant-stowaway.html, Videostill

QUELLENVERZEICHNIS BILDER (SEITE/QUELLE)

- BULGARI VITRINE
  © Bulgari

- UK BORDER AGENCY EMBLEM
  http://en.wikipedia.org/wiki/
  File:UK_Border_Agency_
  Blue_Ensign.png
  Autor: Graham Bartram

196 ZÜRCHER SEXBOXEN
  Keystone: Steffen Schmidt

- LUXUS LAUFHAUS
  ÖSTERREICH
  © Funmotel

- SEXSKANDAL TÜRKEI
  © Reuters

197 RUBY-SKANDAL BERLUSCONI
  © gossipitaliano.it

- STRAUSS-KAHN-SKANDAL
  © L'Express Cover, Mai 2011

- TOM FORD PARFUME
  © Tom Ford (Werbeplakat)

198/ DOLCE & GABBANA WERBUNG
199 © Dolce & Gabbana
  (Werbeplakat)

205 CITY NETWORKS
  © sciencedirect.com

- GLOBAL CITY INDEX
  based on: http://
  en.wikipedia.org/wiki/
  Global_city#mediaviewer/
  File:GaWC_World_Cities.png
  Autor: Interchange88

- PRIME TOWER ZÜRICH
  © Gigon / Guyer Architekten

206 BUSINESS BAY EXECUTIVE
  TOWERS, DUBAI
  © Mohamed Somji, Dubai

- DUBAIS SLUMDOG WORKERS
  http://www.youtube.com/
  watch?v=MX-fsnFXJ9I
  Autor: zeforum

- WALMARTPARKPLATZ,
  SATELLITENAUFNAHME
  © https://gigaom.
  com/2010/08/18/parking-
  lots-help-predict-earnings/

- PORTRÄT JDIMYTAL DAMOUR
  © Colorsmagazine #85: Going
  to Market

- BLACK FRIDAY SALES
  © Walmart
  (Onlinewerbung)

210/ VLADIMIR PUTIN AM PFERD
211 REUTERS/RIA Novosti/Pool:
  Alexei Druzhinin

212/ GERARD DEPARDIEU MIT
213 RUSSISCHEM PASS
  Keystone/Ria Novosti:
  Julia Chestnova

216 FINGERABDRUCKLESEGERÄT
  Unknown

- GRENZROBOTER
  © Talos
  http://talos-border.eu/
  Videostill

217 GRENZROBOTER
  © Talos
  http://talos-border.eu/
  Videostill

- SUPPORT THE DREAM ACT
  © http://gozamos.
  com/2010/09/call-to-action-
  support-the-dream-act/

- PARQUE ECOALBERTO
  © AOL

228 3D-RENDERING GRANATEN
  Ruag

- AUSGABEN ASYLWESEN
  © Bundesamt für Statistik
  Schweiz, Bundesamt für
  Migration Schweiz

- ZIVILSCHUTZANLAGE
  SOLOTHURNER SPITAL
  © Solothurner Zeitung,
  Hanspeter Bärtschi

229 AUSBILDUNGSPROGRAMM
  SECURITAS
  © Securitas AG
  (Werbebroschüre)

- ÜBERWACHUNGSKAMERAS
  ZÜRICH
  © Rote Fabrik, Big Brother
  Awards

- GLADIATOR-TM
  © Ruag

235 DATINGWORLD, FRAUEN
  © Dating-world.net

- SEXTOURISMUS THAILAND
  © edelweissph.com

- SEXTOURISMUS
  © ninahmouse.de

236/ SEXTOURISMUS THAILAND
237 © edelweissph.com

247 HAUSFRAU BEIM KOCHEN
  © http://blogs.dickinson.
  edu/ecofeminism/
  files/2012/02/50s-
  housewife-all-mod-cons.jpg

248/ HILLARY CLINTON, PARTEITAG
249 DEMOKRATEN
  Keystone/AP NY: Charles
  Dharapak

250 FRAU BEIM FENSTERPUTZEN
  © Schweizer Rotes Kreuz,
  http://swissredcross.
  blogspot.ch/2013/07/
  unterwegs-zur-perfekten-
  putzfrau_18.html

- GLASS-CEILING-INDEX
  (FRAU AUF LEITER)
  © http://www.coaching-
  business.co.uk/blog/
  are-you-staring-through-
  a-glass-ceiling-in-your-
  business/

251 ALTERSPYRAMIDE 2050
  © Bundesamt für Statistik
  Schweiz

- EXP. MAIDS BILDREIHE
  © http://www.ryujijob.com/
  news.html

252 HAUSANGESTELLTE MIT GELD
  BILDREIHE
  © Human Rights Watch

- BILL McGUIRE
  © Michael Moore: Sicko
  (Dokumentarfilm)

- JOHN W. ROWE
  © Michael Moore: Sicko
  (Dokumentarfilm)

- MIKE McALLISTER
  © Michael Moore: Sicko
  (Dokumentarfilm)

261 MIETPREISINDEX ZÜRICH
  © Stadt Zürich,
  Wohnungssuche in Zürich
  (Broschüre 2012)

- ANWESEN THOMAS MATTER
  © reportair.ch

- ANWESEN FRANZ HUMER
  © reportair.ch

262 WELTKARTE NETZWERK
  DROGENHANDEL
  © de.rian.ru

- DROGENSCHMUGGEL KÖRPER
  © Handout/AFP/Getty Images

- FLAGGE EU
  © Europäische Union

266/ KRIMINELLE AUSLÄNDER
267 HABEN HIER NICHTS ZU
  SUCHEN
  © Bild Zeitung (Frontseite,
  19.1.2008)

QUELLENVERZEICHNIS BILDER (SEITE/QUELLE)

272/ SCHWEIZ BUNDESFEIER
273 RUETLI, 2003
Keystone: Steffen Schmidt

274 ERIC WEBER (VA)
© Basler Zeitung
Videostill aus einem Interview
http://www.youtube.com/watch?v=DCYxFGcRrM0

– FLUGZEUG LUFTWAFFE CH
© Eidgenössisches Department für Verteidigung, Bevölkerungsschutz und Sport (VBS)

275 SICHERHEIT SCHAFFEN
© SVP (Werbeplakat)

– PROTEST ABSCHIEBUNGEN
Keystone/APA: Herbert Neubauer

– KETAMIN FLÄSCHCHEN
© Bedford Laboratories
http://www.bedfordlabs.com/our_products/online_catalog/products/ketamine.html

278/ BRIEF LAMPEDUSA AN EU
279 basierend auf https://www.freitag.de/autoren/robert-zion/brief-der-buergermeisterin-von-lampedusa

280 AIDA SCHIFF
© AIDA Kreuzfahrten

– ARABISCHE REVOLUTION, TUNESIEN, ILLUSTRATION
© http://arabpress.eu/tunisia-bloccati-algerini-diretti-al-world-social-forum/

285 ORANGENSCHLACHT, RITTER
Reuters: Stefano Rellandini

– ORANGENSCHLACHT, STADTPLATZ
http://www.cavalera.com.br/blog/2013/page/4/

– MILIZ MINUTE MEN, USA
© nbcnews

288/ ANTI-MIGRATION SPOT
289/ © Government of Switzerland
290 and International Organization of Migration, Videostills
http://www.youtube.com/watch?v=AJa8k1FDPeI

299 ASYLUNTERKÜNFTE IN ALPEN
© Schweizer Fernsehen, Videostills aus der Nachrichtensendung 10vor10, am 25.5.2004

– HIGH SECURITY CELL
© Celltech Australia Pty. Ltd.
http://www.celltech.com.au/layouts/layout109done.htm

– UN-FLAGGE
© United Nations

– ASYLGESUCHE DOKUMENTE, GRAFIK
© Bundesamt für Migration Schweiz, www.bfm.admin.ch

300 KIND MIT SCHWEIZER KREUZ
© SVP, Kanton Luzern, www.jsvp-luzern.ch

– HÄNDE GREIFEN NACH SCHWEIZER PÄSSEN
© SVP (Ausschnitt Plakat)

301 WER KEIN ASYLCHAOS WILL
© SVP (Ausschnitt Plakat)

– IVAN S.
© SVP (Ausschnitt Plakat)

302 GOTTHARD BASISTUNNEL
© Schweizer Fernsehen, Videostill aus Schweiz Aktuell vom 16.6.2009

– EINKOMMENSENTWICKLUNG 1./3. WELT
basierend auf motherjones.com

– SANS-PAPIERS-MARSCH
eigenes Bild

304/ SANS-PAPIERS-MARSCH
305 eigenes Bild

308 ANGELA MERKEL
twitter.com
© Autor: Melchor_Padilla

– NICOLAS SARKOZY
Official Portrait EU/France
© La Documentation française: Philippe Warrin

– MITT ROMNEY
© Gage Skidmore
http://commons.wikimedia.org/wiki/File:Mitt_Romney_by_Gage_Skidmore_6_cropped.jpg
Autor: Gage

– GEORGE W. BUSH
© White House photo: Eric Draper released by the United States Department of Defense

– BARACK OBAMA
© National Park Service, U.S. Department of the Interior, http://www.nps.gov/pub_aff/officials/Webpages/gallery-01.html

309 HANNAH ARENDT
Keystone/Rue des Archives/Sueddeutsche Zeitung: Sueddeutsche Zeitung

– STEVE BALLMER MAKES THE MONKEY DANCE
© Microsoft
Videostills aus Präsentation,
http://www.youtube.com/watch?v=wvsboPUjrGc

315 SARKOZY UND BRUNI
http://www.indiatimes.com/international/carla-bruni-hides-under-wig-for-metro-rides-19018.html

317 ILLEGAL MIGRANT IN POWDER
© Diane Vose

– TONI BRUNNER, ZIEGE
© http://www.lutzz.ch/?p=2869

– WAFFENINITIATIVE
© Schweizer Tagesanzeiger, Printausgabe Januar 2011, Ausschnitt Titelblatt

318 ÜBERFREMDUNGSINITIATIVE SCHWEIZ 1970
Keystone: STR

IMPRESSUM

© Luftschacht Verlag – Wien
Alle Rechte vorbehalten
www.luftschacht.com

Konzept und Gestaltung:
Christoph Miler
www.christophmiler.com

1. Auflage 2015

DRUCK UND HERSTELLUNG
Druckerei Theiss GmbH,
St. Stefan im Lavanttal, Österreich

PAPIER
Munken Print White 100g/m2 (Kern)
Römerturm Wild Weiß 300g/m2 (Umschlag)

SCHRIFTEN
Absara (Xavier Dupré)
Maison Neue (Grilli Type)

ISBN
978-3-902844-53-8

DANK

Zuallererst gilt mein größter Dank all jenen Menschen, die mir ihre bewegenden Geschichten erzählt haben. Ohne ihr Vertrauen und ihren Mut würde es dieses Buch nicht geben. Danke!

Mein Dank gilt natürlich auch all jenen Menschen, die mich während der Arbeit an diesem Projekt durch ihre Kritik, ihr Interesse und ihren Optimismus unterstützt, angetrieben und weitergebracht haben.

Danke:
Alex Hanimann
Alexandra Müller
Anne König
Awaz
Bah Sadou
Bleiberecht-Kollektiv Zürich
Cecilia
Dennis
Dorinha
Elias Selb
Elisabeth Real
Eminö
Fredrik Wendschlag
Jan Wenzel
John
Jürgen Lagger
Kurt Eckert
Madhan
Matthias Michel
Mehdi
Monika Golling
Musa
Patrick Waterhouse
Ramon Pezzarini
Raphael Jakob
Sans-Papiers Anlaufstelle Zürich
Sereina Rothenberger
Sigrid Schmeisser
Silvia
Solinetz Zürich